北京文化书系
古都文化丛书

教育——兼济天下

中共北京市委宣传部
北京市社会科学院 组织编写
梁燕 等 著

北京出版集团
北京出版社

图书在版编目（CIP）数据

教育 ：兼济天下 / 中共北京市委宣传部，北京市社会科学院组织编写 ；梁燕等著. — 北京 ：北京出版社，2023.3

（北京文化书系. 古都文化丛书）

ISBN 978-7-200-15495-5

Ⅰ. ①教… Ⅱ. ①中… ②北… ③梁… Ⅲ. ①教育事业—概况—北京 Ⅳ. ①G527.1

中国版本图书馆CIP数据核字（2020）第051570号

北京文化书系　古都文化丛书

教育

——兼济天下

JIAOYU

中共北京市委宣传部
北京市社会科学院 组织编写

梁燕 等 著

*

北京出版集团公司
北京出版社 出版

（北京北三环中路6号）

邮政编码：100120

网　　址：www.bph.com.cn

北京出版集团公司总发行

新华书店经销

北京华联印刷有限公司印刷

*

787毫米×1092毫米　16开本　16.25印张　224千字

2023年3月第1版　2023年3月第1次印刷

ISBN 978-7-200-15495-5

定价：210.00元

如有印装质量问题，由本社负责调换

质量监督电话：010-58572393；发行部电话：010-58572371

"北京文化书系"编委会

“古都文化丛书”编委会

“北京文化书系”
序言

文化是一个国家、一个民族的灵魂。中华民族生生不息绵延发展、饱受挫折又不断浴火重生，都离不开中华文化的有力支撑。北京有着三千多年建城史、八百多年建都史，历史悠久、底蕴深厚，是中华文明源远流长的伟大见证。数千年风雨的洗礼，北京城市依旧辉煌；数千年历史的沉淀，北京文化历久弥新。研究北京文化、挖掘北京文化、传承北京文化、弘扬北京文化，让全市人民对博大精深的中华文化有高度的文化自信，从中华文化宝库中萃取精华、汲取能量，保持对文化理想、文化价值的高度信心，保持对文化生命力、创造力的高度信心，是历史交给我们的光荣职责，是新时代赋予我们的崇高使命。

党的十八大以来，以习近平同志为核心的党中央十分关心北京文化建设。习近平总书记作出重要指示，明确把全国文化中心建设作为首都城市战略定位之一，强调要抓实抓好文化中心建设，精心保护好历史文化金名片，提升文化软实力和国际影响力，凸显北京历史文化的整体价值，强化“首都风范、古都风韵、时代风貌”的城市特色。习近平总书记的重要论述和重要指示精神，深刻阐明了文化在首都的重要地位和作用，为建设全国文化中心、弘扬中华文化指明了方向。

2017年9月，党中央、国务院正式批复了《北京城市总体规划（2016年—2035年）》。新版北京城市总体规划明确了全国文化中心建设的时间表、路线图。这就是：到2035年成为彰显文化自信与多元包容魅力的世界文化名城；到2050年成为弘扬中华文明和引领时代潮流的世界文脉标志。这既需要修缮保护好故宫、长城、颐和园等享誉中外的名胜古迹，也需要传承利用好四合院、胡同、京腔京韵等具有老北京地域特色的文化遗产，还需要深入挖掘文物、遗迹、设施、景点、语言等背后蕴含的文化价值。

组织编撰“北京文化书系”，是贯彻落实中央关于全国文化中心建设决策部署的重要体现，是对北京文化进行深层次整理和内涵式挖掘的必然要求，恰逢其时、意义重大。在形式上，“北京文化书系”表现为“一个书系、四套丛书”，分别从古都、红色、京味和创新四个不同的角度全方位诠释北京文化这个内核。丛书共计47部。其中，“古都文化丛书”由20部书组成，着重系统梳理北京悠久灿烂的古都文脉，阐释古都文化的深刻内涵，整理皇城坛庙、历史街区等众多物质文化遗产，传承丰富的非物质文化遗产，彰显北京历史文化名城的独特韵味。“红色文化丛书”由12部书组成，主要以标志性的地理、人物、建筑、事件等为载体，提炼红色文化内涵，梳理北京波澜壮阔的革命历史，讲述京华大地的革命故事，阐释本地红色文化的历史内涵和政治意义，发扬无产阶级革命精神。“京味文化丛书”由10部书组成，内容涉及语言、戏剧、礼俗、工艺、节庆、服饰、饮食等百姓生活各个方面，以百姓生活为载体，从百姓日常生活习俗和衣食住行中提炼老北京文化的独特内涵，整理老北京文化的历史记忆，着重系统梳理具有地域特色的风土习俗文化。“创新文化丛书”由5部书组成，内容涉及科技、文化、教育、城市规划建设等领域，着重记述新中国成立以来特别是改革开放以来北京日新月异的社会变化，描写北京新时期科技创新和文化创新成就，展现北京人民勇于创新、开拓进取的时代风貌。

为加强对“北京文化书系”编撰工作的统筹协调，成立了以“北京文化书系”编委会为领导、四个子丛书编委会具体负责的运行架构。“北京文化书系”编委会由中共北京市委常委、宣传部部长莫高义同志和市人大常委会党组副书记、副主任杜飞进同志担任主任，市委宣传部分管日常工作的副部长赵卫东同志担任副主任，由相关文化领域权威专家担任顾问，相关单位主要领导担任编委会委员。原中共中央党史研究室副主任李忠杰、北京市社会科学院研究员阎崇年、北京师范大学教授刘铁梁、北京市社会科学院原副院长赵弘分别担任“红色文化”“古都文化”“京味文化”“创新文化”丛书编委会主编。

在组织编撰出版过程中，我们始终坚持最高要求、最严标准，突出精品意识，把“非精品不出版”的理念贯穿在作者邀请、书稿创作、编辑出版各个方面各个环节，确保编撰成涵盖全面、内容权威的书系，体现首善标准、首都水准和首都贡献。

我们希望，“北京文化书系”能够为读者展示北京文化的根和魂，温润读者心灵，展现城市魅力，也希望能吸引更多北京文化的研究者、参与者、支持者，为共同推动全国文化中心建设贡献力量。

“北京文化书系”编委会

2021年12月

“古都文化丛书”序言

北京不仅是中国著名的历史文化古都，而且是世界闻名的历史文化古都。当今北京是中华人民共和国首都，是中国的政治中心、文化中心、国际交往中心、科技创新中心。北京历史文化具有原生性、悠久性、连续性、多元性、融合性、中心性、国际性和日新性等特点。党的十八大以来，习近平总书记十分关心首都的文化建设，指出北京丰富的历史文化遗产是一张金名片，传承保护好这份宝贵的历史文化遗产是首都的职责。

作为中华文明的重要文化中心，北京的历史文化地位和重要文化价值，是由中华民族数千年文化史演变而逐步形成的必然结果。约70万年前，已知最早先民“北京人”升腾起一缕远古北京文明之光。北京在旧石器时代早期、中期、晚期，新石器时代早期、中期、晚期，经考古发掘，都有其代表性的文化遗存。自有文字记载以来，距今3000多年以前，商末周初的蓟、燕，特别是西周初的燕侯，其城池遗址、铭文青铜器、巨型墓葬等，经考古发掘，资料丰富。在两汉，通州路（潞）城遗址，文字记载，考古遗迹，相互印证。从三国到隋唐，北京是北方的军事重镇与文化重心。在辽、金时期，北京成为北中国的政治中心、文化中心。元朝大都、明朝北京、清朝京师，北京是全中国的政治中心、文化中心。民国初期，首都在北京，后都城虽然迁到南京，但北京作为全国文化中心，既是历史事实，也是人们共识。北京历史之悠久、文化之丰厚、布局之有序、建筑之壮丽、文物之辉煌、影响之远播，已经得到证明，并获得国际认同。

从历史与现实的跨度看，北京文化发展面临着非常难得的机遇。上古“三皇五帝”、汉“文景之治”、唐“贞观之治”、明“永宣之治”、清“康乾之治”等，中国从来没有实现人人吃饱饭的愿望，现在全面建成小康社会，历史性告别绝对贫困，这是亘古未有的大事。中华民族迎来了从站起来、富起来到强起来的伟大飞跃，迎来了实现伟大复兴的光明前景。

“建首善自京师始”，面向未来的首都文化发展，北京应做出无愧于时代、无愧于全国文化中心地位的贡献。一方面整体推进文化发展，另一方面要出文化精品，出传世之作，出标识时代的成果。近年来，北京市委宣传部、市社科院组织首都历史文化领域的专家学者，以前人研究为基础，反映当代学术研究水平，特别是新中国成立70多年来的成果，撰著“北京文化书系·古都文化丛书”，深入贯彻落实习近平总书记关于文化建设的重要论述，坚决扛起建设全国文化中心的职责使命，扎实做好首都文化建设这篇大文章。

这套丛书的学术与文化价值在于：

其一，在金、元、明、清、民国（民初）时，北京古都历史文化，留下大量个人著述，清朱彝尊《日下旧闻》为其成果之尤。但是，目录学表明，从辽金经元明清到民国，盱古观今，没有留下一部关于古都文化的系列丛书。历代北京人，都希望有一套“古都文化丛书”，既反映当代研究成果，也是以文化惠及读者，更充实中华文化宝库。

其二，“古都文化丛书”由各个领域深具文化造诣的专家学者主笔。著者分别是：（1）《古都——首善之地》（王岗研究员），（2）《中轴线——古都脊梁》（王岗研究员），（3）《文脉——传承有序》（王建伟研究员），（4）《坛庙——敬天爱人》（龙霄飞研究馆员），（5）《建筑——和谐之美》（周乾研究馆员），（6）《会馆——桑梓之情》（袁家方教授），（7）《园林——自然天成》（贾珺教授、黄晓副教授），（8）《胡同——守望相助》（王越高级工程师），（9）《四合院——修身齐家》（李卫伟副研究员），（10）《古村落——乡愁所寄》（吴文涛副研究员），（11）《地名——时代印记》（孙冬虎研究员），（12）《宗教——和谐共生》（郑永华研究员），（13）《民族——多元一体》（王卫华教授），（14）《教育——兼济天下》（梁燕副研究员），（15）《商业——崇德守信》（倪玉平教授），（16）《手工业——工匠精神》（章永俊研究员），（17）《对外交流——中国气派》（何岩巍助理研究员），（18）《长城——文化纽带》（董耀会教授），（19）《大运河——都城命脉》（蔡蕃研究员），（20）《西山永定河——血脉根基》（吴文涛副研究员）等。署名著者分属于市社科院、清华大学、中央民族大学、首都经济贸易大学、北京教育科学研究院、北京古代建筑研究所、故宫博物院、首都博物馆、中国长城学会、北京地理学会等高校和学术单位。

其三，学术研究是个过程，总不完美，却在前进。“古都文化丛书”是北京文化史上第一套研究性的、学术性的、较大型的文化丛书。这本身是一项学术创新，也是一项文化成果。由于时间较紧，资料繁杂，难免疏误，期待再版时订正。

本丛书由市社科院原院长王学勤研究员担任执行主编，负责全面工作；市社科院历史研究所所长刘仲华研究员全面提调、统协联络；北京出版集团给予大力支持；至于我，忝列本丛书主编，才疏学浅，年迈体弱，内心不安，实感惭愧。本书是在市委宣传部、市社科院的组织协调下，大家集思广益、合力共著的文化之果。书中疏失不当之处，我都在在有责。敬请大家批评，也请更多谅解。

是为“古都文化丛书”序言。

阎崇年

目 录

正篇 北京古代教育源流

正篇

北京古代教育源流

概　述

北京地处华北平原和燕山山脉交界处，是中华文明的发祥地之一，北京历史文化源远流长，是一座世界闻名的历史文化名城，曾经有六个朝代在北京建都，多个政权将北京作为政治中心。北京是一座积淀厚重的千年古都，见证着历史发展的沧桑变化。北京更是一座文化包容、开放创新的现代化城市，传承延续着中华优秀传统文化，进入现代城市日新月异发展的新时期，引领中国城市发展的新征程。

教育活动是伴随人类活动产生的，是人类与生俱来的一种活动形式。文化是城市发展的精神内核，教育是城市发展的内在动力。古代教育是古都文化的重要内容，也是古都文化传承发展的重要载体。北京在中国历史发展进程中具有重要和独特地位，北京古代教育发展是中国古代教育史的重要组成部分，并在中国教育史上占据重要地位。在“首都风范、古都风韵、时代风貌”北京城市发展特色背景下，对北京古代教育进行研究，呈现其源流脉络以及挖掘其精神内涵，对城市发展和教育发展均具有很强的现实意义。古人云：“以古为镜，可以知兴替。”对北京古代教育发展研究既是对文化的发掘和丰富，也是对文化的传播和发扬，更是对我国教育现代化建设过程中各领域改革发展提供历史借鉴。

在北京源远流长的文明演进脉络中，教育作为其支脉始终璀璨闪亮。循着北京历史发展进程溯源文化教育发展的脉络，本书著作者团队翻阅了大量历代典籍、史志传录、诸家著述，寻找有关北京古代教育的文献记载。尽管各朝代留有的史料数量不尽平衡，近今朝代如明清时期的史料比较丰富，远今朝代如辽代及以前的史料比较匮乏，但是经过梳理基本呈现了北京古代教育发展的清晰脉络，各朝代文化教育恰如历史轴线上的颗颗明珠，呈现在我们的研究视野中。

本书研究撰写遵循了“北京文化书系·古都文化丛书”编撰的总体指导思想，即“实事求是、深入细致地挖掘北京文化内涵，为繁荣兴盛首都文化和为建设国际一流的和谐宜居之都提供文化支撑”。在此基础上，本书研究撰写努力体现两方面特征：其一，不同于一般意义上的地方教育专史研究，而是从北京古代教育视角挖掘北京文化内涵；其二，不是教育发展轨迹的简单记录，而是教育文化的生动呈现。本书著作者团队在研究撰写过程中始终坚持“服务北京、服务大众、服务人民”的大众文化方向。犹记2018年春天“北京文化书系·古都文化丛书”第一次著作者交流研讨会上，丛书主编阎崇年先生谆谆提点各著作者要做到“四个明白”，即“想得明白、写得明白、说得明白、听得明白”，有效地架起作者和读者之间了解北京文化的桥梁；2019年秋，第二次著作者交流研讨会上，丛书执行主编王学勤先生再次强调“文化来自于大众，服务于大众，大众化是文化生命力的源泉”。学术前辈的这些话语一直盘桓萦绕在心，指导着我们研究撰写工作的开展，时时提醒我们进行深刻检视。

为了既体现北京古代教育发展的历史脉络，又体现“兼济天下”的使命特征，本书整体架构分为正附两篇：正篇为北京古代教育源流，附篇为北京古代教育专题。正篇北京古代教育源流部分，主要介绍北京地区从先秦到清末时期各朝代文化教育政策和教育机构，每个朝代文化教育政策各有特色，教育机构也呈现出不同的特征，如：魏晋南北朝时期的私学尤其是家学发展繁荣；唐末五代时期战乱动荡中私学尤其是书院出现萌芽；辽代及以后少数民族政权，推行“尊孔崇儒、兴学重教”的文教政策；金代文教政策与辽宋保持一致，强调“尊孔崇儒”的同时发展“女真文化”；元代政权继续加强对中原汉文化的借鉴和传播，书院开始出现官学化倾向；明清时期教育官学特征明显，书院遭遇多次禁毁，清末发展中呈现完全官学化特征；清代鸦片战争之后，在洋务运动和戊戌变法背景下出现了两次学堂兴办热潮，清末期经历了新式学堂大规模建立和社会教育迅速发展；等等。附篇介绍古代教育专题，分为北京的书院、北京国子监和孔庙、北京贡院、京师同文馆、京师大学堂，这些专题是北京古代教育及相关机构（科举考试场所、先师祭奠场所）的代表，或者跨越时间、年代比较久远，或者是官学、私学办学机构和考试机构的代表，或者与重要历史事件密切相关。本书力争从历史源流时间纵轴和教育专题横轴两个维度，梳理北京古代教育发展的主要脉络，以及把握北京古代教育发展的整体样貌。

关于本书研究呈现的北京古代教育区域范围。北京地区在古代有很多称谓，如燕、蓟、幽都、广阳郡、幽州、南京、析津府、燕京、中都、大兴府、大都、北京、顺天府、北平等，这些称谓涉及国都、府、州、郡等不同层级，不同层级称谓在同一时期存在。随着朝代政权更迭，这些称谓下“北京”所辖行政区域一直处在变化之中，甚至同一朝代的不同历史时期也存在行政区域的变化，这给准确界分北京古代行政区划以及研究呈现区域内教育发展带来一定难度。本书研究以今天北京市行政区划为主，追溯先秦至清末时期各朝代教育发展，这应该是研究的主要区域范围，同时也兼顾对各朝代之“北京”所辖区域教育发展的研究。辽代以前北京地区为周朝的燕国和蓟国这两个小封国，秦汉时期为广阳郡，魏晋北朝和隋唐时期为幽州，虽然明确的行政区划不可能明确考察，但基本可以确定的是治理范围均超出了今北京行政区划。辽代陪都南京下设幽都府（后改称析津府），下辖6州11县，金代中都大兴府行政区划有缩小仅下辖10县，元代大都下辖10州6县，明代顺天府下辖5州22县，清代顺天府下辖5州19县，其间有所变化但大致区域已经基本固定下来，而且都基本包括了今天河北、天津的部分地区[①]。基于此，本书在研究区域范围上随各朝代

① 刘仲华，等.《北京教育史》[M].北京：人民出版社，2008.

之“北京”有相应调整，延伸到今天北京行政区划的周边区域，如河北的涿州、三河以及天津的蓟州、永清等地区。

关于本书研究呈现的北京古代教育年代分期。本书正篇研究呈现北京古代教育源流，是以朝代为研究基本单元的。学界一般认为金代中都确立是北京城市发展的转折点[①]，从金代政权建都到之后各朝代北京始终居于国家首善地位。由此，确立了北京政治中心的地位，也促进了北京文化教育发展繁荣，在全国居于引领地位。也正是北京居于全国首善地位的确立，使北京教育类型呈现更加多样化特征，中央官学、地方官学、私学开始长期并存，推动了北京古代教育发展繁荣兴盛。因此，本书研究呈现北京古代教育分期有界分，大体分为两个阶段：地方官学和私学并存时期，以及中央官学、地方官学和私学并存时期。第一阶段在本书第一章先秦至辽代的北京教育呈现，第二阶段则细分为五部分，分别为：第二章金代北京教育、第三章元代北京教育、第四章明代北京教育、第五章清前中期北京教育、第六章清末期北京教育。需要说明的是，清代北京教育跨越时间较长，教育发展内容丰富，因此本书用两章呈现清代北京教育，以鸦片战争作为分界点，鸦片战争之前的清前中期北京教育独立成章，鸦片战争之后的清末期北京教育独立成章。

关于本书研究呈现北京古代教育的主要内容。教育与社会紧密相连，教育研究包含很多内容，以合适的思路架构和内容组织呈现北京古代教育一直是著作者下笔之前思考的问题。传统教育史研究是一种研究范式，强调对教育制度变迁、教育学说分析、教育与社会发展关系、不同时期教育发展异同、不同地区教育发展异同、教育改革得失评价等的研究。本书研究撰写对以上内容有所涉及，但又不完全遵循这一研究范式，而是收集整理北京古代教育史料，着眼于北京古代教育使命——“兼济天下”，从北京古代教育人才培养、文化传播、服

---

① 尽管北京地区在辽代也被确立为都城，称之为南京，但由于辽代实行五京制，上京为五都之首，南京仅是陪都，因此辽代南京还不是真正意义上的国都。

务社会等视角进行研究呈现，并依此确定正、附篇的结构形式、内容构成和写作风格。正篇教育源流部分各章节结构形式基本相同，大致分为两节：第一节为朝代北京的文教政策，第二节为朝代北京的教育机构。由于第一章朝代跨越较多因此增加了一节，这一节是对先秦至隋唐五代时期的北京教育以段落的形式呈现，不再区分章节，对辽代北京教育仍遵循上篇章节的基本结构，因此第一章共三节。在各朝代文教政策部分，由于在封建中央集权制度下，很难对首都文教政策和地方文教政策区分，并且少有地方文教政策的相关史料，于是基本上是在全国视野下来呈现文教政策。在各朝代教育机构部分，写作主线是北京各朝代教育机构，如：中央官学、地方官学、私学及书院等，实际上是基于教育机构主线呈现古代北京文化教育的多样化特征，尤其是北京古代教育“兼济天下”的格局和视野。沿着历史轴线发展，“兼济天下”本质上是与“北京文化”有紧密联系，与“爱国、创新、包容、厚德”内涵高度契合。本书附篇教育专题部分，仍然围绕教育机构选取内容，每个典型教育机构专题独立成文。并且为了增强文章吸引力，学习借鉴了文化散文写作风格，力争用比较灵活的结构和生动的笔触，呈现这些代表性教育机构的发展脉络，融入了相关社会背景、历史事件、重要变革、代表人物、教育思想等，并对其产生的社会影响进行评价。

本书研究撰写过程中，梳理出了北京古代教育发展的脉络，如下：

北京古代教育体系初步形成和逐步完善是历史进程中社会发展推动的结果。北京地区教育活动要追溯到50万年前原始社会时期，人类祖先开始在北京地区繁衍生息，生产和生活中伴随着知识、技能的传递。由于原始社会没有文字，更没有教育机构，教育活动以隐性形式贯穿在生产和生活中，这一时期的教育媒介是语言和肢体，也就是声音传递和行为模仿，因此早期教育又称为“口耳之术”。这一时期的教育内容以传授生产经验和劳动技能为主，以及氏族部落必要的生活准则和行为规范。西周和春秋时期开始有专门教育机构，开始从社会生产生活中逐渐分离出来。史书记载了西周时期燕地出现了最早的学校——官学，但此时的官学还不具备中央官学的性质，之后战国时期燕地的私学迅速发展繁荣起来，形成了燕地教育官学和私学比较模糊的轮廓。秦代和汉代尽管同为中央集权制国家，但采取了截然相反的文化教育政策，"焚书坑儒"与"独尊儒术"，也使这两个朝代教育呈现出不同的发展态势。秦代教育出现了短暂断层，汉代教育延续了先秦教育体系，经过恢复时期并加速发展，逐步确立了"尊孔崇儒"在教育中的核心地位。汉武帝时期在长安设立中央官学太学，燕地始建立郡、县、乡三级学校，两汉时期尤其是东汉末年私学有较快发展，多级地方官学与私学一起形成了燕地教育体系格局。魏晋南北朝时期幽燕地区社会动荡不安，各统治者虽有心恢复和发展教育，但社会政治环境和兴办教育的力量均不具备，幽燕地区教育多处于边建设边破坏的状态中，家学作为私学分支在东汉末年良好基础上获得发展。隋唐时期幽州的地方官学有一定发展，唐末五代时期战争频繁对官学造成破坏但给私学发展带来时机，史料记载北京第一所书院窦氏书院即产生于唐末五代。可以看到，从先秦到唐末五代时期，北京地区教育发展尽管有断裂、有停滞，但总体上基本保持了官学、私学并举的教育格局。

从辽代开始由少数民族执掌政权，借鉴中原汉文化"文礼治国"是少数民族政权治国策略。燕地是汉民族和少数民族杂居共处之地，也是中原汉民族文化与北方少数民族文化交流融合的前沿，对北京地区教育发展有着深刻的影响。辽太宗时期在南京（今北京）设立太学，是北京地区中央官学的起源，影响力远远超过上京、中京设立的国子监、国子学。辽代开始借鉴隋唐科举取士，考试制度有所发展。随着辽代南京中央官学的确立以及科举取士的实施，北京地区的教育体系进一步完善。金是辽之后的又一个少数民族政权，金海陵王定都燕京改中都，继续秉持"尊孔崇儒、兴学重教"理念，在中都建立了国子学、女真国子学等中央官学，武学、医学、算学等专门学校也建立起来，并且女真统治者比较注重本民族文化继承延续，除建立女真国子学外还建立了女真府学，以及确立了针对女真族选才的科举制度。这些举措促进了北京地区学校类型多样化，北京地区教育体系更加完善。元代的武功之盛达到史上空前程度，崇尚武功的蒙古统治者依然主张借鉴中原汉文化来治理国家，并且元代疆域辽阔造就了元大都文化开放和多元融合的特征，来自欧洲及中亚地区的基督教文化、伊斯兰文化在这里和北方少数民族文化、中原汉文化共融并存。元大都教育体系也随之呈现多样化特征，比如仅中央官学就出现了国子学、蒙古国子学、回族国子学，尽管后两者规模很小，仍然体现了元大都文化教育的兼容并包。可以说，辽金元时期是北京地区文化教育的转折时期，这与北京城市地位提升是分不开的。北京不再仅仅是封建诸侯的国都和北方军事重镇，或者中原汉民族和少数民族交流口岸，而是开启了建都历史，成为北方少数民族治理之下国家的陪都或国都，在政治、文化、教育、军事等方面都居于重要地位。北京城市功能的提升极大地促进了北京地区教育发展，经过辽、金、元三个少数民族政权发展，北京地区教育体系多元文化特征明显，教育在文化融合、交流、开放中得到丰富完善。

明代政权同样推崇儒家文化的地位，尤其推崇程朱理学，把“尊经崇儒”作为文教国策。明成祖朱棣迁都北京，北京在全国的地位进一步提升，也推动文化教育进入了新阶段。在北平府儒学基础上改建北京国子监，后称为“国子监”，南京的国子监称为南京国子监，进一步确立了国子监作为中央官学的地位。明代北京教育体系比元代有较大发展，以儒学教育为核心的中央和地方官学体系日趋完备，武学、医学、四夷馆、阴阳学、卫学等专门学校也获得发展，私学也呈现前所未有的繁荣局面，并且明代书院官学性质更加明显。总体来看，明代北京在全国首善地位更加凸显，北京教育在全国教育发展中的示范作用日益彰显。清代沿袭明制继续吸收借鉴中原汉文化，顺治年间明确了清代“尊崇儒学”的文教政策。清代多位皇帝进行教育改革，国子监制度、科举制度、书院制度等得到规范，形成了层级上从中央到地方，类型上从国子监、八旗官学、地方官学、书院到蒙学、义学、各类专门学校、社会教育等极为丰富多样的教育体系，为晚清壬寅、癸卯两次学制改革奠定了基础。尽管清代北京教育体系比较完备，但是仍然有传统封建教育腐朽僵化的特征，清政府在鸦片战争和甲午战争中战败充分暴露出以儒学为核心的封建传统教育与以培养务实人才为目标的西方教育之间的巨大差距，新兴民族资产阶级推动的洋务运动和戊戌变法两次重要历史事件，都将教育变革作为其重要内容。“中学为体、西学为用”是清末教育变革的主题，清末北京教育变革轰轰烈烈，处于全国教育改革浪潮旋涡之中，催生了京师同文馆、京师大学堂、西方教会大学、各种新式专门学校等教育机构，社会教育与女子教育也同步获得发展，标志着清末期新式教育正在确立。清末学制改革、科举制度裁废、国子监停办、书院改学堂、私塾改良等，则标志着旧式教育走向瓦解，这些都是清末教育改革的重要事件。

本书是在回顾北京古代教育的历史，在梳理北京古代教育的脉络，在呈现北京古代教育的内涵，更是在讲述北京古代教育的故事。如何讲好北京古代教育故事，是我们在研究撰写过程中一直思考的问题。我们认为首先内容上要客观、准确，形式上还要生动、丰富，要呈现大众能接受的文化形式，不但要启人入“道”，更要引人悟“道”，能引起与读者之间的文化对话与共鸣。歌德曾说过，“历史给我们最好的东西就是它所激起的热情”。倘若通过《教育——兼济天下》一书能够让大众读者了解北京古代教育在北京乃至中华文明进程中的重要影响，能够了解北京古代教育在英才培育、民众教化、思想传播、社风整肃、文化建设等方面的重要作用，能够激荡出坚定的文化自信，并付诸当下和未来北京社会发展和城市建设中，那么本书研究撰写的目的就达到了。

第一章

先秦至辽代北京教育

北京是一座历史悠久的城市，北京城市发展可以追溯到3000年前。从西周到春秋时期，北京地区是燕国都城所在地，并一直是燕国政治和文化教育的中心。从秦汉到隋唐时期，北京地区一直是地方行政区域。北京城市快速发展繁荣则是在辽代以后，从确立燕京成为辽代陪都开始，中央政权开始在这里建立全国性教育机构。北京在历史上一直是北方重镇，是军事战略的要冲之地，也是中原汉民族和北方少数民族杂居共处、繁衍生息之地，不同文化在这里碰撞交汇，对文化教育发展有促进推动作用。可以说，先秦至辽代北京地区教育发展奠定了北京教育发展的基础，并且由于北京所处的独特政治、军事和地理位置，对其文化教育发展始终发挥着影响。

第一节　辽代以前的北京教育

北京地区是发现人类活动比较早的区域之一，20世纪初期在房山周口店发现了北京人头骨化石，表明早在50万年前这里就有人类活动，此时的教育活动与人类生产生活共生存在，主要传递生产和生活技能。在北京地区漫长的文明发展进程中，文化教育也伴随发展起来。从先秦到隋唐五代时期，北京有过广阳、幽州、燕、蓟等多个名称，并一直是地方行政区域，地方官学和私学是其主要教育形态。按照一般的历史朝代分期习惯，本节阐述辽代之前北京四个时期的教育发展，分别是：先秦时期、秦汉时期、魏晋和南北朝时期、隋唐和五代时期。北京在辽代以前一直是北方重镇，是军事要冲之地，常常刀光剑影、兵家逐鹿，并且长期的战事使这里也成为多民族杂居相处之地。因此，受民众风俗、学术渊源和社会环境等的影响，“以‘礼乐’文化为主题的教育内容，时时受到游牧文化的冲击，无法与内地社会比较安定地区的教育环境相比”①，整体文化教育水平也逊于中原。

一、先秦时期的北京教育

先秦时期是中华民族传统文化形成的奠基阶段，也是我国教育体系初步形成阶段，学校作为开展教育的专门机构随之出现并获得极大发展。秦汉时期也是确立儒家学说社会统治地位的阶段，以“四书”“五经”等儒家经典著作为核心的儒家思想在教育体系中获得大力推广。文字是教育活动开展的载体，文字应用也是教育独立于社会活动的前提。我国文字起源于“象形”，商代甲骨文是最早成系统的象形文字。1974年，北京房山琉璃河出土了大量刻有铭文的西周青铜器，和用于占卜的甲骨文相比，这些文字有了发展，均为“右自、

① 刘仲华，等.《北京教育史》[M].北京：人民出版社，2008.

等比、竖写”，学界认为这些文字呈现了汉字的基本书写规范。春秋战国时期，社会文化和教育的发展使文字应用更加广泛，文字系统也在分区域演进，分为西部秦国的“籀文”（又称“大篆”）和东部六国的“古文”两大文字系统，东西部文字都来源于殷周古文。东部六国字的写法也很不一样，有“六国之世、文字异形”之说，燕国文字为东部文字系统之一。尽管文字有一定发展，但由于政权更替、社会变革等种种原因，这一时期保留下来的文献很少，尤其是经历了秦始皇统一六国之后，在文化教育领域的“焚书坑儒”事件，使很多儒家经典被付之一炬。燕地同样经历了这次对儒家文化的沉重打击，留存的教育相关史料很是匮乏。

春秋时期，专门教育开始发展起来，学校作为专门开展教育的机构已经存在。《孟子·滕文公上》中有夏商周时期教育机构的明确记载：“夏曰校，殷曰序，周曰庠，学则三代共之，皆所以明人伦也。”意指夏商周三代均有教育机构，只是称谓有所不同，但是所学内容是相同的，教育目的都是伦理教化。《尚书大传·略说》中有记载：“十五始入小学，见小节，践小义焉。年十八始入大学，见大节，践大义焉。”先秦时的学校大致分为大学和小学两级，大学仅在国都设立，小学则在乡邑和家中设立，小学和大学学习内容、学习目标也有所不同，并且这一时期私塾发展很快。西周和春秋时期的燕国教育出现了类型划分，“大致分为文武两个大类，以及为统治阶级服务的专门科目，如卜筮、历数等”[①]，文教科目有书（文字）、数（计数）、诗、礼、乐和史（史书经典），尤其以史书为重要内容；武教科目则包括驾车、射箭、骑马等，主要为维护统治阶级和提升战斗力的需要而设立。其中，文教在学校和私塾进行，武教则在军队甲士中进行。房山琉璃河商墓出土的燕国早期车马坑，坑中埋有马42匹、车轴14根。有学者研究认为这种战术配合仅凭个人驾车技巧不能完成，必定经过比较系统的训练，这种军中训练就是武教。

---

① 汤世雄，等.《北京教育史》[M].北京：学苑出版社，2011.

战国时期北京处于燕国统治领域。有雄才大略的燕昭王招举贤良、礼贤下士，果断起用乐毅为上将军。他听取乐毅进言“不以禄私其亲，功多者授之；不以官随其爱，能当者处之”，攻下了齐国七十余座城池。昭王时期，燕国国力迅速强盛起来，社会经济和文化教育均有较大发展，蓟城也成为北方的政治、经济和文化中心，积淀了北京地区文化教育发展的根基。“养士”是战国时期各国招纳和培养贤才，进一步服务于国家政治和战争的特色制度。燕国养士之风在昭王时期最盛。昭王招揽天下名士，乐毅、邹衍、苏秦、剧辛等一批贤才游士云集蓟城，一时间呈现“士争凑燕”之局面。这些游士或者聚徒讲学，或者著书立说，推动了教育从贵族阶层向平民阶层发展，打开了士子走向仕途的一条路径，更加促进了燕地教育繁荣。同时也出现了教师职业，这些游走于各学术场所进行传播思想、讲学育才的名士，被称为“子”，燕地有苏子、邹子之盛名。古代的“子”相当于现在的学者、教师称谓，拥有很高的社会地位，受到社会普遍尊敬。

《礼记·学记》是论述我国古代教育最早著作，形成于战国时期，其中也有关于学校设立的明确记载，“古之教者，家有塾，党有庠，术有序，国有学”。由此可知，这一时期古代学校分为四级：第一级称为“学”，即国家级学校；第二级称为“序”，即诸侯国学校；第三级称为“庠”，即乡里级学校；第四级称为“塾”，即家庭开办的私学。同时也表明，战国时期的学校已经按行政区划设立，学校体制有了雏形。战国时期的教育从贵族特权中获得释放，开始有平民仰慕趋之，教育对象扩展促使教育内容超越了传统“六艺”，有了进一步发展，在历史学、地理学、劳动技能、音乐舞蹈和诗歌方面有丰富发展。比如：一些政客门下的“养士”进行史书编纂用于讲学，《左传》和《国语》均产生于此；燕国名士邹衍创立的“五德终始”学说，用五行相生学说解释历史上朝代兴替，对历史学科的发展具有一定贡献。

二、秦汉时期的北京教育

公元前226年，秦军攻下蓟城，燕国灭亡。秦王嬴政统一六国建立秦朝称为秦代始皇帝。秦始皇推行郡县制，燕国蓟城及以南地区归属广阳郡，也是北京古代称谓之一“广阳”的由来。战国时期的蓟城是诸侯政权燕国的都城，秦汉时期的燕蓟地区则成为统一封建王朝北方地区交通枢纽，其位置仍然非常重要。并且，燕蓟地区还是汉族和匈奴、鲜卑、乌桓等少数民族杂居的地方，是多民族融合共处的重要区域。秦朝统一天下是中国历史上的重要事件，中国历史进程向前推进了一大步，文化教育发展也受到中央集权制度的影响，在一个强势中央政府引导的轨道上发展，“书同文”和“焚书坑儒”就是很好的证明。秦始皇统一六国后即进行了文字改革，在秦文“大篆”基础上创制了“小篆”并诏令在全国推行，用于公令法文，这是中国历史上第一次系统性的文字标准化。秦朝统一文字是文化教育领域的贡献，更是对中华文明发展的贡献，从此文字成为一条中华文明的深刻脉络。

秦始皇统一六国后建立了中央集权制国家，在文化领域也实行专制，直接推动了“焚书坑儒”事件。他采纳丞相李斯进言，“非秦记皆烧之，非博士官所职，天下敢有藏《诗》、《书》、百家语者，悉烧之。所不去者，医药、占卜、种植之书”。“焚书坑儒”事件是文化教育领域的一场巨大灾难，焚毁书籍难以数计，唯有医药占卜等书籍幸免于难。在战国时期，方士就开始在东部诸侯国出现，方士拥有方术从事医药、修炼和占卜等，更多的是满足贵族阶级求长寿养生之道，尤其在燕国、齐国盛行。《史记·封禅书》有“燕、齐多方士”的记载，《汉书·郊祀志》也有燕昭王使人出海求仙的记载。由于燕国有方士从业的社会环境和民众基础，在“焚书坑儒”大背景下，燕蓟地区的方术教育有所发展。西汉《盐铁论》记载了汉武帝时期方士教育的情况，“燕、齐之士释锄耒，争言神仙方士，于是趋咸阳者以千数”。《史记·孝武本纪》记载了孝武帝时期燕齐方士教育的情况，“海上燕齐之间，莫不扼腕而自言有禁方，能神仙矣”。秦始皇于公元前215年选派入海寻仙的卢生，就是燕蓟之人。这些记载都说明，秦汉时期的燕蓟地区方术学盛行，方术教学也形成潮流。同时，方术教育还辐射到其他地区，除燕蓟地区人们交流方术以外，西汉时期向西传播至咸阳。

汉朝统治者延续了秦朝中央集权对文化教育的强势主导政策。在经历了初期无为而治、分封诸侯之后，汉武帝开始意识到没有文化思想的危险性，开始寻求适合国家治理的统一的意识形态。于是，汉武帝采取了和秦始皇“焚书坑儒”截然相反的政策，采纳董仲舒的建议“罢黜百家，独尊儒术”，也使儒家经学走向国家意识形态的中心，成为官方之正统学术。公元前136年和公元前124年，汉武帝置五经博士和设立太学。于是，西汉太学也成为中国最早的中央官学，五经博士为太学教官，太学学生称博士弟子。汉武帝初设太学时，博士弟子仅五十人，之后学生员额逐渐增加，“汉昭帝时增加为一百人，汉宣帝时再增加为二百人，元帝时至千人，成帝时博士弟子达到三千人”①。除了在都城长安设立中央官学太学，汉武帝还下令设立地方官学。官学除了培养为朝廷进行官员后备力量培养，还担负着传播文化的作用。汉代官学的主要教学内容是儒家经典，《诗》《书》《礼》《易》《春秋》总称为儒学“五经”。博士是中央官学的教官，也称五经博士，他们精通儒学经典。韩婴是当时燕蓟地区声名远扬的文化学者，尤其擅长《诗》，对《易》也有独到见解。他深受朝廷器重，文帝时期为五经博士，曾吸引各地学者来燕地求学。后来，韩婴离开燕国，他的子孙继续在燕地传授经学，形成燕地韩氏之一脉学宗。

私学在两汉时期获得较大发展。私学兴起于春秋时期，秦始皇时期废止后，经历了长期的沉寂，直到秦朝后期有所恢复。私学在汉武帝“尊孔崇儒、兴学重教”政策下重焕生机，并在东汉时期达到鼎盛。东汉末年名臣涿郡人卢植，是兴办私学的代表，也是继孔子之后的又一大儒，有很高的社会地位和声望。卢植曾被委以太学博士

① 汤世雄，等.《北京教育史》[M].北京：学苑出版社，2011.

教职，又先后出任九江、庐江太守，辞官后重回故里创办私学，培养了一大批人才。《后汉书》记载了卢植曾在军都山（今昌平境内）设立学校、教授生徒的境况，“隐居上谷军都山，立黉肆（学校）教授，好学者自远方而至”。卢植培养出了刘备、公孙瓒等英才，他和这些学生均声名远播。

汉朝时期，各地区基本延续先秦时期的传统教育体系。《汉书·食货志》有汉代教育机构设立的相关记载，“里有序而乡有庠。序以明教，庠则行礼而视化焉。……八岁入小学，学六甲、五方、书计之事，始知室家长幼之节。十五入大学，学先圣礼乐，而知朝廷君臣之礼。其有秀异者，移乡学于庠序。庠序之异者，移国学于少学。诸侯岁贡少学之异者于天子，学于大学命曰造士。行同能偶，则别之以射，然后爵命焉”。在董仲舒的建议和推动下，汉朝统治者开始设立学官，专门主持学校教育工作，教育体系管理随之加强。汉朝统治者之后又加强学校教师设置，《汉书·平帝纪》有记载，“立官稷及学官，郡国曰学，县、道、邑、侯国曰校，校、学置经师一人，乡曰庠，聚曰序，序、庠置《孝经》师一人”，对各级学校的称谓和教师设置数量有明确规定。

三、魏晋南北朝时期的北京教育

魏晋时期基本沿袭着汉代幽州的建制，北京地区为燕国封地。北朝时期幽州治蓟城，蓟城仍然是北方军事重镇，处在北方游牧民族和南方中原汉族区域之间，有很高的军事地位。魏晋南北朝时期的幽燕之地一直处在动荡不安的战事之中，从汉末天下三分到隋唐一统天下的几百年间，汉族和各少数民族交替执掌政权。这一时期幽燕地区汉族与少数民族长期杂居共处，客观上有利于民族间文化交流，同时民族文化交流又促进区域各民族融合。长期战争对幽燕地区教育体系也形成较大冲击，秦汉时期形成的教育体系尤其是官学受到一定破坏。由于统治阶级普遍认识到文化教育在稳定政局、笼络民心方面的重要作用，所以一旦政局有所稳定便会兴办学校、发展教育，于是魏晋南北朝时期幽燕地区的教育始终处于边建立边破坏的状态之中。

魏晋南北朝时期朝廷和地方兴学重教的记载屡见于有关文献，可见这些政权对文化教育事业的重视。《三国志·魏书》有记载，魏武帝曹操执政后下令“将士绝无后者，求其亲戚以后之，授土田，官给耕牛，置学师以教之”。《三国志·魏书》有记载，魏文帝曹丕即位后，“遂阐其业，兴复辟雍，州立课试，于是天下之士，复闻庠序之教，亲俎豆之礼焉”。《晋书·列传》有记载，晋惠帝时期唐彬受命镇守幽州（今北京），“彬既至镇，训卒利兵，广农重稼，震威耀武宣谕国命，示以恩信。于是鲜卑二部大莫廆、擿何等并遣侍子入贡。兼修学校，诲诱无倦，仁惠广被”。北魏时期也有地方官学设置，以燕郡太守卢道将和幽州刺史裴延俊为代表，带动了幽燕地区官学的发展。卢道将出身于魏晋以来范阳卢氏大户人家，他在北魏时期出任燕郡太守期间“优礼儒生”“励劝学业”。裴延俊为北魏时期冀州刺史裴徽的后人，他出任幽州刺史期间“修葺学校”“礼教大行”。北齐时期虽有地方官学设立，并置博士、助教教职授经，但后期受时局影响发展停滞。

魏晋以后战乱持续、政局不稳，统治阶级持续兴办官学财力不足，给私学带来了发展时机。魏晋南北朝时期，有很多淡泊于仕途的学者隐居乡里兴办私学，霍原是这一时期办私学、授生徒的优秀代表。霍原是燕国广阳人，他“笃学好古、修述儒道”，是远近闻名的大学者。他隐居广阳山，教授生徒千人，受到燕王的仰慕，并数月给予酒肉犒劳。幽燕地区在北魏以后私学继续发展，吸引了周边学者云集在此，多有聚徒讲学，出现了许多名流名家，客观上推动了幽燕地区学术和文化发展。《资治通鉴》有记载“燕、齐、赵、魏之间，教授者不可胜数，弟子著录多者千余人，少者犹数百人，州举茂异，郡贡孝廉，每年逾众”[①]，可见当时私学之盛况，以及培养优秀人才之多。

魏晋时期的家学有所发展，延续了东汉末年家学的兴盛之势。魏

---

① 司马光.《资治通鉴》卷一百四十五《梁纪一》[M].北京：中华书局，1956.

晋南北朝时期的幽燕地区家学盛行，尤其是世家大族开办家学发展很快，范阳卢氏家学教育最具有代表性。范阳卢氏家族兴起于东汉末年，卢植开创了家族基业。魏晋以来，在“世以儒业显”家风影响下，卢氏家学发展也日渐兴盛，其家学教育以“经学传世”为宗旨，培养教育卢氏子孙，也传承着文化。卢氏家学教育内容并未因循守旧，一味沿袭“专经”，而是随着社会变化在调整扩展学习内容。除了范阳卢氏家学开展教育培养人才和传承文化外，还有范阳祖氏家学、北平无终阳氏家学、渔阳雍奴高氏家学，均在这一时期发挥着重要影响。魏晋以来的家学繁荣了这一时期的教育，尽管由于门阀和门生之间的特殊而紧密的依附关系，使得家学教育有一定局限性，但是家学仍然是社会动荡局势中一枝奇异之花，为文化教育事业发展发挥了重要作用。

四、隋唐五代时期的北京教育

隋唐时期幽州地区曾有过改名，如：涿郡、范阳郡，但仍以幽州为主要名称。隋文帝征辽东和隋炀帝开凿京杭大运河，均对北京地区发展有很大影响，征辽东使涿郡北方军事重镇地位进一步提升，大运河打通了与江南的水运交通，促进了经济和社会发展。唐代太宗和高宗两次征辽东，幽州军事地位进一步加强，成为唐政权统治北方地区的重要中心。隋唐时期幽州地区居住人口快速增加，民族融合进一步发展，各民族文化交流更加频繁，客观上促进了教育事业的发展。

隋朝立国时间较短，并且东征辽东和开凿大运河耗费了大量人力和财力，教育发展受到一定影响。尽管如此，隋朝文化教育发展也进行了历史性的变革，即大业二年（606）隋炀帝开设进士科，开我国考试选官制度的先河。“科举与以往的察举和九品中正制最大的区别在于，它不是以主管官员的考察推荐而是以统一考试的方式来选拔人才，而考试内容和评定、录取方法控制在中央政府之手，强化了中央集权”。[①]隋朝创立科举制度，大大消除了魏晋以来重门第轻才学的

① 汤世雄，等.《北京教育史》[M].北京：学苑出版社，2011.

积弊，也有力削弱了门阀大族世袭官职的特权，使大批出身社会普通阶层的知识分子有了上升的空间。它把做官、读书和考试紧密联结起来，意在选拔有真才实学者做官，既体现了古代教育和考试公平，也大大提高了官员文化素质。由于科举制度在选拔人才上有一定先进性，特别是迎合了中央集权统治阶级选拔官吏的需求，所以在之后1300多年时间为历代所沿用，持续发挥着深远影响。科举制度发展至唐代，已基本制度化，刺激社会兴学设校的积极性，以及带动了唐代文化繁荣，迎来继秦汉之后中国文化发展的又一黄金时期。

隋唐时期，中央和地方官学均有不同程度的发展，唐代官学发展尤盛。隋文帝即位后曾下令京邑和各州县兴办官学，曾有“负笈追师，不远千里，讲诵之声，道路不绝”之盛况。隋炀帝即位后也曾“复开庠序”，努力发展官学，但是隋代官学兴盛持续时间不长即走向颓败，“空有建学之名，而无弘道之实”。唐一统天下之后，即迎来了国力强盛的“贞观之治”和“开元盛世”，社会政治比较安定，经济快速恢复并繁荣，文化教育也有很大发展。唐代中央官学规模之宏大，是汉代以来所未有的。《唐语林·学旧六馆》记载当时中央官学设置情况，“有国子馆、太学馆、四门馆、书馆、律馆、算馆，国子监都领之。每馆各有博士、助教，谓之学官。国子监有祭酒、司业、丞、簿，谓之监官。太学诸生三千员，新罗、日本诸国，皆遣子入朝受业”。唐代各级地方官学也有设置，规模和结构有具体规定，“京都学生八十人，大都督、中都督府、上州各六十人，下都督府、中州各五十人，下州四十人，京县五十人，上县四十人，中县、中下县各三十五人，下县二十人。国子监生，尚书省补，祭酒统焉。州县学生，州县长官补，长史主焉”①。

在唐代的蓟州②，也设置有州学，明代张拱撰有《重修蓟州儒学

① ［宋］欧阳修等.《新唐书》卷四十四《选举志》［M］.北京：中华书局，1975.

② 唐玄宗开元年间，渔阳、三河、玉田三县从幽州分割出来另置蓟州，之后蓟州多指今天津市蓟州区一带，由于唐代渔阳仍与今北京市密云区南部有重合，本书亦将蓟州州学作为这一时期的地方官学之微小一支略做阐述。

文庙记略》，称："蓟州畿内名郡，州西北为儒学，左方为文庙。肇建于唐，迄于历世，或修或毁。洪武初复建之，间有修葺，久复渐敝。西平王君以东藩副宪提刑兹土，下车展谒，大惧诸所废失，弗称具瞻，注意经营，选材立陶，经始于丁未之秋，落成于戊申之夏。帑不加费，民不知劳而成功，可观矣。王君名诰，由进士历官中外，所至以兴学校为首务，善政善教，兹不尽书云。"如明代张拱文献所述，蓟州的州学始建于唐代，建有儒学和文庙（孔庙），并在唐代之后经历了破坏和修建。尽管没有更多蓟州州学建立的依据，也可以看到唐代蓟州州学确实存在。

幽州地区地方官学的史料不多，现有史料研究来看，地方官学有一定发展但远不及隋唐都城和中原地区。幽州地处边塞，隋唐朝廷自然很重视这里的军事建设，幽州地方官员也多行伍出身，但也有不少文人才俊任官职，选用文人做官一定程度上推动了区域文化教育的发展。有学者根据史料研究，"幽州大都督府在蓟城设学，置经学博士一人，助教二人，招收学生60名"①。檀州（今密云区）为幽州所辖，高宗显庆年间韦弘机任檀州刺史，《新唐书·韦弘机传》有记载他修建学宫的情况，"显庆中，为檀州刺史，边人陋僻，不知文儒贵，乃修学宫，画孔子、七十二子、汉晋名儒象，自为赞，敦劝生徒，繇是大化"②。唐代中期发生"安史之乱"，幽州开始处于藩镇割据状态以及和契丹等少数民族政权斗争之中，对幽州地方官学形成强烈冲击，地方官学"生徒堕业"，开始走向衰败。

唐代私学入仕始于唐高祖李渊，他于唐武德七年（624）下诏"诸州有明一经已上，未被升擢者"，"有司试策，皆加叙用"。高祖下诏彰显了朝廷唯才是举、不拘一格的用人思想，也首开唐代私学入仕之先河。从历史发展进程来看，私学往往补官学之不足，每当发生战乱社会动荡不安时期，朝廷忙于应对战事和稳定时局，往往无心无力举

① 汤世雄，等.《北京教育史》[M].北京：学苑出版社，2011.

② 另有方志资料记载："密云县学，在县治东，唐贞观十年渔阳刺史韦弘机建。"

办官学，恰恰为私学发展带来契机。春秋战国时期、魏晋南北朝时期、唐末五代时期，官学发展虽然遭遇了社会环境危机，但是客观上促使私学兴盛发达起来。家学是唐末私学教育的主要形式之一，范阳卢氏家学在唐代仍然延续，培养人才众多，如著名思想家卢藏用。

唐末五代时期，书院也在私学体系中发挥重要作用。窦氏书院位于今北京昌平区境内，唐末五代时期由后周谏议大夫窦禹钧建立，是历史上北京地区建立最早的书院。窦氏书院兼具藏书、祭祀、教育功能，藏书丰富、延儒聘师，吸引了周边众多学子来这里求学。由于培养了大批人才，窦禹钧声名远播，被尊称为“窦燕山”。并且，作为教子有方的成功典范，被宋代学者王应麟写入《三字经》：“窦燕山，有义方，教五子，名俱扬。”

第二节 辽代北京的文教政策

辽（947—1125）是以契丹族为核心在中国北方地区建立的政权，具有上承隋唐、下启金元的历史地位。938年，石敬瑭拱手割让具有重要军事战略地位的燕云十六州给契丹政权，大大扩展了辽国疆域，也使广大中原地区失去了抵御外族入侵的天然屏障。燕云十六州又称“幽蓟十六州”“幽云十六州”，地域延伸覆盖了现在的北京、天津全境，以及河北北部地区、山西北部地区，幽州、顺州、儒州、檀州、妫州等均在今北京行政区划内。947年[①]，耶律德光改契丹国号为辽，幽州随之升为南京幽都府。1012年，改为析津府，又称燕京，并作为辽朝的陪都，是燕京之名的历史由来。《契丹国志》有记载：“南京本幽州地，乃古冀州之域。唐置范阳节度，临制奚、契丹。自晋割弃，建为南京，又为燕京析津府，户口三十万。”[②]辽代南京地区地处和宋朝对峙的前沿，也是汉族、契丹族及其他民族杂居的地区，客观上要求辽朝廷必须采取文化包容政策，以维持巩固契丹政权的统治。从辽代开始，北京的地位开始转变，从原来扼守咽喉的军事重镇转向政权集聚的政治、教育和文化中心，并开始对全国产生重大影响。辽代建国之后，契丹政权加大了向中原文明的学习力度，其推崇儒学、兴学重教、广纳贤才、科举取士等文教政策有显著成效，促进了国家文化教育水平的提高，在较短时间内缩短了与汉族文明之间的差距，从而使契丹从落后文明的游牧部落迅速进步发展为融合中原先进文明的封建制国家。

---

① 关于契丹改国号“辽”的时间，学界有3种说法，分别是937年、938年和947年。本书采用翦伯赞《中国史纲要》和张正明《契丹史略》中的说法，即公元947年契丹改国号为辽。

② ［宋］叶隆礼.《契丹国志》卷二十二《四京本末》［M］.上海：上海古籍出版社，1985.

一、借鉴汉文，创制契丹大小字

建立辽政权之前的契丹民族“草居野次，靡有定所”，长期过着游牧的生活。契丹民族最初没有本民族的文字，契丹人在生活中，刻木为信、刻木为约，文化水平非常落后。在长期生产生活中契丹人不断借鉴汉文化，学习了隶书、魏碑、楷体等汉字字体，创造了契丹方块字。在契丹族归属回纥的一百多年中，契丹人还学会了用回鹘文字母拼读原始契丹文。920年，辽太祖耶律阿保机下令由大臣耶律突吕不和耶律鲁不古，在汉人指导下先后创制了契丹大字，以汉字隶书为基准进行笔画增减，部分直接借用汉字。《新五代史·契丹传》记载：“汉人教以隶书之半，增损之，作文字数千，以代刻木之约。”之后，耶律阿保机又命其弟迭剌对大字进行改造，借鉴了汉字和回鹘文字创制了契丹小字。原始契丹文、契丹大字和契丹小字的创制，都是契丹人与汉人长期交往过程中的文字创制成果，其中有对汉文字的借鉴。尤其契丹大小字的创制，是在契丹政权力主学习汉文化背景下有组织地开展的，一批汉族和契丹文人发挥了重要作用。

此后辽代时期，契丹大小字、汉字均通行使用，契丹字广泛用于文书、碑碣、牌符、书状和印信等，用契丹字翻译的大量儒家经典、文学、史学、医学著作也开始出现。来自中原地区的大量汉文书籍被翻译为契丹文，在北方草原游牧民族地区传播，促进了中原汉民族和北方游牧民族的文化交流，带动了游牧民族草原文化发展。尤其是辽政权阶层和契丹贵族上层开始学习中原文化经典，他们的汉文化修养得到广泛提升，带动了广大民众对汉文化的尊崇仰慕。在辽代，汉族上层官员和士人以及宋朝往来辽朝的使节，也热衷于学习契丹语言文字，促进了汉人与契丹人的沟通交流。总之，契丹民族借鉴汉字创制契丹文字，作为文化传播的重要载体和媒介，发挥了中原地区和草原地区交流沟通的桥梁作用，是契丹文明史发展进程中的重要一步，为辽代文化教育的发展奠定了基础。

二、尊孔崇儒，开始兴学重教

契丹族有着一千多年的悠久历史，生活在广阔的北方草原大漠之中，“尚武功、善骑射”，是一个以游牧渔猎为生活来源的民族。《辽史》对契丹先民社会生活状态有记载，“大漠之间，多寒多风，畜牧畋渔以食，皮毛以衣，转徙随时，车马为家”[①]。在建立辽政权以前，契丹族长期处在原始氏族部落社会形态，文明程度很不发达，基本没有文化积淀。在契丹族建立辽政权之后，这一马背上的民族并没有完全秉持“以武立国”之略，而是积极向中原文明学习，接受和推崇儒学思想，加强“文礼治国”之道。

尽管辽代契丹政权占领了这一地区，但是居住人口仍然以汉人居多，如何进行国家治理、笼络民心和稳定局势是契丹统治者面临的急迫问题。于是辽建国之初，契丹贵族便开始寻求支撑民族政权的精神力量，中原先进文化很快进入他们的视野。辽代统治者将“尊孔崇儒”作为治国基本政策，“仁政”是儒家思想的精髓，孔子主张“仁者爱人”，辽代统治者一直强调贯彻落实“为政以德”。从辽太祖开始，辽代统治者就深知“为政之要，唯在得人”的道理。在选官方面，辽代统治者一直坚持儒家主张的“学而优则仕”。辽太祖把韩延辉、韩知古等优秀汉臣纳入统治集团，并委以重任，深得汉族士子人心。辽代皇帝还把儒家思想作为衡量大臣们忠君、爱国、勤政的行为准则，儒学思想的“仁、义、礼、智、信、恕、忠、孝、悌”等伦理道德观念，也逐渐被包括契丹族在内的辽民众所接受，成为规范社会秩序和治理臣子民众的核心准则。在辽历代皇帝推崇下，儒学思想在全国的传播范围日渐广泛，对社会风俗、文化思想、伦理道德和礼仪规范的影响日渐深厚，进一步促进了辽代社会文明的发展进步，提高了广大民众的文化素质，燕京地区也成为辽代全国文化思想传播中心。儒家文化深得辽皇帝认同，也深入契丹统治阶层，有相关文献记载。“乐慕儒宗”“趋庭就傅”“学诗礼以检身”成为当时辽朝贵族子

---

① ［元］脱脱.《辽史》卷三十二：志第二营卫志中行营［M］.北京：中华书局，1974.

弟崇尚的道德行为风尚。《契丹国志》中也有辽圣宗深研儒学思想的记载。[①]

辽圣宗儒学文化修养甚高，“道释二教，皆洞其旨；律吕音声，特所精彻。……又喜吟诗，出题诏宰相已下赋诗，诗成进御，一一读之，优者赐金带。又御制曲百余首”。

现代考古发掘的众多辽代古墓壁画，多以儒家“孝”“悌”“三纲五常”等传统伦理故事作为绘画主题，可见中原以儒家思想为核心的汉文化在辽代社会的广泛传播和深度影响。北京地区发现的辽代古墓壁画有的保存情况完好，如：丰台区西马厂发现的赵德均夫妇合葬墓、大兴区青云店镇发现的辽墓、石景山区八宝山附近发现的韩佚墓、丰台区云岗镇发现的刘六符夫妇合葬墓、海淀区百万庄发现的1号墓、门头沟区斋堂镇发现的辽墓等。这些辽代墓室留有的壁画反映了辽代北京地区社会生活的场景，描绘有很多反映遵循儒家思想的社会秩序和伦理道德的生活故事。门头沟区斋堂辽代古墓壁画[②]，清晰地呈现了孝孙原谷、丁兰事母、赵孝兄弟等孝悌故事。

辽代政权给予儒学的开创者孔子以极大尊崇，强化和宣告其“尊孔崇儒”政策，把孔子及儒学推崇到治理国家和教化民众的地位。早在辽建国之初的都城上京，皇太子耶律倍就向辽太祖耶律阿保机提议，“孔子大圣，万世所尊，宜先”。耶律阿保机听闻其子进言深为赞同和惊喜，于是下诏建孔庙，并且让耶律倍每年春秋两季率领百官祭祀孔子。太祖时期在都城上京，已经有来自于幽燕之地的儒生传播儒学思想，进行讲经布道。辽圣宗、辽景宗时期，儒学进一步受到重视，圣宗下令在各州修建孔庙，塑孔子像供奉，并进行春秋祭祀。

---

① ［宋］叶隆礼.《契丹国志》卷七《圣宗纪》［M］.上海：上海古籍出版社，1985.

② 北京市文物事业管理局和门头沟区文化办公室发布的《北京市斋堂辽壁画墓发掘简报》将斋堂壁画墓年代定在辽中晚期。也有学者如中国科学院何京，根据对墓葬形制、壁画题材内容的研究比较，认为其年代应定在金代。

为加强对汉民族以及其他已经汉化民族的统治，契丹统治者自建立辽国开始便采用了鲜明的文化教育政策，即在汉族民众中大力推崇尊孔崇儒，开始兴学重教。为了稳定统治局势，巩固对新占领地区的统治，契丹统治者采取了“因俗而治”的政策，即对待不同民族采取不同的治理政策，适应不同民族的习俗，笼络更多民众的民心，特别希望借助于中原儒家思想来治理汉地。辽代社会治理制度由此分为国制和汉制，“以国制治契丹、以汉制治汉人”，体现在契丹人和汉人接受不同教育上，契丹统治者虽然对汉文人学者很宠幸，但却并不愿意契丹族后代学习汉文化。这种分治政策也反映了契丹人在汉化道路上民族保护倾向，力图保持契丹民族特色，不至于被汉文化完全同化。辽代官职也由此分为北面官和南面官，两类官职分别面向契丹人和汉人进行管理，并且契丹人和汉人有不同的官职上升通道和制度，契丹人一般官职比较重要且做官不需要参加科举考试。

辽代统治者为了政权稳定的需要，长期采取兴学重教政策，通过设立学校以培养人才，于是北京地区的教育在辽代又迅速发展。早在辽太祖时期就有兴学重教的举措，辽太祖耶律阿保机借鉴了中原地区的教育机构，曾在上京、中京分别设立了国子监，并设置了祭酒、司业、监丞、主簿等职位，负责教授两京国子学的契丹贵族生徒。辽太宗耶律德光在辽南京首设中央官学——太学，在辽代文化教育发展史上具有重要意义。《辽史》记载，“南京学，亦曰南京太学，太宗置”，并在南京所辖各州县设立州学、县学。辽圣宗为解决南京太学的生徒规模发展快，而急缺校舍和经费问题，特赐扩建校舍，并增加经费。《辽史》记载，“以南京太学生员浸多，特赐水硙庄一区”，以满足学生的学习和居住需求。太学由此成为辽时期南京最大规模的一所学校。辽圣宗对中原汉文化很认同，治理期间在文化教育领域兴起了“学唐比宋”风潮。辽道宗时继续加大兴学重教的力度，《辽史》记载，“诏设学养士，颁《五经》传疏，置博士、助教各一员”。“设学”是在继续扩大办学规模，包括中央和地方学校办学规模都有扩大，“养士”则是对儒家汉文化延揽人才方式的借鉴，“置博士、助教”以吸纳人才加强学校教学授课力量，“颁五经传疏”作为生徒的学习教材，则是对教学内容儒家经典的强化，与内地中原教育是一致的。辽道宗采取的一系列措施，进一步规范了辽统治区域各级学校的教学，燕京地区中央和地方学校也得到规范和提升。经过辽代历任统治者极力推行兴学重教政策，燕京地区学校在各州县得到普遍设立，辽南京逐渐成为儒学文人聚集的地方。儒学传统也逐渐深入这一区域，儒学思想传播由统治阶级扩展到社会各阶层。燕京地区精通儒家经典的文人学者众多，民众百姓对儒学礼俗也是耳熟能详，在规范社会秩序和教化民众德行方面发挥了重要作用。

辽代统治者对中原儒学的大力推崇，以及大力支持兴办学校，使北京地区的汉儒文化和学校教育在辽代有迅速的发展。在契丹统治者在位的两个多世纪，大兴尊孔崇儒的社会风尚，建立了众多孔庙，设立了各级学校，儒学成为燕京地区各级学校教学主要内容。尊孔崇儒和兴学重教的文教政策在辽代始终发挥着作用，加速培养了一批具备儒家文化品行的士子之才，也促进了儒家学说在辽的传播和发展，进一步推动了燕京地区教育文化的发展。辽朝的南京作为辽代政治、文化和教育中心，吸引集聚了一批久居这里的汉族文人，这些文人与外界有了更多的交流，促进了地区社会文化发展和繁荣。在尊孔崇儒、兴学重教政策下，辽代燕京（幽州）地区的中央和地方学校教育均有较快的发展。

儒家文化基本贯穿了辽代政权存续两百余年的发展历程，对文化先天不足的契丹民族治理国家起到了文化纲领作用。尊孔崇儒、兴学重教的文教政策不仅对辽代文化教育发展有重要推动，而且对社会政治、思想道德、社会观念、宗教信仰等意识形态均产生了很大影响。文教领域系列政策的实施，有助于巩固契丹政权的统治根基，扩大辽代疆域和维护社会安定，大大提高了辽代社会文明程度，促进了民族间文化融合，进一步缩短了和北宋中原地区的文化差距，尤其是加速使落后原始部族社会的契丹国脱胎蜕变为封建制社会的辽国。可以说，没有儒学思想在辽国的大力传播，没有尊孔崇儒、兴学重教的文教政策实施，就没有辽代经济繁荣、文明提升和政治稳定。

三、科举选士，延揽汉族士才

科举制度是中原地区自隋唐以来历代皇帝选拔人才的主要方式。科举考试以儒家经典为考试内容，也是推崇儒学思想在人才选拔上的一种表现。辽代建国之初并没有实施科举取士制度，而是在国家治理过程中认识到选拔人才的重要性。为了选拔更多优秀人才来治理国家，辽太宗时期首开科举取士，初期科举取士只限于燕云地区；辽圣宗时期下诏在南京设立礼部贡院，作为科举考试的常设机构[①]。契丹统治者进入幽州地区后，为了巩固少数民族对汉族的统治地位，不仅确立了“南北面官”的中央官制，按照“以汉制治汉人”的原则对中原占领地区进行治理，而且注重汉族人才的选拔，推行科举取士制度。《契丹国志》中有辽代科举制度实施的相关记载[②]。

“太祖龙兴朔漠之区，倥偬干戈，未有科目。数世后，承平日久，始有开辟。制限以三岁，有乡、府、省三试之设。乡中曰乡荐，府中曰府解，省中曰及弟。时有秀才未愿起者，州县必根刷遣之。程文分两科，曰诗赋，曰经义，魁各分焉。三岁一试进士，贡院以二寸纸书及第者姓名给之，号‘喜帖’。明日举按而出，乐作，及门，击鼓十二面，以法雷震。殿试，临期取旨，又将第一人特赠一官服，授奉直大夫，翰林应奉文字。第二人，第三人止授从事郎，余并

① 关于辽代科举起始时间，有两种观点：一种观点认为始于辽太宗时期，另一种观点认为始于辽圣宗时期。基于对相关史料和学者研究的分析，本书认为，辽太宗会同元年（938）开始科举选才，是科举制度形成阶段，辽圣宗统和六年（988）是辽代科举制度正式形成的时期，其标志是南京礼部贡院的建立。

② ［宋］叶隆礼.《契丹国志》卷二十三《试士科制》［M］.上海：上海古籍出版社，1985.

授从事郎。”“圣宗时，止以词赋、法律取士，词赋为正科，法律为杂科。若夫任子之令，不论文武并奏，荫亦有员数。”

契丹统治者认同和接受汉地科举制度经历了一个过程，并且在初期对科举制度的实行并不连续。会同初年（938），辽太宗在幽州、蓟州两地开科取士，是辽统治者接受中原汉地科举的开始。但是科举考试没有固定场所，直到保宁八年（976），辽景宗下诏在南京设立礼部贡院，标志着辽代主持科举考试的常设机构建立。辽圣宗于统和六年（988）下诏开贡举，是契丹统治者承认科举考试合法化的标志。之后于太平十年（1030），辽圣宗再次下诏“岁行贡举”，稳固了辽代科举制度的地位。辽代契丹统治者效仿中原汉地进行开科取士的系列重要事件，在史书中均有记载，《辽史》之《圣宗纪》记载有“（保宁）八年十二月戊午，诏南京复礼部贡院”。辽代贡院仅仅承办省试，为表示对科举的重视，辽皇帝还会亲自去贡院视察。辽兴宗在重熙五年（1036）亲自到南京贡院对考官和考生进行慰勉，时任宰相张俭陪同，开辽代皇帝御试进士的先河。辽代皇帝对南京文化教育的重视，以及对南京贡举活动的重视，可见一斑。辽代皇帝在南京进行科举御试的考场设在皇宫正殿元和殿，《辽史》中有如下记载：①

重熙五年，幸南京。御元和殿，以《日射三十六熊赋》《幸燕诗》试进士于廷，赐冯立、赵徽四十九人进士第。以冯立为右补阙，赵徽以下皆为太子中舍，赐绯衣、银鱼，遂大宴。御试进士自此始。

辽圣宗太平十年下诏每年举行科举考试，科举制度作为辽代选拔官吏的制度，逐渐延续和稳固下来。辽代科举制度稳定下来之初，效仿唐制每年举行一次，兴宗之后又开始效仿宋制，改为三年一次。

① ［元］脱脱.《辽史》卷十八《兴宗纪》［M］.北京：中华书局，1974.

《契丹国志》中提到的“三岁一试”则是稳定后期效仿宋制的形态。科举考试录取名额在发展中也有变化，圣宗最初诏令“一人及第”，从史料看多是二三人及第，上文《契丹国志》之《试士科制》中文献有对及第三人的录取安排的明确记载。之后及第人数有增加，圣宗统和十六年（998）增加到23人，道宗咸雍六年（1070）则达到138人。尽管科举录取人数持续增加，但是和汉唐时期科举考试更大录取规模相比，仍然逊色很多。为保持契丹主体民族尚武之风，避免契丹民族过多受浓重文人习气影响，辽统治者在实行科举考试初期，明确规定契丹人不得应试科举，只允许汉人、渤海人参加科举考试。这一限制是为了防止契丹人被汉化，认为只要习武就可以稳住军权，就能够保持契丹族的统治地位。随着对汉地先进文化逐渐认同，辽道宗时期这一限制逐渐放宽，允许契丹人参加考试，契丹族和汉族知识分子的为官通道逐渐打通。辽代实施科举考试过程中，使一批汉族才俊之士在燕京地区脱颖而出，他们承载着传播优秀文化的重任，继续为文化交流做贡献。

辽代科举制度为辽代统治者延揽和选拔了一大批汉族知识分子，部分优秀人才被委以重任，辅助契丹统治者治理国家和管理臣民，为进一步巩固和加强辽政权统治发挥了重要作用。辽代燕京地区科举制度设立，吸引了周边文人士子奔赴燕京这一文化之风渐兴之地，聚集在这里学习并准备参加应试，以考取功名和进入仕途。《辽史》之《圣宗纪》记载：“（统和七年）宋进士十七人挈家来归，命有司考其中第者。补国学官，余授县主簿、卫”；“（太平五年，驻跸南京）求进士，得七十二人。命赋诗，第其工拙，以张昱等十四人为太子校书郎，韩栾等五十八人为崇文馆校书郎。”[①]如此，辽代科举制度的实施，为燕京地区许多汉族知识分子打开了为官入仕之门。这些在儒学和科举吸引下会聚在燕京的汉族知识分子，对辽代社会文化繁荣和社会发展发挥了重要促进作用，也有力地推动了燕京地区教育事业乃至

① 俞启定.《北京古代教育史料》[M].北京：北京教育出版社，1992.

辽代全国教育事业的发展。

从辽太宗时期认同接受科举制度，到辽圣宗时期两次下诏开设贡举，科举制度在辽代逐步走向正轨。辽代科举考试在南京举行，吸引了全国各地有才学的人来到这里学习和考试，文人在这里聚集交流，文化在这里碰撞融合，促进了燕京地区成为辽全国的文化教育中心。科举考试制度是辽政权笼络汉族人才的重要政策，不但使燕京地区汉人有了上升发展的路径，也吸引了一些南方人才来到“南京”定居服务于辽政权。可以说，辽代科举的近百年历程也是燕京地区汉民族和少数民族文化交流和社会交往日益密切的过程，更是辽统治者汉化汉法治国策略有效实施的历程，以及契丹统治者对汉民族文化认同走向深化的过程。

第三节　辽代北京的教育机构

契丹统治者从后晋手中得到燕京（幽州）地区之后，十分重视燕京地位，很快将幽州升为辽的陪都，成为辽“五京”之一。“五京”即辽朝的五个京城，分别是辽前后的两个统治中心所在地上京（今内蒙古巴林左旗境内）和中京（今内蒙古宁城西），以及南京（今北京）、东京（今辽宁辽阳）和西京（今山西大同）。从辽太祖耶律阿保机开始，辽统治者清醒地认识到文化教育落后导致国家治理的弊病。为巩固辽政权统治，在崇尚武功的同时必须注重文治，于是开始学习中原汉文化和重用汉人为官。辽太祖之后的继任者延续了尊崇儒学的治国方略，深入借鉴学习中原汉族文化为治理国家所用。

一、太学是北京地区中央官学的起源

太学是中国历史上最早的官学，最早的太学设立于汉代，是汉武帝接受董仲舒的建议在汉朝都城长安设立。太学一直以来是中央官学，也是国家的最高学府，是我国高等教育的早期雏形。辽燕京地区本隶属于中原，先秦以来这里的士子民众一直接受儒家文化的教化，汉文化对该地区的影响比较持久深厚，其文明程度也领先于北方游牧民族。

辽政权占领燕京之后，借鉴仿效了中原文化教育制度，设立了系列教育机构。在中央政权所在地上京和中京设有国子监，是主管教育的中央机构所在地，并下设国子学，设博士、助教掌管具体教学事宜。辽代“五京”教育机构设置有不同，上京、中京设有“国子监”，中京设有“国子学”，而在南京（今北京）设有太学。国子监是全国教育管理机构，国子学是最高学府，国子监和国子学统称为监学，“监”有监督、管理之意。尽管从教育机构称谓上看似上京、中京的级别比较高，国子监既有教育管理职能又有办学功能，是教育教学的最高学府，但是从实际影响力来看，南京（今北京）在辽全国的

文化教育影响力远远超过了其他两京。

辽代南京地区的太学最早设置于辽太宗时期，在契丹统治者得到燕云十六州之后设立。《辽史》之《百官志》有记载："南京学，亦曰南京太学，太宗置。"[①]燕京太学设立后，吸引了众多学生尤其是本地的汉人学生。由于燕京地区文化基础比较深厚以及士子学习愿望比较强烈，在太学求学的学生规模远远高于辽北部地区。《辽史》之《圣宗纪》有记载："（统和十三年）九月戊午，以南京太学生员浸多，特赐水硙庄一区。"[②]由此可见，辽圣宗赐地扩张太学规模的原因是南京太学生越来越多，校舍场地不能满足需求，也反映了南京地区学风日盛。"水硙庄"是一处水磨坊，用来碾磨粮食之用。辽圣宗时不但给太学赐予办学场地，而且把"水硙庄"这处水磨坊赐给南京太学，补充太学教育经费，解决学生经费入不敷出的问题。《辽史》之《道宗纪》有记载："（清宁元年）诏设学养士，颁《五经》传疏，置博士、助教各一员。"[③]南京太学沿用了汉代做法，为太学颁授"五经"和设置博士，可见辽代中央政权对中原汉地文化教育的承袭更加深入。南京太学经历了辽太宗设立、辽圣宗扩张、辽道宗深入，逐渐趋于完善，在辽代南京教育体系中发挥重要作用，是辽代南京中央教育机构的代表。

辽代南京人口占了全国半数之多，这里士子民众受汉文化影响深厚，有更强的学习氛围和求学愿望。太学的设立点燃了求学者的激情，使这里求学者的数量远远高于北部地区。在南京首设中央官学太学，除了吸引求学者来这一中央最高学府求学，还有力地促进了地方官学和私学大发展。析津府各州县还设立了州学、县学等地方官学，其中涿州州学就是辽代设立最早的地方官学之一。与此同时，以儒释道兼修为特征的私学也逐渐发展起来。

---

① ［元］脱脱.《辽史》卷四十五《百官志》［M］.北京：中华书局，1974.

② ［元］脱脱.《辽史》卷十五《圣宗纪》［M］.北京：中华书局，1974.

③ ［元］脱脱.《辽史》卷二十一《道宗纪》［M］.北京：中华书局，1974.

二、州学和县学是北京地方官学的主体

辽南京人口四五百万，占辽全部人口半数之多，人口密度远大于北方草原地区，并且南京人员流动比较多，对文化教育需求也相应增加。南京太学只能接受极少数学生入学，远远不能满足广大民众逐渐增加的学习需求。在教育需求加剧的背景下，辽统治者下令各州县设地方官学，促进了地方官学的发展。辽代南京设置有幽都府，后改为析津府，管辖府下的六州和州下若干县。《辽史》记载了辽太宗在南京设置中央官学太学，却未见有府学的记载，只可见关于州学和县学的零星记载，州县学构成了辽代南京地方官学的主体。南京地方官学是在中央官学影响带动下发展起来的，和南京太学相似也大致效仿了中原汉人教育体制，以各级地方行政机构为单位设置相应教育机构。

关于涿州州学的文献记载较多，有文献记载涿州早在唐朝即建立了州学，只是在辽代有过校址移建，涿州州学被认为是辽代南京最早的地方官学。《畿辅通志》有记载，“涿州学，在州治西南，旧在城东，辽统和中移建此地”，可见涿州州学办学历史久远，也被认为是辽代最早的地方官学之一。辽景宗和辽圣宗时期，在辽政权相关文化教育政策推动下，各州县官学陆续设立起来。在辽南北面官制度下，南京地方官学的教官属于南面官属系列，表明这些地方官学主要由当地汉族人士创建，是地方文化教育发展的主要力量。

辽道宗在郡县学的教职席位和教学内容上有令，“诏设学养士，颁‘五经’传疏，置博士、助教各一”，可见地方官学的教学内容也是儒家经典，这与中央官学太学是一致的。辽南京官学教育体系基本形成，既有中央官学太学，又有州县等地方官学，以儒家经典作为教授内容，注疏采用唐本。

南京各州县学设置在辽代很普遍，南京下辖的良乡、永清、玉田、三河等地均有地方官学设立。其中，辽代中期大公鼎在良乡建立的孔庙和学校合一的庙学，最具有影响力。良乡是辽代南京南部的重镇之一，是辽与中原沟通交通要道。大公鼎是渤海人，精通汉文化，咸雍十年（1074）登进士第，是一位很有文化修养的地方官员。他在

良乡任县令期间“省徭役，务农桑，建孔子庙学，部民服化”[①]。可见，大公鼎是为民做事的良吏，他建立的良乡庙学远近闻名，既有教育教学功能，也有祭祀圣贤功能。良乡庙学吸引了很多学生慕名来这里求学，在文化传播、教化民众、礼俗治理方面发挥了重要作用。

三、多样化私学是辽代南京教育体系的补充

辽政权在建国之初即实施“尊孔崇儒”的文教政策，客观上促进了辽代官学的迅速发展，尤其南京地区文化教育呈现繁荣景象，南京官学发展速度远远超过辽北方地区。尽管辽官学有较大发展，但官学基本上服务于少数封建贵族阶层，仍然不能满足广大民众的教育需求，这给私学提供了发展空间。辽南京文化教育传播激发了士人学者办学兴教的热情，一批有识之士投身私学兴办，辽代私学应运而生并获得蓬勃发展，有文献记载辽私学兴办比较普遍。

辽代官学以儒家文化为核心，以儒家经史典籍为教育内容。相比而言，私学教育内容比官学更丰富，除讲授儒学外，还涉及经史、天文历法、绘画、医学等。私学教育模式呈现灵活多样性，有以家庭为主的家学教育，多为聘请私家教师或德高望重的长辈对子女进行经史和道德教育，也有学者开设的私塾，讲授经史和儒家道德礼俗，还有以私人讲学为主的书院性质的教育。辽代学者南京人室昉是接受私学教育成才的代表，史书有记载，“不出外户者二十年，虽里人莫识。其精如此。会同初，登进士第”[②]。他在蒙养阶段后仍在家接受私学教育，成为辽代知名学者并被委以官职。辽代官学大多为达官显贵而设立，下层民众很难进入官学，私学则没有严格的等级差异，多样性办学形式可以普惠广大民众，所以私学对辽代文化发展有重要贡献，培养出了很多大众人才，对开启民智、整肃民风、规范道德和传播儒学有重要影响。

---

① ［元］脱脱.《辽史》卷一百〇五《大公鼎传》［M］.北京：中华书局，1974.

② ［元］脱脱.《辽史》卷七十九《室昉传》［M］.北京：中华书局，1974.

辽代私学繁荣还与佛教广泛传播有很大关系，热衷于办私学的学者多儒佛道兼修，弘扬佛法、儒学和道学。佛教的寺院教育也是从辽代开始的，并且辽代燕京地区私学涌现出了一些儒佛道兼修兼备的学者。燕赵名士高焕之是典型代表，“被诗书礼乐之教”，“研探六艺之史之学”，“嗜浮屠所谓禅者之说”，“浸然声闻留于京师”[①]。这些学者兴办私学教授多元兼容的教学内容，进一步带动了辽代寺院教育的兴盛。辽在南京还建有“三学寺”，学徒在寺院学习经、律、论三学，一直延续到金代。

① 汤世雄，等.《北京教育史》[M].北京：学苑出版社，2011.

第二章

金代北京教育

金代（1115—1234）属中国北方少数民族政权，由女真族建立，共经历9位帝王，纵跨119年。1115年，女真贵族领袖完颜阿骨打仿汉制称皇帝，建立金政权，国号大金，完颜阿骨打为金太祖。之后，金军一路挥兵南下，辽和北宋相继灭亡，并与南宋形成对峙局面。金代女真族政权统治区域远远超过了辽代，女真族不仅统治了黄河流域以北的广大北方地区，而且一度将南部边界推进到淮河流域。南宋汉族政权偏安于淮河以南的地区，金代政权占领了大片疆土，这一局面使金代女真族和中原汉族之间的文化教育交流更加密切。

金天会三年（1125），燕京地区为金朝统治管辖。金天德三年（1151），海陵王完颜亮将统治中心从上京（今黑龙江阿城）迁移到了燕京，改称其为金中都，也是金代第二个都城。金中都城是在辽南京城的基础上扩建的，为适应金代帝国统治者将其作为国都的需要，在原辽南京城基础上向东、南、西三个方向扩展，金中都的面积扩大到辽南京城的1.8倍。金统治者还参照北宋都城汴京的规制，修建了皇城和宫城。金中都建设竣工于贞元元年（1153）。相比辽南京城只作为辽朝陪都，金中都的政治地位得到明确提升。金中都是北京城从地区城市向全国政治中心过渡的关键，在北京城市发展史上具有划时代的意义，标志着北京从这个时候开始真正成为一国国都，成为北方的政治和文化中心，也是金代的教育中心。国都南迁加速了女真人的南迁，使得女真人和汉人之间逐步实现民族融合、文化融合、教育融合，对中华民族的大统一、大融合起到了巨大的推动作用。

金代在中华民族发展史上占据着较为重要的地位，是中国文化教育发展的一个重要阶段。金代是女真族统治全国的时期，也是我国历史上少数民族教育兴旺发达的时期。金代统治者对中原汉文化持认同态度，金太祖创立基业之初就得到了汉族儒士的辅佐，建立金王朝不久即引进汉族文化，之后汉化程度逐步加深，文化教育事业发展也承袭了汉制。金代教育在我国古代教育史上写下了独具特色的一页，其独特性体现在金代在发展过程中极力学习先进文明，吸纳汉、辽教育制度，将儒家思想贯彻到金代社会各个层面，同时大力发展女真文化教育，提高女真民族文化素质，最终形成了汉族教育与女真教育两个体系并存，多元教育在同一个轨道上并行共进的教育局面。由于金中都地处金代统治区域的中心位置，并且有长期的经济发展和文化教育积淀，也是后来金代政权统治中原地区的中枢，燕京地区一跃成为中国北方的政治、文化和教育中心。

第一节　金代北京的文教政策

相比于南宋，金代的教育事业存在较大的差距，但是相比于此前的辽代，却有着较大的进步。金代教育的发展是一个日趋完备的过程，从金太祖建国，到海陵王迁都燕京，属于金代文化教育发展的初期，用了三十余年的时间；从迁都燕京，到金世宗、金章宗时期文化教育发展趋于鼎盛，用了将近五十年的时间。金太祖曾对南下金军官兵下诏曰："若克中京，所得礼乐仪仗图书文籍，并先次津发赴阙。"[①]这为后期金代文化教育事业的发展打下了物质基础。金太宗为使汉族及其他各族知识分子为其服务而效仿辽宋实行科举制度，推动了金代文化教育的快速发展。海陵王于天德三年（1151）建立国子监，金代教育从落后走向初兴，国家教育体系初具规模。金世宗时期开展第一次大规模兴学活动，金代政治、经济及文化教育都得到进一步发展，出现了"大定之治"，金代教育的制度化过程基本完成。[②]金章宗时期开展第二次大规模兴学活动，包括增加地方官学、督促各州县兴办庙学、大力发展女真教育等，教育体系得到进一步完善，促进了金代经济社会繁荣发展。

金代教育成就的取得与其统治阶层对文化教育的重视程度分不开，特别是与其文化教育政策的制定和实施分不开。"尊孔崇儒"是古今学者对金代文化教育政策的一致看法。[③]金代时期儒学文化教育的倾向较为鲜明，儒家思想是教育的核心，遵从"熙宗款谒先圣，北面如弟子礼"，[④]大力倡导学习汉族文化。此外，金代统治阶层在对女真人进行汉化教育的同时也并未放松对本民族文化教育的传承与发展，为发扬女真淳朴刚健的民族精神，制定了一系列政策来提高女真人的

---

① ［元］脱脱.《金史》卷二《太祖本纪》[M].北京：中华书局，1987.

② ［金］元好问.《遗山先生文集》卷十八［M］.上海：商务印书馆，1937.

③ 陈学恂，田正平.《中国教育史研究》[M].上海：华东师范大学出版社，2000.

④ ［元］脱脱.《金史》卷一百二十五《文艺传上》[M].北京：中华书局，1987.

民族文化素质，如建立女真科举制度，开中国教育史上少数民族政权创办民族教育与科举制度的先河。金代的教育就是在“尊孔崇儒”和“发展女真文化教育”两种政策的指导和控制下逐步发展起来的。教育的发展既提高了女真人的文化素质，也加快了女真社会的封建化速度。此外，金代教材体系承袭唐宋，虽然没有唐宋时期发达，但也较为完善，类型多样，对汉学、女真学双轨并行的教育体制的建立和发展起到了推动作用。

一、有选择地尊孔崇儒

金代“尊孔崇儒”文教政策的形成较大程度上受到辽、宋文化教育的影响，从金熙宗开其端绪，于海陵王时期确立，世宗、章宗时期得到发展和完善，最终贯彻和实施至金末。金代女真统治者都深受以儒家思想为核心的汉文化的熏陶，在政治、伦理道德等方面都深深服膺儒家文化，同时他们又通过行政手段及其他各种方式，尤其是教育的渠道在全社会中进行儒学教化，通过这种移风易俗的努力，使女真社会适应封建化的需要。

儒学是中原文化的核心，儒家思想中的伦理、道德等级观念是中原统治者巩固政权的重要手段。女真族进入中原全面接触汉文化后，统治者逐渐认识到这一点。熙宗、海陵王时期，逐渐改变了初期武力征服和文化掠夺的文化政策，确立了文治、崇尚儒家思想和以儒治国的政策，这标志着“尊孔崇儒”文教政策的确立。

金代“尊孔崇儒”的文教政策在大的方针上与辽、宋保持一致。金统治者继承了辽和北宋的文化遗产，同时吸纳辽和北宋的文人、儒臣进入金统治者阵营，并采用了他们的思想和主张。金太祖和金太宗时期采用借才于异代的政策，大量辽、宋宿儒和文臣，如辽代的刘彦宗、时立爱、韩企先等和宋代的施宜生、宇文虚中、魏行可、顾纵、张邵等被委以重任。[①]金太宗时期“兴庠序，设选举”[②]，即为了稳定统治，求取人才，实行科举制。据《金史》上记载金代科举最初录取人数没有定额，没有固定的时间，也没有固定的模式。第一次科举是在金太宗天会元年十一月，天会二年二月、八月又举行了两次，选举的人数也是根据各地职员缺少的人数而定。[③]金代的科举制是辽、宋制的结合体，不是纯粹用宋法。这在《金史》的相关记载中有所体现，如“金承辽后，凡事欲轶辽世，故进士科目兼采唐、宋之法而增损之”[④]。但无论是辽代的科举，还是宋代的科举，考试的内容都是儒家经典，尊崇孔子，提倡儒学，故尊孔崇儒自然也就成了金代文教政策的核心组成部分。金代统治者对儒家文化的认同也是尊孔崇儒文教政策建立的重要因素之一。首先，表现在女真传统的文化中存在与儒家文化相通的成分。这在《金史》的相关记载中也有所体现，如金世宗曾说：“女真旧风最为纯直，虽不知书，然其祭天地，敬亲戚，尊耆老，接宾客，信朋友，礼意款曲，皆出自然，其善与古书所载无异。”[⑤]其次，表现在金代统治者深受儒家文化熏陶，汉化程度较高。如熙宗自幼在燕人韩昉及其他儒士的教诲下，[⑥]学会了吟诗作赋、交际礼节、象戏博弈，生活方式、思想意识逐渐汉化、儒化。[⑦]海陵王曾从学于名儒张用直，[⑧]喜欢读经史，“一阅终身不复忘。见江南衣冠文物，朝仪位著而慕之”，[⑨]擅长吟诗作赋，其诗词常出现在宋金人笔记中。海陵王

① ［元］脱脱.《金史》卷七十八《刘彦宗传》《时立爱传》《韩企先传》《施宜生传》《宇文虚中传》《魏行可传》《顾纵传》《张邵传》［M］.北京：中华书局，1987.

② ［元］脱脱.《金史》卷七十六《太宗诸子传》［M］.北京：中华书局，1987.

③ ［元］脱脱.《金史》卷五十一《选举志一》［M］.北京：中华书局，1987.

④ ［元］脱脱.《金史》卷五十一《选举志一》［M］.北京：中华书局，1987.

⑤ ［元］脱脱.《金史》卷六《世宗本纪上》［M］.北京：中华书局，1987.

⑥ ［元］脱脱.《金史》卷四《熙宗本纪》［M］.北京：中华书局，1987.

⑦ ［宋］徐梦莘.《三朝北盟汇编》卷一百六十六［M］.上海：上海古籍出版社，1987.

⑧ ［元］脱脱.《金史》卷一百〇五《张用直传》［M］.北京：中华书局，1987.

⑨ ［元］宇文懋昭.《大金国志》卷十三《海陵炀王上》［M］.北京：商务印书馆，1936.

迁都燕京，营建中都，依托金中都对中原都城文化的自觉吸收与实践能力汉化都城是其促进汉文化传播的关键一步，也是北京成为全国性都城的重要开端。海陵王的汉文化取向在其政治举措中也体现得淋漓尽致，他在位期间确立了金代的汉本位政策。海陵王曾对其臣下宣导“天下一家，然后可以为正统”的思想。这正是儒学中推崇的中国大一统王朝的政治伦理观念，这种观念直接影响到金中都汉化的程度。金代历代帝王中，数金章宗对汉族文化最倾心，在其当政的一段时期内，对孔子的尊崇达到顶峰。明昌年间（1190—1195），下令增修曲阜孔庙，并在国内各州县兴修孔子庙。承安二年（1197），金章宗亲自祭祀孔庙。[①]此外，自金章宗之后至金末，虽然战事混乱，帝王也没有停止对孔庙的修复。据记载金章宗之后，河南、河北、山东、山西等地被修复的孔庙有近10座。[②]金章宗本人也是金代帝王中汉化程度最高的皇帝，在汉文诗词、书法、音乐绘画等方面都表现出较高的兴趣和造诣，其诗词中不乏可陈者，如《宫中》：“五云金碧拱朝霞，楼阁峥嵘帝子家。三十六宫帘尽卷，东风无处不扬花。”[③]金代末代帝王哀宗也尊崇儒术，在位时经常召集官员讲解儒学经典。[④]较高的汉化程度是他们重视以文治国的重要因素，也是实行“尊孔崇儒”文教政策的内在驱动力。如海陵王即位后说：“今天下无事，朕方以文治，卿为是优矣。”[⑤]金代统治者对儒学的认同还体现在依循中原王朝之制授孔子后人以封爵。如承安二年（1197），金章宗加封孔门先贤爵秩，将原来封公的晋升为国公，原来封侯的晋升为国侯，伯以下的先儒都封为侯。[⑥]金代“尊孔崇儒”的文教政策确立后，得到彻底的贯彻和实施，主要

---

① ［元］脱脱.《金史》卷十二《章宗本纪四》［M］.北京：中华书局，1987.

② 张敏杰.《金代孔庙的修建及其在民族融合中作用》［J］.《北方论丛》，1998年第6期.

③ ［元］脱脱.《金史》卷十《章宗本纪二》［M］.北京：中华书局，1987.

④ ［元］王鹗.《汝南遗事》（丛书集成初编本）［M］.北京：中华书局，1985.

⑤ ［元］脱脱.《金史》卷五《海陵本纪》［M］.北京：中华书局，1987.

⑥ ［元］脱脱.《金史》卷九《章宗本纪一》、卷十《章宗本纪二》、卷三十五《礼八》［M］.北京：中华书局，1987.

通过重教兴学来实现，坚持大的教育方针与辽、宋保持一致，但实施过程中有所选择，并不盲目照搬辽、宋的做法。

首先，金代“尊孔崇儒”体现在将儒学作为学校教育的主要内容。金代官学教育以儒家经典为主，其中，儒家史类教学内容占很大比例。如金代汉族国子学使用的29种教材中，有17种属于史类。①但金代学校教育虽然以儒学为主，又并非完全采用辽、宋时期学校教育的儒学内容，而是选择性地吸收和利用儒家思想精髓，并倡导采用女真文字翻译《论语》、“五经”、史书等，旨在将女真民族的文化习俗、精神本质与儒家核心思想、伦理观念相结合，形成新的文化教育内涵，使之成为女真民族持续发展的精神支柱。如金代汉族国子学使用的经学教材包含《诗》《书》《易》《春秋左氏传》《论语》《周记》《孝经》《礼记》；但是缺少“五经”中的一经《礼》；女真官学使用的经学教材包含《书》《易》《论语》《孝经》《孟子》，但缺少“五经”中的三经《诗》《礼》《春秋》。

其次，金代“尊孔崇儒”体现在建立各级各类儒学学校。金代拥有汉、女真两大官学教育体系，均以儒学学校为主。汉族地方儒学学校包括府学和州学，州学又包括节镇州学和防御州学。金章宗即位之初统计的数据显示，金代汉官学教育体系中所办儒学学校数量和学生人数相当可观。其中府学24所，学生950人；节镇学39所，学生615人；防御州学21所，学生235人；加上金世宗大定年间所新增的近千名学生，学生超过2800人。②女真官学教育体系中府州学22所。③与此同时，私学教育中儒学教育的类型也呈现多样化特点，有家学教育中的启蒙教育和传统文化教育、女真贵族自设私塾、学者自设私塾、官宦私塾等多种类型的儒学教育。④科举是封建统治者选拔帮助其治理国家的人才的主要途径，金代出于维护和巩固统治地位的目的于金太宗时期开始恢复科举制度，并在海陵王时期，入主中原，定都中都之

①②③ ［元］脱脱.《金史》卷五十一《选举志一》［M］.北京：中华书局，1987.

④ 兰婷，王亚萍.《金代文教政策的确立与实施》［J］.《东北师大学报》（哲学社会科学版），2013年第1期.

后，规定三年一次的贡举之制，命题范围限定在“五经”“三史”的正文，科目有词赋、经义、策论、律科、经童及一些临时的制举等。金章宗时期将考试范围扩大到“六经”、“十七史”、《孝经》、《论语》、《孟子》以及荀子、扬子、老子等相关学说。从考试内容来看，金代科举考试基本在儒家经典范围内选取。金代科举除设以上科目外，还设有武举和特科（如宏词科），[①]这是与辽代不同的地方。金代将儒学教育内容作为科举考试的主要内容也是“尊孔崇儒”的主要体现，进一步推动了学校教育以儒学经典为主要教学内容，也会带动社会各阶层学习儒学典籍。

金代“尊孔崇儒”，促进汉文化的传播，还体现在倡导汉人的封建传统伦理道德。金章宗提倡士人读经，“必使通洽《论语》《孟子》，涵养器度”，以“知教化之原”；[②]“褒奖孝子节妇，提倡孝悌廉耻，任用孝义之人，斥责释道之流不拜父母亲属”；[③]“败害风俗，莫此为甚”。[④]

二、发展女真文化教育

伴随着对汉文化的吸收利用，女真人汉化程度的提高，金代统治者逐渐意识到发展和弘扬本民族文化的重要性，为此创制了女真文字，并为其推广开设了女真字学，随后创办了各级各类女真学校，设立体现女真民族特色的女真科举，据此与汉教育体系并行的女真教育体系得以建立。“发展女真文化教育”是与“尊孔崇儒”通行并举的文教政策，它推动了女真文化与中原文化的融合。

辽统治时期，女真人过着以骑射、耕种、渔猎为主的较为原始的农耕生活，文明程度较低，没有自己的文字。[⑤]破辽建国之后，俘获了大量的契丹人和汉人后才开始逐渐学习契丹文和汉文，在内政外交上

---

① 郭齐家.《中国教育史》[M].北京：人民教育出版社，2015.

②③ [元]脱脱.《金史》卷九《章宗本纪一》[M].北京：中华书局，1987.

④ [元]脱脱.《金史》卷十《章宗本纪二》[M].北京：中华书局，1987.

⑤ [元]脱脱.《金史》卷一《世纪》[M].北京：中华书局，1987.

需要将女真口语转化为契丹文，这带来了极大的不方便。出于统治民族的自豪感与危机意识，金太祖命令完颜希尹依仿汉字、契丹字，创制女真大字，金熙宗时期颁发女真小字，至此金代正式建立起女真族的文字体系。[①]为了推广女真文字，从金太祖时期就开始创办女真字学。女真文字的创制和女真字学的创办标志着“发展女真文字教育”的文教政策初步确立。金世宗时期实行了一系列发展女真文化教育的措施，如大规模兴办各级各类女真学校、开设女真科举，至此“发展女真文化教育”的文教政策得以完善和全面实施，并贯彻至金末。“发展女真文化教育”这一文教政策的施行体现出了金代教育与辽代教育的不同，也体现出金代时期少数民族教育发展的先进性，主要表现为辽虽然也创办了自己的文字，但没有建立起本民族的教育系统。[②]

“发展女真文化教育”，这一文教政策的落实主要体现在建立各级各类与汉文化学校同等级的女真学校，设立译经所翻译汉文的经书和科技文献典籍并使其成为女真文字教材、开设女真科举选拔女真优秀人才。

金代女真学校是开展正规教育的官学学校，包括由中央女真国子学、女真太学构成的女真中央官学和由地方女真字学、女真府州学构成的地方官学。女真中央官学和地方官学共同构成了金代时期女真官学体系，女真官学体系的建立与完善在世宗时期完成。据《金史》记载：“大定四年，世宗命颁行女真大小字所译经书，每谋克选二人习之，寻欲兴女真字学校。猛安谋克内多择良家子为生，诸路至三千人。”[③]大定十三年设女真国子学，大定二十八年建立女真太学。此外，在女真人居住的诸路设女真府、州学22处。至此，与汉学学校并行的女真学校基本建立，形成了汉学与女真学双轨并行的完善教育体制。

金代“发展女真文化教育”政策的落实还体现在女真学校对

---

① ［元］脱脱.《金史》卷七十三《列传第十一》［M］.北京：中华书局，1987.

② ［元］脱脱.《辽史》卷八十九《耶律蒲鲁传》［M］.北京：中华书局，1987.

③ ［元］脱脱.《金史》卷五十一《选举志一》［M］.北京：中华书局，1987.

女真文字教材的使用上。世宗时期设立专门负责经史翻译的行政机构——译经所，[①]章宗时期设弘文院，并配置从事翻译工作的专业工作官员——译史，[②]主要从事翻译汉文的经书和科技文献典籍，并推行发布等工作。据记载，金代时期官方组织的大规模翻译工作共有两次，分别始于大定四年（1164）和大定十五年（1175），两次共译得女真经典13部。[③]这13部女真经典均成为女真学校的教材。此外，女真学校使用教材中包含的《伍子胥书》《百家姓》等未记载在官方翻译典籍之列，学者们推测为民间翻译，而后被女真学校纳为教材。[④]将经典翻译为女真文，实现了女真文化与汉文化的快速融合，而将翻译后的典籍作为女真学校的教材，则为融合后的文化发展提供了途径。

开设女真科举则是金代落实"发展女真文化教育"的一大创举。在金代统治者看来要想快速融入中原，巩固统治地位，汉文化是必须学习的，但是在他们眼中汉文化的所有内容又并不都可取，女真族本民族的优秀文化也必须继续传承和发扬。随着汉化政策的推行，女真族出现了过于汉化、大部分民众已经忘记女真文字与女真语言的现象。为促进女真字的学习，同时选拔出女真族优秀人才，金世宗于大定十一年（1171）专门为女真人设立用女真文字考试的科举考试制度。第一次女真进士考试在大定十三年（1173）举行，考试场所设在中京，参考人员主要为女真字学的学生，约100人。考试内容包含策、诗、试，要求考生必须使用女真文字答题，其中策使用女真大字，诗使用女真小字。金章宗时期还规定45岁以下参加女真进士考试的人及第后增设骑射项目。女真科举制度的建立提高了女真人学习女真文字的积极性，也通过较为公平的手段选拔出一批优秀的女真人才，为巩固女真人的统治地位奠定了基础。

---

① ［元］脱脱.《金史》卷八《世宗本纪下》［M］.北京：中华书局，1987.

② ［元］脱脱.《金史》卷九《章宗本纪一》［M］.北京：中华书局，1987.

③ ［元］脱脱.《金史》卷八《世宗本纪下》［M］.北京：中华书局，1987.

④ 张博泉.《女真史研究所若干问题》，油印本［M］.1984.

三、完善教材体系

金代时期的教材体系虽然没有唐宋时期发达，但是类型多样，特色鲜明，比较完善。教材建设属于金代教育的重要组成部分，也是金代教育发展的基础与推动力。金代统治阶层对教材建设较为重视，采取了一系列措施完善教材体系。金太宗时期就非常重视收集各类汉人图书典籍，曾在北宋灭亡时派人进入北宋国子监索取官书并将其运到女真内地。官方设立翻译机构、配备翻译官员专门开展翻译经典工作，并推动发布，也为金代教材体系的完善提供了良好条件。此外，金代统治者还按照汉文化中儒学教育的模式，通过补充金代所缺书籍、教学内容中增加文学教材作为主要参考书目、将《论语》《孟子》设立为公共必修教材、根据评价及时修订和调整教材、统一规定官学和科举考试教材、官方规定专科教育及其他教育方面的教材等措施，使金代教材体系更加完善。对于金中都各级各类学校所使用的教材版本，金廷也有具体的规定："《史记》用裴骃注，《前汉书》用颜师古注，《后汉书》用李贤注，《三国志》用裴松之注，及唐太宗《晋书》、沈约《宋书》、萧子显《齐书》、姚思廉《梁书》《陈书》、魏收《后魏书》、李百药《北齐书》、令狐德棻《周书》、魏徵《隋书》、新旧《唐书》、新旧《五代史》。"①

金代教材按教材内容分类，包含经史子书、字韵教材、文学教材、专科教材、儿童教材五类；按使用文字不同分类，包含汉文教材、女真文教材、契丹文教材三类。②可以看出，金代教材体系较为完善，种类多样，内容涉及面较广，为金代建立汉教育体系和女真教育体系创造了良好的外部条件。

四、发展科举制度

科举是中国封建社会选拔人才、任用官吏的一种考试制度。金代

① ［元］脱脱.《金史》卷五十一《选举志一》［M］.北京：中华书局，1975.

② 兰婷.《金代教育研究》［M］.吉林：吉林大学出版社，2010.

时期形成了汉科举与女真科举并行的科举体系，并且经历了从南北两选独立进行到南北两选合并为一的发展阶段。无论是南北两选独立进行时期还是南北两选合并为一之后，作为政治、文化中心的中都（即燕京）都是金代实行科举制度的中心，也是科举考试的重要举办地。

（一）汉科举

金代面向汉人举办科举考试的时间较早，最早可追溯到金太宗时期。最早举办科举考试是出于选拔一批优秀人才用于治理中原地区，巩固金代在中原地区统治地位的目的，故有“太宗初即位，复进士举，而韩昉辈皆在朝廷，文学之士稍拔擢用之”[①]。这一时期的金代科举还比较混乱，对考试时间、考试地点、录取人数均未做规定，并且实行南北两选之制。如《金史》记载：“其设也，始于太宗天会元年十一月，时以急欲得汉士以抚辑新附，初无定数，亦无定期，故二年二月、八月凡再行焉。五年，以河北、河东初降，职员多阙，以辽、宋之制不同，诏南北各因其素所习之业取士，号为南北选。”[②]

金熙宗、海陵王在位时期是金代科举的形成时期，到天德三年（1151）将南北两选合并为一，科举考试的科目、考试时间、考试地点、命题范围等基本明确。考试科目大致包括词赋科、经义科、策论科、律科、经童科。词赋科主要检测考生在诗、词、赋方面的造诣，用于选拔一些文官，如翰林学士；经义科主要检测考生在经典方面的造诣，用于选拔一些在儒学伦理方面造诣较高的人才；策论科是金代较为重视的一个科目，用于选拔一些国家治理人才；律科检测考生对法律、法令的理解，选拔一些法律人才；经童科主要为选拔少年士人。通过词赋科、经义科、策论科考试的考生称为进士，通过律科、经童科考试的考生称为举人。天会五年（1127）将科举考试周期设定为每三年一次，在最初的乡试、府试、会试三级考试的基础上增

① ［元］脱脱.《金史》卷六十六《列传第四》［M］.北京：中华书局，1987.

② ［元］脱脱.《金史》卷五十一《选举一》［M］.北京：中华书局，1987.

设殿试，成为四级考试，但到明昌元年（1190）免除了乡试，又变成三级考试。考试时间上，三月二十进行乡试，八月二十进行府试，第二年的正月二十进行会试，三月二十进行殿试。考试地点上，乡试由各州县组织；府试的地点数量处于持续增加的状态，金熙宗之前有燕京大兴府、西京大同府、汴京开封府，海陵王时期有所增加，在之前的基础上新增大定府、东平府、河中府，金章宗时新增的府试地点为辽阳、平阳、益都；会试与殿试仅在金中都举行。命题范围为九经、十七史，并且对每本教科书的注者有明确规定，如《易》必须用王弼、韩康伯注的，《书》必须用孔安国注的。

（二）女真进士科

金世宗时期大兴女真学校，并专门为女真人设立了科举考试。女真进士科始于大定十三年（1173），至正大七年（1230）废止，共执行60年左右。金代设立女真进士科的目的在于让女真知识分子通过科举的形式进入官僚集团，巩固女真政权。

大定十一年（1171），金世宗计划单独对女真人进行考试。计划在提出之初受到了礼部质疑，理由是“所学不同，未可概称进士”，[①]但是计划得到了完颜思敬、耶律履等人极力赞成，以“进士之初，本专试策，今天女真诸生以试策称进士，又何疑焉”[②]，使世宗大悦而开始实行女真进士科。大定十三年（1173）第一次举行女真科举考试，考生不需要参加乡试、府试，直接参加会试和殿试。考试内容较为简单，“每场策一道，以五百字以上成”[③]。大定二十年（1180）考试依照汉科举考试层级，增加乡、府两级考试，其中府试地点最初设中都（燕京）、上京、咸平、东平4处，后来增至7处，新增的3处为北京、西京、益都。会试、殿试均在中都举行。女真进士科从金世宗大定十三年（1173）第一次举行到金哀宗正大七年（1230）共举办20次，

---

① ［元］脱脱.《金史》卷九十五《列传第三十三》［M］.北京：中华书局，1987.

② ［元］脱脱.《金史》卷五十九《宗室表》［M］.北京：中华书局，1987.

③ ［元］脱脱.《金史》卷五十一《选举志一》［M］.北京：中华书局，1975.

纳取进士1000多人。[①]关于女真进士科的设立，陶晋生先生认为："一方面是金世宗推行女真学政策的进一步延伸，另一方面也同样体现了他维护女真旧俗的政治态度。"[②]

---

① 都兴智.《辽金史研究》[M].北京：人民出版社，2004.

② 陶晋生.《金代的女真进士科》[J].《政治大学边政研究所年报》，1970年第7期.

第二节　金代北京的教育机构

“父兄渊源、师友讲习、国家教养”是金代各阶层普遍认可的教育成才的必要条件和重要途径，也是重视国家教育、学校教育和社会教育的体现。这12个字实质概括出了官学、私学是金代时期培养人才的主要教育机构。随着金代国都由上京迁往燕京（称中都，现北京），金代的所有中央机构包括教育机构都随之迁往燕京。至此，燕京成为金代的教育中心，这也是北京正式成为教育中心的开端。金中都也是金代教育事业最发达的地区，既有中央的国子学、太学和女真国子学，又有地方的大兴府学，以及大兴府下的州县学校，还有许许多多的私学作为官学补充，共同构筑了金代中都地区繁荣的教育体系。

一、中央官学发展

金代的中央官学机构始建于海陵王完颜亮时期，中央官学设有汉族国子学和太学、女真国子学和太学，均设在金中都。金代仍然效仿辽代实行五京制度，早期金代国都为上京，没有设立中央官学。金代中央最高教育机构为国子监，由完颜亮于天德三年（1151）在上京创设，其他四京不再设立国子监或国子学，之后完颜亮迁都北京（当时称中都），下令进行新都城营建，扩大辽陪都燕京的规模，又将国子监及国子学迁到这里。金代设于中都的国子监是管理学习的专设机构，下辖国子学、太学、女真国子学、女真太学。

关于国子学的具体位置，《顺天府志》中有少量记载：“石经文碑在旧南城白纸坊，乃金旧国子学。今殿堂门庑皆毁，惟余石二通，上刻《春秋》经传及《礼记》，文多磨灭不完。”[①]说明金代国子学位于北京南城的白纸坊，即北京市原宣武区西南部。

① ［永乐］《顺天府志》卷十一《宛平县》［M］.北京：北京大学出版社，1983.

《金史·选举志一》记载："凡养士之地曰国子监，始置于天德三年，后定制，词赋、经义生百人，小学生百人，以宗室及外戚皇后大功以上亲、诸功臣及三品以上官兄弟子孙年十五以上者入学，不及十五者入小学。"[①]由此可知，国子监按照年纪将学生分成两种：一部分是15岁以上的学生，称为词赋生或经义生，100人；另一部分是15岁以下的学生，称为小学生，100人，合计200人。国子学招生对象为皇亲国戚和三品以上官员的子弟。关于国子学的组织架构《金史》中这样记载："国子学。博士二员，正七品。分掌教授生员、考艺业。助教二员，正八品（女真、汉人各一员）。教授四员，正八品。分掌教诲诸生（明昌二年，小学各添二员，承安五年一员不除）。国子校勘，从八品。掌校勘文字。国子书写官，从八品。掌书写实录。"[②]从记载来看，国子学的学官主要包括博士、助教、教授、国子校勘、国子书写官五种职位，每种职位配置2～4名。教学内容方面，"凡学生会课，三日作策论一道，又三日作赋及诗各一篇。三月一私试，以季月初先试赋，间一日试策论，中选者以上五名申部"[③]。这说明国子学实行"会课"制。关于"会课"，在李国钧等人主编的《中国教育制度通史》中给出的解释是"一种集中授课的方式"[④]。从上述记载也可以知道国子监学生至少需要学习经史、诗赋这两大类典籍或者资料。

随着尊孔崇儒文教政策的施行，女真人汉化程度越来越高，大多数女真族民众已经对女真文字和女真话感到陌生。针对这种情况，金世宗希望通过设立女真国子学来恢复和使用女真文字及语言，保持女真民族文化传统。"自大定四年，以女真大小字译经书颁行之。后择猛安谋克内良家子弟为学生，诸路至三千人。九年，取其尤俊秀者百人至京师，以编修官温迪罕缔达教之。十三年，以策、诗取进士，始

① ［元］脱脱.《金史》卷五十一《选举志一》［M］.北京：中华书局，1987.

② ［元］脱脱.《金史》卷五十六《百官志二》［M］.北京：中华书局，1987.

③ ［元］脱脱.《金史》卷五十一《选举志一》［M］.北京：中华书局，1987.

④ 李国钧，王炳照，乔卫平.《中国教育制度通史》（第三卷宋辽金元）［M］.济南：山东教育出版社，2000.

设女真国子学，诸路设女真府学，以新进士为教授。”[1]据此可知，在女真国子学设立之前，女真大小字颁行之后，金代统治者从女真诸路中挑选良家子弟3000人学习女真文字；大定九年（1169），开始从全国各地选拔优秀子弟近百人到京师学习。这也意味着在女真国子学正式成立以前已经出现了女真国子学这种形式，只是没有给出正式的名称。大定十三年（1173），为了给传授女真大小字提供官方的场所，女真国子学正式成立。女真国子学也设立在金中都，但具体位置和规模暂未发现相关记载。《金史》中对于女真国子学的学生类型和规模有记载：“国子学策论生百人，小学生百人。”[2]据此可知，女真国子学与汉族国子学一样也将学生分成两种类型，其中策论生应该与词赋生或经义生相对应，也包含小学生，两种类型的学生也是各100人。教学内容上，女真国子学与汉族国子学大体相似，主要为经史、《老子》等内容。

国子学招生条件严格，主要培养皇亲国戚及三品以上官员的兄弟及子孙，属于贵族学校，这不利于中下层官僚子弟及下层优秀人才的发展，为此于承安四年（1199）在金中都设立了太学。关于太学的位置及规模，《大金国志》记载：“承安四年二月，诏建太学于京城之南，总为屋七十有五区，西序置古今文籍、秘省新所赐书，东序置三代鼎彝、俎豆、敦盘、尊罍，及春秋释奠合用祭器。”据此可知，太学设立在金中都城南部，规模相当可观。据《金史·选举志一》记载：“大定六年始置太学，初养士百六十人，后定五品以上官兄弟子孙百五十人，曾得府荐及终场人二百五十人，凡四百人。”[3]据此可知，相较于国子监和国子学，太学设置得较晚，于大定六年（1166）初次设立。刚开始设定的名额是160人，后来扩展到400人，分别为五品以上官员的子弟150人，各地方府州推荐及考试选拔上来的学生250人。太学所招收学生虽出身较国子学学生低，但很多是已经学有所成

① ［元］脱脱.《金史》卷五十一《选举志一》［M］.北京：中华书局，1987.

② ［元］脱脱.《金史》卷五十一《选举志一》［M］.北京：中华书局，1987.

③ ［元］脱脱.《金史》卷五十一《选举志一》［M］.北京：中华书局，1987.

的士子，单从学校教育的重要程度和其在社会中的影响来看，太学地位高于国子学，为金代培养了不少有用之才，如刘微“系籍太学，后登贞祐二年第”[1]。关于太学的组织架构，《金史》也有记载：“博士四员，正七品（大定二年减二员）。分掌教授生员、考艺业。助教四员，正八品（明昌二年不除一员，大定二年减一员）。”[2]即说明太学学官仅包含博士和助教两种职位，并且人员数量在大定二年（1162）均有所减少。在教学内容、课程、考试等方面，太学基本与国子学保持一致。

女真太学设立于大定二十八年（1188），其学官中也设立教授一角色。这点在《金史》中有记载：“（大定二十八年四月）癸未，命建女真大学。五月丙午，制诸教授必以宿儒高才者充，给俸与丞簿等。”[3]但关于学官中还有哪些职位，教学及考试内容等方面的信息目前无法查询，《金史》上记载不详。大体认为与女真国子学相似，只是招收的学生所属社会阶层不一样。

二、地方官学发展

金代地方教育机构的设置最初并没有统一标准，有些是沿用唐代和辽代，甚至更早时期的一些学校。金代统治者开始大力发展地方教育，尤其是在金世宗、金章宗时期的大定、明昌年间，大规模兴建了地方教育机构。

金代初期，辽、宋时期建立的学校多在战争中被毁。金太宗时期虽然出于政治需求而“借才异代”，但并未顾及教育的发展，尤其是地方教育。随着统治地位的稳固，统治者逐渐认识到发展教育的重要性，战争中被毁的一些地方学校在热心教育的地方官员的倡导下逐渐被重建。金世宗、金章宗时期地方官学得到空前发展，府学、州学、县学均在这一时期普遍设立。

---

① ［金］元好问.《中州集》卷八《刘神童微》［M］.北京：中华书局，1959.
② ［元］脱脱.《金史》卷五十六《百官志二》［M］.北京：中华书局，1987.
③ ［元］脱脱.《金史》卷八《世宗本纪下》［M］.北京：中华书局，1987.

金代时期共有两次大规模兴建地方教育机构，第一次是在大定十六年（1176），第二次是在大定二十九年（1189）。大定十六年（1176）设立府学17处，招收学生1000人。大兴府学（又称中都路学）为这17处府学之首，始建于大定十六年（1176），隶属于大兴府，由府尹直接负责管理。另外在大兴府衙内设有专署，并设有提举学校这一职位，其主要职责是管理学校事务。大定二十九年（1189），金章宗即位后将府学数量由17处增至24处。《金史》中记载的府学学生905人，招生名额分为6档，分别为60人、50人、40人、30人、25人、20人，大兴府学属于第一档，招收名额为60人。[①]“尝与廷试及宗室皇家袒免以上亲、并得解举人”，说明府学的招收对象为宗室远亲子弟和科举廷试落第的考生，这在一定程度上扩大了中下层民众学习和进入仕途的机会。

金代州学分为节镇学和防御州学，设立时间稍晚于府学，具体时间没有详细记载。大定二十九年（1189），州学得到扩展，数量达到60处，人数1000，均为养士，这在《金史》中有相关记载，如：“于大定旧制京府十七处千人之外，置节镇、防御州学六十处，增养千人。”[②]各设教授一员，选五举终场或进士年五十以上者为之。据《金史》记载，金代的节镇学共设有39处，养士名额为615人。防御州学21处，养士名额235人。“五品以上官、曾任随朝六品官之兄弟子孙，余官之兄弟子孙经府荐者，同境内举人试补三之一，阙里庙宅子孙年十三以上不限数，经府荐及终场免试者不得过二十人。”[③]据此可以判断州学招收对象为中下级官员的至亲、先圣后裔、曾得府荐或参加府试至终场免试的士子，其中招收府荐或参加府试至终场免试的士子具有明确的名额限制，不得超过20人。各校分别配备教授一员，且对教授资格有明确要求，年龄必须在50岁以上，且须为进士或五举终场者。如《金史》记载，“各设教授一员，选五举终场或进士年五十

① ［元］脱脱.《金史》卷五十一《选举志一》［M］.北京：中华书局，1987.

② ［元］脱脱.《金史》卷五十一《选举志一》［M］.北京：中华书局，1987.

③ ［元］脱脱.《金史》卷五十一《选举志一》［M］.北京：中华书局，1987.

以上者为之”。[①]

金代一般的县不统一设学，也没有养士名额，由各县根据士庶的意见自愿设立。关于金代县学的信息散见于燕京周边各州县方志资料中，关于县学数量，史书上没有完全的统计，记载县学最多的《金文最》中辑录县学33处。[②]

金代在发展汉族地方官学的同时也大力发展女真地方官学。女真地方官学包括女真字学、女真府学、女真州学。女真字学是教授女真文字的学校。女真字学最早在金太宗时期设立，当时各地的主要城市均设立女真字学，记载资料显示主要涉及金上京和西京两地，[③]中都地区的女真字学暂未查询到相关记载资料。

大定十三年（1173），金代在设立女真国子学的同时设立了女真府、州学，共22处，分别位于中都、上京、胡里改、恤频、合懒、蒲与、婆速、咸平、泰州、临潢、北京、冀州、开州、丰州、西京、东京、盖州、隆州、东平、益都、河南、陕西。[④]中都路的府学为大兴府，位于诸路女真府学、州学之首。女真府、州学的招收对象与女真国子学一样，为宗室贵族和富家子弟，如《金史》记载：“每谋克取二人，若宗室每二十户内无愿学者，则取有物力家子弟年十三以上、二十以下者充。”[⑤]女真府学以“新进士为教授”[⑥]。大定二十九年（1189）规定：“凡京府镇州诸学，各以女真、汉人进士长贰官提控其事，具入官衔。”[⑦]据此可知，女真府学、州学的学官必须是进士，且必须具有金廷职官系列的正式编制。

金中都的各级各类学校在教学和管理方面是较为规范的。金章宗时期，君臣主张学校管理中施行：“专除教授，月加考试，每举所

① ［元］脱脱.《金史》卷五十一《选举志一》[M].北京：中华书局，1987.
② 兰婷.《金代教育研究》[M].吉林：吉林大学出版社，2010.
③ ［元］脱脱.《金史》卷八十三《纳和椿年传》[M].北京：中华书局，1987.
④ ［元］脱脱.《金史》卷五十一《选举志一》[M].北京：中华书局，1987.
⑤ ［元］脱脱.《金史》卷五十一《选举志一》[M].北京：中华书局，1987.
⑥ ［元］脱脱.《金史》卷五十一《选举志一》[M].北京：中华书局，1987.
⑦ ［元］脱脱.《金史》卷五十一《选举志一》[M].北京：中华书局，1987.

取数多者赏其学官，月试定位三等籍之，一岁中频在上等者优复之，不卒教、行恶者黜之。”[①]由此可知，金中都的国子学、太学、大兴府学、女真国子学、太学、女真大兴府学均实行月考制度，每次考试之后根据成绩优劣将学生划分为三等，并记入学籍簿中。一年内，如果多次月考成绩为上等将得到优待。对于不认真学习，且品行恶劣的学生将予以开除。此外，“遇旬休、节辰皆有假，病则给假，省亲远行则给程，犯学规者罚，不率教者黜。遭丧百日后求入学者，不得与释奠礼。”[②]从中可以看出金中都各级各类学校对放假、请假、处罚等都有明确规定。

三、专门学校发展

金代中都地区除了有中央和地方官学外，还有一些培养专业人才的专门学校，也就是专科学校，主要设有医学和司天台学。医学教育的发展程度在一定程度上反映了一个时期医学的发展水平和规模，是培养医学人才、普及医学知识的重要途径。金代非常重视医学，为了促进医学的发展，曾明确规定：“终场举人、系籍学生、医学者，皆免一身之役。”[③]金代医学隶属太医院。“太医院”一词为金代首创，主管医政及医学教育。《金史》记载：“凡医学十科，大兴府学生三十人，京府二十人，散府节镇十六人，防御州十人，每月试疑难，以所对优劣加惩劝，三年一次试诸太医；虽不系学生，亦听试补。”[④]由此可知，金代医学设10科，仅招收76人，其中来自大兴府30人，京府20人，散府节镇16人，防御州10人；每月都要考查学生疑难病例，并奖励优秀学生，惩劝表现不佳的学生；每三年举办一次太医院考试，合格的人员录为太医；对于已经录为太医的人员，如果在下次考试中不合格则需要继续学习，通过考试后才能被再次录用；考试是

① ［元］脱脱.《金史》卷五十一《选举志一》［M］.北京：中华书局，1987.
② ［元］脱脱.《金史》卷五十一《选举志一》［M］.北京：中华书局，1987.
③ ［元］脱脱.《金史》卷四十七《食货志二》［M］.北京：中华书局，1987.
④ ［元］脱脱.《金史》卷五十一《选举志一》［M］.北京：中华书局，1987.

开放的，不是太医院的学生也可以自学之后参加考试。太医院设提点、有使、副使、判官、管勾、太医六类官职，其中提点为太医院的最高行政官员，正五品，教学工作主要由管勾和太医承担。金代医学对于教材有明确规定，主要包括历代医药经典和官修医书，如《素问》《难经》《本草》《圣济总录》等，其中《圣济总录》属于宋代时期出版的大型官修医书，全书涉及内、外、妇、儿、五官、针灸、正骨等13科，内容十分丰富，是名副其实的医药百科全书。

金代医学教育推动了医学知识和技能在北方落后地区的普及，并且医学派别也在这一时期出现，对推动我国医学发展起到了重要作用，正如《四库全书总目·子部·医学类》所说："儒之门户分于宋，医之门户分于金元。"①

金代迁都中都之后，按中国历朝惯例在首都设立正规司天机构，在北京建立国家天文台的历史由此开端。据考古资料和历史地理学家推测，金代天文台建于天德三年（1151），规模比明清观象台大，具体位置尚无定论。②相应的设有司天台学，主要培养天文、历法等专业人才。司天台学设提点、监、少监、判官、教授、司天管勾等。金朝廷在官员设置中就有"天文科"，其中女真人和汉人各设6人，司天台学为朝廷培养并输送优秀"天文科"官员。

金代司天台学设五科，分别为天文科、算历科、三式科、测验科、漏刻科，与唐代时期相比新增三式科、测验科。据《金史》记载："凡司天台学生，女真二十六人，汉人五十人，听官民家年十五岁以上、三十岁以下试补。又三年一次，选草泽人试补。"③说明金代时期司天台学招收学生的名额为76人，其中女真人26人，汉人50人。招收对象要求为15岁以上，30岁以下；每三年举行一次考试。

---

① ［清］永瑢，纪昀.《四库全书总目·子部·医学类》卷二十七［M］.北京：中华书局，1965.

② 姚传森，陈晓.《金代司天台位置考》[J].《广西民族大学学报》（自然科学版），2012年第18期.

③ ［元］脱脱.《金史》卷五十一《选举志一》［M］.北京：中华书局，1987.

考试内容包括《宣明历》、《婚书》、《地理新书》、《易》、六壬课、三命五星之术等，每次考试六道题，考试时间持续两天。

金中都的专科学校建立了一套较为完整的管理体系和规章制度，并且培养目标和职业发展规划都比较明确。这一时期金中都的学校教育尤其是专科学校可以称得上已经初步体现出职业化、专业化的特点。

四、私学发展

私学是中国古代私人办理的学校，不由政府主持，也不纳入国家的学校教育制度之内，与官学相对而言，是官学的一种补充形式，较官学产生和存在时间更久远，分布范围更广，在中国教育史上占据较为重要的地位。金中都地区的教育以官学为主体，在教育体系中发挥着主导作用，然而官学发展仍然不能满足上层阶级子弟入学的需求，也无法满足平民子弟对学而优则仕的渴望，私学作为官学的重要补充在金中都地区一直存在。金中都地区的私学不是很发达，但对金代文化知识、提升人们技艺等方面起到较大推动作用，也对中国少数民族政权私学的发展具有重要启示作用。金代中都地区的私学早于官学产生，但是早期发展较为缓慢，在官学教育的带动下得到较快发展。经过较长时间的发展之后，中都地区的私学种类繁多，组织形式也较为多样化。依据教学内容、创办者、办学目的的不同，金代私学分为家学、女真贵族官僚家塾、学者自设私塾、官宦私塾和自学五大类型。①

家学指在家庭内部进行的知识传递活动，主要采用长者亲授的方式。教师多为家庭成员，父祖、叔伯、外氏姻亲都囊括其中，寡母对孤子教育尤为突出。如《金史》记载："牛德昌少孤，其母教之学，后中皇统二年进士第。"②家学的教学内容主要包括以识字、经、史等

① 兰婷.《金代教育研究》[M].吉林：吉林大学出版社，2010.

② [元]脱脱.《金史》卷一百二十八《循吏传》[M].北京：中华书局，1987.

儒学和文学、医学、数学、天文历法、律学及兵家武学等方面的专业知识。

女真贵族官僚家塾主要是指地位显赫的女真贵族专门为自家子孙延请师友坐馆教授，以儒学为主要教学内容。这类私学多见于金初太祖、太宗时期，熙宗以后几乎不见记载。部分这类家塾中也会收留外姓子弟，如燕京韩昉就曾让胡砺在其家塾中学习，并于天会十年（1132）中状元。[①]

学者自设私塾主要指汉族学者自设的私塾，教师多为被扣留在金代管辖范围的南宋使节、落第人士、不愿入仕的隐士等，这类私塾在当时较为普遍。如王去非、赵质、曹珏、薛继先都因为科举不第或隐居，而"家居教授""教授为业""课童子读书"。[②]关于赵质创办私塾，《金史》中有记载："大定末，举进士不第，隐居燕城南，教授为业。明昌间，章宗游春水过焉，闻弦诵声，幸其斋舍，见壁间所题诗，讽咏久之，赏其志趣不凡。召至行殿，命之官。固辞曰：'臣僻性野逸，志在长林丰草，金镳玉络非所愿也。况圣明在上，可不容巢、由为外臣乎。'上益奇之，赐田亩千，复之终身。"[③]教学内容包括传统儒学及医学、数学、法学等专科知识。金代科举允许非正规学校的学生参加，加上正规学校招收的名额又非常有限且带有严格的等级性，这导致了此类私学在金代时期受到重视。

官宦私塾是指金代官员设立的私塾，以其专业和专学而执教，也就是相关著作中所说的地方官员倡导的乡里教育。这类私学的教学内容也是包含儒学及医学、数学、法学等专科知识。如耶律固"奉诏译书，辟置门下，因尽传其业"。这类私塾的好处在于只要经过官员倡导就能很快发展起来，弊端在于常常会因为地方官员职位调动离开而快速衰败，缺乏可持续发展性。

自学则主要是指寒门学子闭户独学、寒窗苦读。自学的主要目的

① ［元］脱脱.《金史》卷一百二十五《文艺传上》［M］.北京：中华书局，1987.
② ［金］刘祁.《归潜志》卷五［M］.北京：中华书局，1997.
③ ［元］脱脱.《金史》卷一百二十七《孝友传》［M］.北京：中华书局，1987.

在于参加科举考试，有朝一日高中及第，走入仕途。

金中都作为金代的政治中心，自然成为贵族官僚的聚集地、科举考试的举办地，这也就可以顺理成章地推测出金代时期中都的私学涉及以上五大类型，且发展十分活跃，对招收学生数量有限且等级性强的官学起到了良好的补充作用。

第三章

元代北京教育

公元1206年，成吉思汗建立蒙古政权，之后攻灭辽、西夏、金等北方少数民族政权。公元1271年，忽必烈改国号元，建立了中国历史上第一个由少数民族建立的统一多民族王朝，并于次年定都大都。元统治者一直崇尚武功，曾在滚滚铁骑下征战横扫整个欧亚大陆，元代疆域超越了中国历朝历代。元政权入主中原后不得不面对国家治理问题，即：如何在历史悠久、强大深厚的中原汉民族文化面前，从意识形态方面巩固新生的少数民族政权？

忽必烈在上都统治时期，即取国号“元”，出自《易经》“大哉乾元”，体现了对汉地文化的尊崇。定都中原后的元统治者更加深刻认识到，穷兵黩武并不能实现真正意义上的长治久安，实施文化“怀柔”政策才能笼络士子、安抚民心，进一步稳固国家政权。于是，儒家文化更深层次进入元代政权阶级的视野，“尊孔崇儒”“以儒治国”成为蒙古族统治者的治国依循。自南迁都城至大都以来，元代持续大力发展文化教育，积极推动汉蒙文化融合，北方草原游牧文化与中原农耕文化在大都碰撞和交融，为元代北京地区教育事业发展注入了活力。元代统治者在学习中原汉民族“儒家”文化的同时，也在不断强化对蒙古本民族文化的坚守传承，从教育机构设立和教育内容规定等方面均有体现。可以说，元统治者紧紧抓住了蒙汉两文化的根源为己所用，在社会治理中既“崇文”又“尚武”，尤其推奉和借鉴先进汉文化以解决政权面临的治理困境，历经百年建立起对后世影响深远的元代教育体制，是蒙古民族政权积极推行“以文治国”的重要体现。

在承袭唐宋教育传统以及借鉴辽金等少数民族政权办

学经验的基础上，元代统治者结合多民族国家教育发展的实际情况，实施了一系列兴办教育的政策，既学习汉地教育广设儒学，又创新出一些具有本民族特色的办学形式，多样化学校在元大都设立和发展起来，为之后明清时期北京地区教育的持续发展奠定了基础。从蒙古帝国到元王朝存续162年，其中统治中国时间不到100年，时间虽短，但其学校教育却呈现出发展繁荣之势。元代北京地区出现三个国子学并立的局面，同时出现了医学、天文历学、阴阳学等专科教育，基层乡村社学、民间庙学也获得较大发展，元代书院数量有明显增长并走上官学化道路，女子教育、民族语言教育、体育教育等也有突破性发展。明、清教育发展在较大程度上延续和借鉴了元代的办学模式，元代教育制度的诸多创新特色鲜明，对我国古代教育制度发展产生了重要影响。

第一节　元代北京的文教政策

一、文教政策形成背景

为促进元代统一多民族国家经济社会发展，以及促进中原汉民族与北方少数民族的交流，更为了便利于治理疆域辽阔的国家，蒙古族统治者非常重视交通建设。与中国古代其他朝代相比，无论海运、河运等水上交通还是陆路交通都更加发达，尤其元代有一个重要交通制度——驿站制度，大小驿站遍布全国各地。作为元代重要交通设施，驿站普及化使各地交通往来更加方便，贸易和人员交流更加密切。元代是中国历史上首个由少数民族统治的统一国家，加之元代逐渐建设发达的交通网络，客观上为各民族文化交流提供了有利环境，促进了元代多元文化的蓬勃发展，为元统治者提供了推行其文教政策的可能。

元代重农政策始于元世祖忽必烈，他入主中原后全面推行汉法，《元史·食货志》有记载："国以民为本，民以衣食为本，衣食以农桑为本"。为快速恢复前期游牧扩张毁坏的中原耕地，元世祖下诏采取了一系列措施，如：在中央和地方设置劝农机构和委任劝农官员；将之前扩张的中原牧场恢复为农田，使农民安于耕种生产；通过减免税收鼓励流民开垦荒地，大力推动军民屯田；推广农业生产技术，大力兴修水利灌溉设施。这些举措使元朝经济迅速恢复和发展，为元代社会政治稳定以及文教政策实施，奠定了坚实的物质基础。

元代是我国第一个统一的多民族国家，其社会发展更需要稳定的政治环境，蒙古统治者在马背上征战打下江山，然而"武功迭兴、文治多缺"限制了其国家治理。在南进中原过程中开始接受儒家思想，窝阔台曾敕令于南京（今北京）修孔子庙，之后经过几代皇帝持续推动借鉴学习汉文化，"崇孔尊儒"的文教政策逐渐强化起来。同时兼顾各少数民族原有文化习俗，逐渐生成了既有中原汉化风格又有草原民族特色的元代文教政策。

二、文教政策的演变

元代文教政策的形成和发展有其经济社会发展背景，更与元蒙古族统治者对中原汉文化的认知过程密切相关。从蒙古国时期在漠北草原游牧征战，到元代入主中原定都大都（今北京）直至被明军灭亡的百余年中，蒙古族统治者对中原汉文化也经历了从无知无视到奉之至上的过程，“尊孔崇儒”文教政策逐渐深入历朝统治者内心，为元代国家治理和社会秩序稳定发挥了重要作用。元代文教政策的演变大致经历了三个阶段：[①]

第一阶段，从元太祖成吉思汗向中原扩展开始，以1215年攻占金都城燕京为标志。蒙古统治者在向南开疆拓土阶段，对被攻下地区大肆毁坏和掠夺财富，将占有的大片丰沃良田耕地变为牧场，被俘虏的臣民无论是儒生、工匠还是农民，均变为普通劳动力。他们眼里只有刀光斧影，没有文化怀柔，更没有教化育人，对人民强势压制和命令臣服。加之北方草原是文化荒蛮之地，也没有教育积淀，蒙古统治者对中原汉文化毫无了解，在征战中既无心也无暇进行文化教育建设。

第二阶段，从元太宗窝阔台时期开始，以1229年窝阔台在忽里台大会登基为标志。窝阔台辅上位即坚定执行成吉思汗遗志，继续向南部中原地区进攻扩张，甚至在灭金后远征中亚和欧洲大陆，极大拓展了蒙古帝国的版图。窝阔台在位期间开始接触中原汉文化，并产生了浓厚兴趣，他继续重用辅佐父亲的名臣契丹人耶律楚材，并任命其为中书令，接受其关于采用汉法治国、开科举取贤才、重用中原文人、健全法律典章等一系列建议。窝阔台时期实行中央集权制并建立了中书省，开始了从奴隶制到封建制的转变。此后，元宪宗蒙哥继

① 汤世雄，等.《北京教育史》[M].北京：学苑出版社，2011年；刘仲华，等.《北京教育史》[M].北京：人民出版社，2008年.

续推行中央集权化，在被蒙古征服的部分地区建立行中书省，并委令其弟忽必烈总领汉地管理。这一时期蒙古统治者占领了中原大部分地区，在统治地位逐渐巩固的同时，开始主动学习汉文化并使之服务于政治统治，“尊孔崇儒”文教政策得到强化。

第三阶段，从元世祖忽必烈时期开始，以1272年定都大都为标志。经过多年征战，蒙古统治者已经完全统治了中华大部分领土，在征战和治理过程中对汉文化的先进性有了更深刻认识，以武打天下是王道，以文安天下是正途，采取汉化政策也从被动应对向主动自觉。忽必烈很早就接触汉文化，在登基之前的窝阔台时期，就非常注重启用汉人为官处理漠南相关事务，对汉地文化和民俗风情逐渐有深刻理解。忽必烈将元都城从和林迁至大都，本身就是汉化政策走向深入的强力信号。大都是中原核心区域，又是距离北方民族最近的地区，元统治者选择在这里扎根政权，既可以更好地化解南北尖锐对立局面，又可以兼顾南北两面的区域治理，促进交流融合与民族团结。这一阶段元代文化教育事业获得较快发展，不但设立了国子学等中央官学和儒学等地方官学，而且设立了社学、书院等民办私学。另外，服务于培养蒙古贵族精英的蒙古国子学，开展自然科学领域教学的天文学、医学等也获得发展。

元作为我国历史上第一个少数民族建立政权并统治全国的政权，其文化教育政策在坎坷发展中力求更大包容，尽管在开科取士和分类入学方面有区别对待，但始终没有因为保护和发展蒙古族文化而压制汉族文化，相反是一直在提升儒家文化地位，包括对伊斯兰文化也具有很大包容性。这一点在之前历朝代并不多见，文教领域促进交流融合的举措，非常值得肯定。

三、文教政策的内容

1. 元代儒学政策

元代统治者给予儒家思想极大的发展空间，元代儒学是以教授儒家思想为主要内容的学校，一般指地方官办学校，比如：路学、府学、州学、县学。元代儒学教学内容是儒家经典学说，其中《孝经》《小学》《论语》《孟子》《大学》《中庸》《诗》《书》《礼记》《周礼》《春秋》《易》则是元代儒学生员必读的教材以及科举考试的重要科目。

元代蒙古统治者恢复学田制度，以学田收入支持地方儒学发展。学田制度始于北宋时期，地方给学校拨学田经营，其钱粮收入作为学校重要物质保障。至元二十三年（1286），元世祖忽必烈借鉴并下诏实施学田制度，“复给本学，以便养教”。国子学等中央官办学校生员廪食由国家供给，民办社学一般由乡绅资助，均不享受官方学田资助，只有各地方的路学、府学、州学、县学能够获得学田。但是大都路的各级儒学发展并不顺畅，其恢复经过了较漫长历程，真正获得较大发展是在元中后期。

元代蒙古族统治者通过加封儒家圣贤，昭示其给予儒家思想至高之上的地位，也以此笼络汉代民众，有力推动了各地儒学的发展。自汉武帝树立“罢黜百家，独尊儒术”文化思想以来，各朝代对儒家圣贤孔子的加封一直没有停止，宋朝以文治国的真宗皇帝曾封孔子为“至圣文宣王”，意指孔子达到了圣人的最高境界。大德十一年（1307），元武宗海山加封孔子“大成至圣文宣王”，“大成”指孔子为儒家思想集大成者，并盛赞孔子“万世师表”，对先贤孔子的推崇更上了一层次。

元代蒙古族统治者还对儒学人士实行免税政策，“愿充儒生者，与免一身杂役”。元代设立“儒户”在古代教育史是首创，一定程度上减轻了经济压力为儒学发展提供保障。元代儒学与宗教紧密结合，并赋予儒学以祭祀功能，由于祭祀与教学结合过于密切，也导致元代后期儒学出现了重视祭祀而轻视教学的现象。

2. 元代科举制度

蒙古立国初期稳就需要稳固政权，科举制度就是在这一背景下出现的，而且科举制度从建议到切实推动，经历了较长过程。元太祖成吉思汗时期，辅臣耶律楚材提出“治弓尚须弓匠，岂治天下不用治天下匠耶”[①]，向蒙古统治集团建议进行科举。在辅佐元太宗窝阔台时期，耶律楚才再次建议开科取士，用中原儒术为元朝廷选拔官员。1233年，窝阔台下诏开放考试，举办了蒙古国时期的第一次科举，可以作为元代科举制度的源流。考试分为经义、辞赋和策论三科，考试历时三日，考取者家庭称为“儒户”，并享有减税免役等优待，因适逢戊戌年又称“戊戌选试”。尽管这次科举不包含会试，相较于前代来说并不完整，但仍然起到了选拔人才，提高儒生地位和促进教育发展的作用。

“戊戌选试”后科举制度一度被废止，并没有形成常态。元太祖忽必烈时期，在王鹗等汉族大臣力荐下曾诏令举办科举，但由于蒙古贵族和色目官僚强力阻挠，考试没有成功开展，这些权贵阶级不想让科举选官取代他们享有特权的官位世袭。皇庆二年（1313），李孟等大臣联名请奏元仁宗恢复考试，力陈科举取士于朝廷治理之裨益。仁宗皇帝终于被说动，于皇庆三年（1314）重又推行科举考试，并且每三年举办一次，一度成为定制。之后的科举实行仍然在颤颤巍巍前行，元贵族阶级为维护其特权，有多次呼吁取缔科举的声音。至元元年 (1335) ,在以伯颜、彻里帖木儿为代表的蒙古贵族和以许有壬、吕思诚为代表的汉臣有激烈论战，汉族大臣疾呼“科举若罢，天下人才觖望”[②]，却终究在论战中落败，科举制度没有被成功拯救，又一次被废止。

元代科举制度是仿照南宋科举建立的，分为乡试、会试和御试三级。元代科举制度充斥着民族歧视色彩，不同民族考生参加科举考试的录取率也有不同，蒙古人、色目人、汉人、南人各有独立榜单，录取率也依次递减，在考试题目设置上也有不平等，汉人、南人考试题目难度也高于蒙古人、色目人。另外，蒙古人和色目人只需要参加两门考试，而汉人和南人则需要参加三场考试。尽管科举制度对汉族士

① 耶律楚材.《湛然居士文集》[M].谢方,点校.北京：中华书局，1986.

② 陈邦瞻.《元史纪事本末》[M].北京：中华书局，1979.

子存在诸多不公平，但它将各民族统一纳入考试制度中，在历史上是一次突破和尝试。另外，多民族考生参与的科举制度给文人士子交流搭建了平台，促进了各民族融合和多元文化交流。

元代科举考试在断断续续开展中，考试时间短、考生规模小、考试录取率低，是其显著特征。在元政权近百年时间，仅举办过16次科举考试[①]，应试考生总数也仅有1200人左右。由于对既有利益阶级对科举制度长期排斥，它并没有成为元代朝廷选拔官员的主流方式，有其他选官渠道仍然存在，可以满足贵族阶级的特权需求。科举制度为知识分子搭建的成长平台相对狭窄，许多学子苦于仕进无门，开始投身文学领域，创作了大量优秀文学作品，尤其是促进了元代戏曲蓬勃繁荣。

① 也有学者认为举办了15次，总之元代科举考试举办次数并不多。

第二节　元代北京的教育机构

一、中央官学

元代中央官学是朝廷在中央设立的学校，主要包括国子学、蒙古国子学和回回国子学，元代国子监也部分承担了学校职能。

（一）国子学

元代承袭了辽金传统，创立国子学作为人才培养的最高学府，承担着为朝廷输送能够治国传道的高级管理人才的重任。元代有严格的民族等级制度，入学教育机构也因此有不同，其国子学也由此分为国子学、蒙古国子学、回回国子学，分别接受汉族、蒙古族和回族学生入学。

第一，国子学。一般认为，元代国子学发展经历了两个阶段，分别是蒙古国时期的燕京学和元世祖以后的元大都国子学。燕京学始设立于元太宗时期，是窝阔台发展文教事业的一项重要举措。1233年，为加强蒙古政权对中原汉地的统治，窝阔台下令设立在燕京南城孔庙旁创立国子学，又称燕京学，是蒙古国历史上第一所中央国学。燕京国子学首批招生人数不多，“蒙古贵族子弟18人，必陪读子弟10人，汉族官僚子弟22人，共50人”[①]，汉族官僚子弟也基本上是陪读，在之后近40年办学期间基本维持这一水平。学校主要教授汉字和汉语交流，同时也学习骑射以保留蒙古马背民族传统。由于学生不多且学习内容简单，教师也不多仅3人，其中有汉族名士杨惟中，另两名是全真教道士，他们共同执掌燕京国子学事务。燕京国子学采取少数民族和汉族学生同校同堂教育，从这个意义上讲，它还是一所小范围的民族融和教育试验区，为推动我国古代民族教育发展具有积极意义。

---

① 刘仲华，等.《北京教育史》[M].北京：人民出版社，2008年.

大都国子学设立于至元八年（1271），也是忽必烈改国号“元”那年，校址仍然在南城燕京国子学校址。和燕京国子学阶段相比，元大都国子学教学内容有较大变化，除了教授汉字、汉语，增加了更多的儒学内容，以儒家经典和朱注《四书》为主要教材。许衡被任命为国子学最高职务国子祭酒，他上任即开始进行大力度改革，“增置司业、博士、助教各一员”①，还扩大了生员招收数量。许衡注重因材施教，强调“进学之序”，即根据学生学习的特点和时机开展教学。他还推行“小先生、分斋教学”等教学方法，“课诵少暇，即习礼，或习书算”，教学组织灵活多变深受学生喜爱。许衡在任上一直坚定地传播理学，他开创的教学方法和管理模式也为之后的国子祭酒王恂、国子监丞吴澄等沿用，为大都国子学教学改革做出了杰出贡献。

第二，蒙古国子学。同于至元八年（1271），元世祖忽必烈在大都还设立了蒙古国子学，“立京师蒙古国子学，教习诸生，于随朝蒙古、汉人百官及怯薛歹官员，选子弟俊秀者入学”②。设立蒙古国子学目的是推广普及帝师八思巴为蒙古民族创制的蒙古新字，更重要的是保留传承蒙古民族的文化传统。最初入学人数很少，尤其汉人几乎没有入学，之后元世祖下诏遣百官子弟入学，学生规模才逐渐扩大。蒙古国子学为贵族子弟学习蒙古文提供了场所，也由此兴起了学习蒙古文字的热潮，蒙古文化在本民族有了得以传承的载体，和大都国子学一样，蒙汉子弟同校共学促进了民族融合。蒙古国子学虽然没有产生如许澄等大批名儒硕学，但同样培养了蒙古族弟子成才，以及使更多汉族子弟熟悉和掌握蒙古文字，促进了民族交流融合

第三，回回国子学。为促进与西域诸属国往来交流，至元二十六年（1289），元世祖忽必烈在色目人官员一再建议下，设立回回国子学。回回国子学主要讲授当时盛行西域的语言文字“亦思替非文”，也就是“波斯文”，主要目的是培养翻译人才。相比蒙古国子学，其

① ［明］宋濂.《元史》卷七《世祖本纪》［M］.北京：中华书局，2008年.
② ［明］宋濂.《元史》卷八一《选举一・学校》［M］.北京：中华书局，2008年.

学生规模更小，最盛时也仅有50余人。并且朝廷对回回国子学的重视程度也远低于蒙古国子学，学生待遇也不及蒙古国子学，办学过程中有过多次盛衰废立。

（二）国子监

为了加强对各类国子学的管理，元代为国子学、蒙古国子学和回回国子学分别设立了对应的国子监，国子学和对应国子监结合紧密，职能也并不很分明。

蒙古国子监。蒙古国子学最早拥有国子监，反映出元朝廷对蒙古国子学的高度重视。蒙古国子监设立于至元十四年（1277），隶属于蒙古翰林院，初配备有祭酒、司业、监丞职位，分别对应从三品、正五品、正六品官职，此后组织机构进一步完善。

国子监。国子监设立于至元二十四年（1287），设立了国子监，辽代贵族后裔耶律有尚主持国子监事务。耶律有尚是许衡弟子，他很好继承许衡教育思想和办学方略，“身为学者师表者数十年，海内宗之，犹如昔之宗衡也”[①]。

回回国子监。回回国子监设立时间较晚，在回回国子学设立25年之后，元代统治者才为其设立国子监。回回国子监发展是断断续续的，其办学规模一直非常小，巅峰时期师生总数也只有五十余人。由于深陷于元代复杂的政治斗争中，回回国子监并没有像当初设想的那样，充分发挥其促进文化传播，加强多元民族文化融合的职能。

（三）中央官学管理机构

元代中央官学管理机构包括集贤院、中书省、蒙古翰林院、翰林国史院，这些机构对中央官学管理有涨有消，有的阶段还呈现共管局面，各时期并完全不一致，这与元朝廷赋予以上机构职能有很大关系。

---

① ［明］宋濂.《元史·耶律有尚转》［M］.北京：中华书局，2008年.

集贤院。集贤院在元代前是政府设立的书籍修葺机构，元代将国子监从礼部转予集贤院管理。至元二十二年(1285)，在道教之玄教大宗师张留孙[①]奏请下，元世祖忽必烈设立集贤院，“掌提调学校、征求隐逸、召集贤良，凡国子监、玄门道教、阴阳祭祀、占卜祭道之事，悉隶焉”[②]。集贤院负责管理国子监以及其他非儒学机构，例如道教，阴阳祭祀，占卜等，职能范围可以看出集贤院与道教有紧密关系。集贤院前期比较重用汉儒，也比较强调对国子监的管理，后期在以上两方面均有削弱。

中书省。元代采取行省制度，忽必烈建立元之后设立了中书省总理政务，中书省是最高行政部门，负责总理全国政务，中书省最高长官为中书令。元仁宗时期，规定中书省可以派遣一名或者多名官员参与国子监管理，意味着国家权力机关具体参与到了教育机构管理。国子监名义上仍隶属集贤院，但后者更多地承担了顾问和咨询职能，实际上很大程度上已经由中书省直接管控。在中书省和集贤以实和虚形式双重管理下，国子监自主管理职能大大削弱。因此，国子监在元代中后期更像一所学校，而不是国子学的管理机构，国子监和国子学的边界更加模糊，这也是我国古代国子监职能演变进程中的重要转折点。

另外，还设置有蒙古翰林院和翰林国史院。蒙古翰林院负责蒙古学校的相关事宜，负责蒙古国子监和国子学的人员聘用等，是管理蒙古国子监学的最高机构。翰林国史院设立于回回国子监之后，主要负责回回国子监和国子学的招生和管理工作。

二、地方官学

地方官学是元代统治者在推行汉化教育的政策背景下产生的，地方官学指路、府、州、县各级政府设立的学校，分别称为路学、府

---

① 张留孙是元代道教领袖，龙虎派分支玄教创始人，也是北京东岳庙的开山鼻祖。

② ［明］宋濂：《元史》卷87《百官志三》[M]，北京：中华书局，2008年.

学、州学、县学。由于这些学校以《四书》《五经》儒家经典为主要教学内容，而且多设立有孔子庙组织师生进行祭拜，因此又统称为儒学或庙学。元代统治者为提升广大民众教育水平在部分乡村设置社学，为传承民族文字和文化在各地设置蒙古字学，以及设立了医学、阳明学等各类专科学校。

（一）大都路学

《元史》中对大都路有记载，“属中书省腹里地区，领左右二警巡院、六县、十州，州领十六县”。[①]元代朝廷在大都设立国子学作为中央官学，还设有大都路学作为路一级地方官学。元世祖推行汉法过程中，很重视文化教育事业，相继发布了一系列发展地方官学的诏令。

中统二年（1261）元世祖即位不久，他接受王鹗等名儒建议在各路选任提举学校官，主持地方教育工作但并未建立学校。直到至元十三年（1276），才正式给提举学校官授予印信和制定品级，同时将大都路地方官学命名为“大都路学”，其行政管理机构为“提举学校所”，兼具学校和行政管理职能。元代各地方路学在组织形式、管理办法、授课办法、教材内容、师资来源及师生待遇等方面，借鉴了中央官学相应内容，因此区别并不大，两级官学最大差距在于办学规模和社会影响力，这是很多地方路学仰望所不及的。相对元代其他路级的地方官学，大都路学办学规模和社会影响力要好，但仍然与同在大都的中央官学国子学有很大差距。但由于元世祖将都以来，大都一直是全国政治和文化中心，也汇集了来自全国各地的学者名儒，吸引了全国各地的学生来这里就学，因此大都路学无论办学规模还是办学水平均优于其他北方路学。“办学最初大都路学仅30名左右学生，到元代中期泰定帝时增加到了100人”，可以看出大都路学当时发展的较好态势。

---

① ［明］宋濂.《元史·地理志》“大都路条”［M］.北京：中华书局，2008年.

经费一直是制约大都路学的重要因素，和其他路学一样，大都路学办学经费主要来源于地方资金，有时还需要有实力的乡绅资助。长期以来大都路教学场地等条件一直很简陋，直到至元二十四年（1287），国子学和国子监迁至北城，才将位于南城圣宣庙的校舍转给大都路学。并在之后的延祐四年（1317）、泰定三年（1326）、天历二年（1329），随着办学规模扩大生员增加，对校舍进行了三次增修扩建。

（二）州县学

在元代之前多个朝代，北京地区已经建立了地方官学，最早的州县学设立于唐代，如：檀州、涿州；辽金时期有更多州学设立，如：顺州、冀州、平谷县、良乡县，这些前朝地方官学是元代州县学建设发展的基础。尽管元朝廷重视地方教育发展培养人才，相继设置提举学校官和创办学校，但由于长期战争给教育造成极大破坏，很难在很短时间内恢复重建，因此从元代初期大都路各州县学从就简创办到元代中后期甄于完备，经过了比较漫长的一段时期。

在元代朝廷推动地方教育发展政策推动下，大都路除大兴、宛平两县之外[①]，各州县都设置了学校，“元代大都地区共设置有州、县两级学校20余所”“州一级设学校的有：通州、漷州、檀州、顺州、涿州、霸州、蓟州、固安州、东安州等处；县一级设学校的有：昌平县、房山县、平谷县、良乡县、永清县、三河县、武清县、宝坻县、文安县、大城县等处”[②]。这些学校受制于所处州县的经济、文化发展状况，也和执掌行政者的重视程度有关，创办规模和水平会存在一定差异，但都在为大都路社会经济恢复和发展培养人才。

大都路处在全国政治、文化中心，这里吸引了来自全国各地的文人，甚至是有很高声望的大学者，拒绝朝廷高官厚禄义无反顾地，来

---

① 根据元代行政体制，由于大兴府设置了府级学校，其直辖的大兴、宛平二县不再设置县级学校。

② 刘仲华等.《北京教育史》[M].北京：人民出版社，2008年.

这里担任教谕默默培植地方人才，非常令人钦佩。孔子后裔孔思晦是其中的代表，“至大年间，举荐思晦任范阳儒学教谕”，范阳即大都路下属涿州，并且“思晦以俭约自将，教养有法”，他生活勤俭且教学有法，自荐做教谕受到录用。元仁宗很认可他对教谕的贡献，“以嫡应袭封者，思晦也，复奚疑”[①]，封他为衍圣公。

和大都路学相似，州县学办学质量与地方政府重视程度有关，地方经费支持、校舍建设、师资聘用等都是影响因素。总体看元代地方官学办学条件并不宽裕，有时还需要乡绅出资维持办学，尽管部分学校有学田，但不能保障办学支出，有记载有些学校因校舍破蔽又无经费修缮，不得不荒废停滞。随着战争平息和社会经济发展，元代中后期大都路地方官学办学条件总体向好。比如房山县学于元至三十一年（1294）开始筹建；大德初年（1297），建成正殿、神门，置备教学祭祀用具、设绘先贤像，又建明伦堂等，基本办学条件具备；延祐元年（1314），又对校舍进行了一次大的修缮，办学条件更加完备。

（三）社学

一般认为社学首创于元代，是地方最基层的教育机构。“社”是元代基层管理单位，元统治者为了便于对民众进行管理，把每50家编为一社，推举德高望重者担任社长。元初因战争受到严重破坏的农业亟待恢复，农村立社的最初目的也是劝农，因此农村社制又称“农桑之制”。元朝廷颁布法令使农村社成为基层行政单位，并且赋予其推动教化的职能，社学就是在这一背景下发展起来的。至元二十三年（1286），元世祖诏令设立社学，“每社立学校，择通晓经书者为学师，农隙使子弟入学”“如学文有成者，申复官司照验”。兴办社学的目的是为了教化人伦、淳化民风，社学入学对象不受限制，所有农家子弟都可以求学就读。社学采取半耕半读的教学模式，根据农作情况灵活安排学习时间，农忙时务农、农闲时就读，有效提升了教育普及程度和农民文

① ［明］宋濂.《元史·列传》卷六十七［M］.北京：中华书局，2008年.

化素质。社学选聘通晓经书者为师，教学内容仍然是儒学，包括《孝经》、《小学》、《大学》、《论语》、《孟子》等，学生成绩优异还可以申请考核，获得科考做官机会，给民众成才升迁搭建了一条通道。

社学本身带有农业生产和儒学修读的双重任务，对其管理也是双重的，由大司农和儒学提举司共同管理。元中后期也出现了一些由乡绅私人出资创办的社学，属于私学范畴，但社学总体上仍然是地方官学。社学创办是元代教育史上独特的一笔，其扎根广大农村服务于民众文化素质提升有突出贡献，具有普及性质且数量最大覆盖区域最广的学校。它对加强广大农民的封建道德教化和农桑耕种技术的教育，缓和了民族矛盾和阶级矛盾，提高了农业生产水平，以及维护封建统治阶级地位均发挥了重要作用。元之后的明清两代一直在沿用和借鉴社学办学经验，教学内容也较前代更加丰富，并发展成为农村启蒙教育的重要形式，逐渐带有乡村义学的性质。

三、专科学校

（一）医学

元政府在各路也了设置了地方医学，是专科性质的地方官学。在元初期的大规模征战中，将领和战士因疾病而暴毙的情况时有出现，在元中后期的生产生活中，也常常受到疾病折磨困扰，于是元统治者决议创办医学专科学校，为社会培养输送医学人才。元代医学创办是元代教育机构创办中非常独特的一笔，在当时环境下解决了军事战争之需、帝王长寿之需、贵族健康之需、百姓生活之需。

中统三年（1262），元世祖诏令各路设立医学，这是元代最早的地方医学教育机构，和中央医学“太医院”共同形成了元代医学教育体系。医学教师委派和儒学大致相似，都有教授、学正、学录、教谕等。大都路医学学生还享有师资优势，可以近水楼台接受太医院太医的教学。对医学教师和学生考核都很严格，因为医病救人事关性命，太医院通过经常性考试促进师生不断研修精进，考核不合格者不得行医。医学生员每月朔望都要各自陈述所学科业，同时汇报自己救治的病人的具体状况，包括病因、用药、治愈情况等，呈报各路教授，各路教授依此对生员的学习情况做出评价。

类似设立“儒户”，元代还设立了“医户”用以鼓励医学学习，比如：元代戏剧家关汉卿即医户子弟。类似地方儒学学校普遍建立有孔子庙（宣王庙），医学学校多建立有三皇庙，承担着祭祀功能。至元二十三年（1286），元世祖诏令“诸路建立医学三皇庙，祀伏羲、神农、黄帝……医户朔望于三皇庙谒奠。凡学祭三皇，以春三月三、秋九月九日”[①]。

医学学校以医学科目为主，也学习儒家经典。医学学习科目大体分十科：大方脉杂医科、小方脉杂医科、风科、妇产科、眼科、耳鼻喉科、正骨科、肿瘤疮科、针灸科、祝由术禁科，可见元代医学分科已经非常细。各科均有指定教材，比如大方脉医科，必学教材有《素问》《难经》《神农本草》《圣济总录》相关内容和《伤寒论》。

元代朝廷为加强对医学教育管理，于元至九年（1272）设立了太医院下属机构医学提举司，总领各地方医学学校。尽管元代很重视医学教育，但是医学专科内容精深，办学和管理过程中也遭遇到很多困难，虽然办学质量不很理想，但仍不失为元代医学教育的积极尝试。

（二）天文历法学

天文历法在我国古代有十分重要的地位，天文历法不仅事关农业生产、军事行动，而且可以获得“天意”“天命”运用于封建统治。元代天文历法有很大发展，运用天文历法离不开天文台修建。至元八年（1271），元世祖就委命阿拉伯天文学家于上都修建了有西域风格的天文台。在迁都之后的至元十六年（1279），他又一次诏令于大都修建天文台，地点选在了现在的东便门，也就是明清古观象台遗址。

元代统治者不仅重视天文台修建，而且重视任用和培养天文历法

① ［明］宋濂：《元史·祭祀志》［M］，北京：中华书局，2008年.

人才。元代朝廷在中央设司天台掌管天文事宜，设置天文历法学校培养天文历法人才。天文历法学校属于中央官学，地方不设类似学校，入读学生称为天文生，且大多是太史院官员子弟，学习科目主要有天文、算历、三式、测验、漏刻等。

（三）阴阳学

至元二十八年（1291），元世祖诏令设置阴阳学，也是元代朝廷在各路、府、州设置的专科性质地方官学机构。阴阳学在民间又称巫术，阴阳学产生是当时军事、对外贸易以及农业生产的需要，主要研究内容是与军事、对外贸易及农业相关的科目，如：天文、地理、历算、季候、气象等。元代设立阴阳学的目的，是为了培养知晓天文、地理知识的专门人才。朝廷对从事阴阳人员编入“阴阳户”，其推断言论可能会产生较大社会影响，因此早期曾禁止后来逐渐放松，但一直进行严格管理和控制，同时也进行引导笼络。阴阳学前期由司天台管理，后期由太史院管理。

四、私学与书院

（一）私学

虽然大都的地方官学在全国范围内最为发达，但仍然无法满足人口密集的大都地区教育发展需求。私学作为教育体系的重要组成部分，也是官学的重要补充，在元代大都路获得较快发展，一度呈现广设私学局面。大都路的私学可以分为两种类型：一种是开放式的，面对社会招生的，以教师为主体，学生聚拢过来求学，一般称为私塾，类似现在的民办学校；另一种是封闭式的，不对外招生，以学生为主体，学生多位达官贵人子弟，教师就教至学生家中，一般称为家馆，类似现在的家教。

从教育层次来看，私学还可以分为两类：一类以教授儒学的浅显基础内容，比如《三字经》《百家姓》等，这类私学多是一些以此聊以糊口的先生开办的，相当于初级的蒙学教育；另一类则教授比较高深的经典儒学，多由社会地位和声望颇高的大儒来教学，他们教学和研究相伴随，他们教学不仅是为了经济利益，更是为了传播自己的思想理论。两类私学对应了两个学段，初级学段和中高级学段，由此其教学对象也不同，前者多为待开蒙的孩童，后者多为有一定文化基础且有志向的青年。元代著名科学家郭守敬、王恂，他们的成长成才与私学教育密不可分。

元大都聚集了达官贵人，也汇聚了众多名儒雅士，给私学教育的供给与需求创造了连通条件，前者在家中置私人家馆为子弟成才筵聘教师，后者携诗书智慧前来为培养人才传播思想，大都私学一派繁荣。元代前期，名儒王构曾在参政贾居贞家中任教，“参政贾居贞一见器重，俾其子受学焉”[①]，之后王构被授予翰林国史院编修官。元代中期，名儒虞集也曾在中书省官员董文忠家中任教，名儒李孟在行中书省官员杨吉丁家中任教。元代后期，著名画家、诗人王冕北游至大都，曾在史馆官员泰不花家中任教。

元代私学不仅补官学教育之不足，为经济社会发展培养造就了一批人才，还促进了儒学城市和乡村基层的传播，也为任教的儒生名士提供了接触朝廷官员的机会，为有志于为国家贡献才智和实现政治抱负提供了途径。

（二）书院

书院是元代私学的重要部分，元代书院改变了书院自产生以来的私学性质，在创办发展中呈现官学化趋势。和南方书院相比，燕京、大都时期的书院在办学规模和影响力方面都有不及，但在仍然在北方地区独树一帜，并有力促进了宋儒理学在北方的传播，产生了“南学北移”现象。元代北京地区书院发展大致分为两个阶段：

第一个阶段，元代初期书院仍然保持私学属性，以太极书院为代

---

① ［明］宋濂.《元史・王构传》［M］.北京：中华书局，2008年.

表。其背景是蒙古军队入侵中原，金中都教育机构几乎全被破坏，亟待创办新的教育机构。于是，元太宗十二年（1240）杨惟中仿照宋代著名的岳麓书院、白鹿洞书院，创办了燕京（后改称大都）的太极书院，也是元代的第一所书院。杨惟中聘请名儒赵复、王粹，和他一起教授和宣扬程朱理学，还为书院购置了大量相关图书。太极书院创办很成功，北方各地儒生名士如姚枢、郝经等，纷纷前来向赵复请教理学精髓，一时间促使燕京成为北方地区的学术中心，后来其办学规模甚至超过了创办初期的国子学。

第二阶段，元代中后期书院向官学化发展，以三所州县书院为代表。在书院创办过程中，地方官府开始关注到其影响力并逐渐加强管理，为书院任命山长和主讲，有的书院山长地方官员兼任，或者直接授予山长学官职务。尽管这些措施有利于稳定书院的管理秩序，也有助于提高书院管理人员和教学人员的社会地位，但是对书院发展也产生了消极作用，政治力量的介入而导致书院学术自由风格消失。房山县创办的文靖书院、昌平县创办的谏议书院、霸州益津县创办益津书院，是这一时期比较有影响力的州县书院，并且已经有明显的官学化特征。关于文靖书院创办时间，尚没有明确记载，有推测元代初期也有推测元代中期，由房山县学者赵密等人创办，“文靖”是他老师名儒刘因的谥号，在当地也产生了一定影响力；谏议书院创办于元泰定二年（1325），地址在昌平县治所在地新店，为纪念唐朝舍命进谏的昌平人、谏议大夫刘蕡，取名“谏议书院”；益津书院创办于元至顺二年（1331年），益津县宫家庄，现在的河北雄县宫岗村，因培养了大批人才而声名远扬，明代诗言“益津书院久知名，兴作当年最有情。千载文风凭接绪，一时英俊赖陶成”，即是书院办学盛况的写照。

总之，元代是一个鼓励书院发展的年代，北方地区书院发展规模有显著增加，大都路的书院创办增进了蒙古民族和汉民族的交流，促进了不同文化的碰撞，也促进了宋儒理学在北方广泛传播。同时，元代书院也是我国书院发展的转折时期，书院的私学功能几近消失，官学化特征日趋明显并逐渐进入地方官学体系。

第四章

明代北京教育

明代（1368—1644）是我国封建社会的一个重要朝代，历时276年。明初，统治者为了巩固政权，在政治和军事方面进行了诸多改革。同时，在经济方面，推行了一系列“安养生息”、发展生产的政策，推动了农业、手工业的恢复和发展，促进了商业和城市经济的繁荣。随着商品经济的增长，自明中叶以后，特别是在嘉靖、万历年间（1522—1620），在长江三角洲和沿海地区的一些手工业部门中出现了资本主义生产关系的萌芽。这是在封建社会内部出现的新的经济因素。明代的统治思想是程朱理学，统治者曾采取种种措施，提高程朱理学的社会地位。明中叶以后，王守仁继承和发展了陆九渊的学说，创立了与程朱理学相悖的“王学”，曾风行一百余年。自万历以后，一些西方耶稣会传教士陆续来到中国。他们在进行传教活动的同时，介绍一些西方有关历算、水利、测量等方面的知识。所有这一切，对明代教育的发展产生了重要的影响。虽然明太祖朱元璋了解的文化知识不多，但他深刻地认识到学校教育在国家治理中的重要作用，包括历史上的教训和实际操作。因此，在明代建国之初，太祖朱元璋就制定了“再教育”的政策。他反复强调：“治理国家要分轻重缓急。现在天下刚刚稳定，紧迫的是人的温饱问题，重要的是教化问题。给民众穿衣和温饱就会社会安定，教化人民的行为就会习俗美好。满足穿衣温暖的关键在于务农，明代的启蒙在于兴学。”[①]从而确立了“治国以教化为

---

① 《明太祖实录卷二十六》[M].台北：“中央研究院”历史语言研究所，1966.

先，教化以学校为本”[1]的文教政策，把发展教育事业置于重要的地位。

北京作为全国的政治和文化中心，整体上延续了元代的教育体制。明成祖朱棣即位后，于永乐元年（1403）二月将北平府儒学改为北京国子监。永乐十八年（1420）十一月，又下令改北京国子监为中央官学“国子监”。中央官学国子监取消了传授少数民族文化的四子学和国子学。此后，以儒学教育为核心的中央官学体系和地方官学体系在北京日趋完备。北京地区也普遍设置有地方的州县学校，其数量和规模都超过了元代，京卫武学、四夷馆、太医院以及钦天监的特殊教育也成了北京教育史的新特色，北京地区的私学教育也呈现出前所未有的繁荣局面。整体来讲，作为天下“首善”之区，明代北京无论是中央官学还是地方教育都高度发展，对全国的教育起到示范和带动作用。

---

① 《明太祖实录卷四十六》[M].台北：“中央研究院”历史语言研究所，1966.

第一节 明代北京的文教政策

在封建社会时期，明代是教育比较发达的历史阶段，明代教育快速发展与其文教政策密不可分。明代的文教政策概括起来有以下3点。

一、重视教育，设校纳士

明代是借助元末农民战争的胜利成果而建立的封建专制王朝。明太祖朱元璋本是游僧出身，文化水平较低，但是他从历史经验教训和亲身经历认识到知识分子在政权中的地位和作用，所以他非常重视人才的选拔和培养。朱元璋认为，人才是国家的宝贵财富，而“人才以教导为先”，人才主要依靠学校培养。因此，朱元璋在明朝立国之前，于元至正二十五年（1365），将应天府学改为国子学，创建了中央最高学府，明洪武元年（1368），“令品官子弟及民俊秀通文义者”入学肄业。至洪武四年（1371），学生已达2728人。[①]与此同时，除了积极创建中央学校，明朝统治者也十分重视发展地方教育事业。洪武二年（1369），朱元璋发布兴学令，要求全国各地普遍设立学校。于是，全国各府、州、县便纷纷设立学校，府学设教授，州学设学正，县学设教谕。各学还另设训导，人数多少不等。同时，对于各学入学人数、师生待遇等，也都做了明确的规定。洪武八年（1375）又因“京师及郡县皆有学，而乡社之民未睹教化”，下令设立社学，“延师儒以教民间子弟”。这种方式，学校教育网络从首都逐渐地建设到县和农村地区。明初学校教育的发展水平超越了历史上任何一个王朝。

二、明代科举制度，学优则仕

科举制度在明代进入发展的鼎盛时期。明代统治者对科举高度重

① ［明］黄左.《南雍志》卷十五［M］.南京：南京出版社，2016.

视，科举方法之严密也超过了以往各朝代。完整的科举考试依次有4次考试，分别是“科试”、“乡试”、“会试”和“殿试”。

“科试”是第一层考试，在府县举行，及第者被称为秀才。“科试”之考试及格者则可参加由各省会进行的“乡试”，中试者被称为“举人”，第一名称为“解元”，乡试一般派主考二人，同考四人，由教官充任。次年，“乡试”考中的举人，以及历届“会试”未中的举人、国子监的举监生及部分监生，皆可以预备行装，赴京师参加全国性的大考，称为“会试”。应试举人如被取中为“贡士”者，则有参加最高一级“殿试”的考试资格，会试第一名被称为“会元”，会试一般派主考二人，同考八人，多由翰林充当。科举考试中最高一级被称为“殿试”或叫“廷试”，由天子亲自主持，本质上类似于当今的复试，其目的在于彰显皇权的尊贵，凡“殿试”取中者都被称为“进士”。进士又分三甲发榜：第一甲称“鼎甲”，只有三名，赐进士及第，第一名称为“状元”，又称“鼎元”，第二名称为“榜眼”，第三名称为“探花”。所有天下学子莫不为三名“鼎甲”垂涎三尺，梦寐以求。第二甲若干人，赐进士出身，第三甲若干人，赐同进士出身。

在明代的科举考试之中，北京地区的考试与江南各地相比，其表现并不是十分出色，而通过科举进入仕途，又有较出色表现的人就更少。据《明史》所载，仅有二十余人。在明代中期，有漷县人（今北京通州区境内）岳正，“正统十三年会试第一，赐进士及第，授编修，进左赞善。”①天顺八年（1464）北京地区的考生成绩较好，同年考取的有李东阳、陈壮和曾鉴等人。

此外，明代规定“科举必由学校”。《明史·选举志》记载：“明制，科目为盛，卿相皆由此出，学校则储才以科目者也。”“学校以教育之，科目以登进之”。②只有在学校里取得出身的学子才有资格参

---

① ［清］张廷玉.《明史》卷一百七十六《岳正传》［M］.北京：中华书局，1974.

② ［清］张廷玉.《明史》卷六十九《选举志一》［M］.北京：中华书局，1974.

加科举考试。这样就把教育制度、科举制度与官吏制度三合一体，既奉行了“学而优则仕”的取士原则，同时也提高了学校教育的地位。这种文教政策不仅使学校教育彻底成为科举制度的附庸，而且也成为培养封建官僚政治的温床和统治工具。正如王亚南先生在《中国官僚政治研究》一书中指出科举制度和官僚制度的关系那样，像两税制这样的土地赋税制度是支持官僚政治高度发展的第一大杠杆，科举制则是“支持官僚政治高度发展的第二大杠杆”，“科举制从外部为中国官僚社会做了支撑的大杠杆，虽然它同时又被当作一种配合物成为中国整个官僚体制的一个重要构成部分”。[①]而科举必由学校也成为明代科举考试的重要思想。

三、加强思想禁锢，实行文化专制

明王朝是以君主独裁为特征的封建专制政权。明代统治者广设学校，重视科举，目的是培养和选拔他们所需要的治术人才。因此，在积极发展文化教育事业的同时，朱元璋采取各种措施加强思想控制，实行文化专制统治。

明代统治者竭力推崇程朱理学，把它作为思想、文化、教育领域的统治思想。明太祖朱元璋曾下令，学者讲学“一宗朱子之学”，“非濂、洛、关、闽之学不讲”。洪武二年(1369)，明确规定：“国家取士，说经者以宋儒传注为宗。”明成祖永乐十三年(1415)，命翰林学士胡广等编纂《五经大全》《四书大全》《性理大全》，颁行天下，作为钦定的学校教科书。程朱理学成为天下士人研习的基本内容，入仕的主要途径。此外，明代统治者还表彰程朱传人，例如，景泰七年(1456)，令朱熹传人黄幹、蔡沈、刘钥、真德秀陪祭孔庙，以此来提高程朱理学的社会地位。明中叶以后，程朱之学更加保守僵化，陆王心学逐渐取而代之，到明后期朱学又兴起，但整体来看，明代的文教政策始终以程朱理学为中心。

---

① 王亚南.《中国官僚政治研究》[M].北京：商务印书馆，2010.

明代统治者为了加强思想控制，多次施行文字狱，并以无端的罪名残酷迫害学者，许多人因写作而被杀害。清人赵翼在《明初文字之祸》一文中做了比较集中的记载。如杭州府学教授徐一夔，在所撰贺表中有“光天之下，天生圣人，为世作则”等语，明太祖“览之大怒曰：‘生’者，僧也，以我尝为僧；‘光’则剃发也；‘则’字音近贼也。遂斩之”[①]。其他惨死于文字之祸的，赵翼还记载了很多。例如，浙江府学教授林元亮，为海门卫作《谢增俸表》，以表内“作则垂宪”诛；澧州学正孟清，为本府作《贺冬表》，以“圣德作则”诛；祥符县学教谕贾翥，为本县作《正旦贺表》，以“取法象魏”诛。朱元璋如此枉杀无辜，残害各级教官，目的是为了造成一种恐怖气氛，使学校师生慑于其淫威，俯首帖耳，服从统治，为其效劳，不敢心怀二意。[②]这是明朝专制统治在思想、文化教育领域的具体和明显的体现。

明代统治者鉴于历史的经验和治国的实际需要，把教育置于十分重要的地位，确立了“治国以教化为先，教化以学校为本”的文教政策。在这一政策指导下，学校教育得到了很大发展，普及程度为“唐、宋以来所不及”；科举制度重新受到青睐，“翰林之盛则前代所绝无”。与此同时，明代统治者又采取种种措施，加强思想禁锢，进行文化专制统治，超过了过往历史上任何一个朝代，登上专制统治的顶峰。

① ［清］张廷玉.《明史》卷六十九《选举志一》［M］.北京：中华书局，1974.

② 孙培青.《中国教育史》（第3版）［M］.上海：华东师范大学出版社，2009.

第二节　明代北京的教育机构

一、明代北京中央官学发展

明代在中央办的学校有国子监（原叫国子学，洪武十五年改学为监）、宗学、武学、医学、阴阳学。宗学专招贵胄子弟，武学、医学、阴阳学是专业性质的学校。其中以国子监为最重要，犹如后世之中央国立大学。明代的国子监也称太学，是国家的最高学府。明太祖十分重视学校的兴办，登极第二年便颁诏了全国上下兴建学校的命令。洪武十四年（1381），明政府在南京鸡鸣山下扩建国子学，次年竣工，改国子学为国子监。国子监设有祭酒、司业、监丞、博士、助教、学正、学录、典籍、掌馔、典簿等官职和率性、修道、诚心、正义、崇志、广业等六堂。[①]明成祖永乐十九年（1421）迁都北京后，以北京国子监为京师国子监，原来的京师国子监改为南京国子监。于是，国子监至此便有了南北之分。

北京国子监校址位于今安定门内国子监街，继承始建于元大德十年（1306）的元代国子监，与孔庙相邻，正合"左庙右学"的传统规制。[②]由于明北京城比元大都城向南有所回缩，所以国子监的位置处于北京城的东北角。

明代北京国子监不仅是全国最高学府，也是全国教育的管理机构，其管理机构的设置也是全国官学学习的典范。国子监设祭酒、司业各一，为最高负责人，"掌国学诸生训导之政令"。[③]祭酒、司业之下有五厅六堂——皆设职官品级。五厅是绳愆厅、博士厅、典簿厅、典籍厅、掌馔厅，分别负责纪律、教学、书籍、财务、伙食。五厅之中以博士厅最为主要，犹如后世之教研室。六堂是广业堂、崇志堂、正

① ［清］张廷玉.《明史》卷七十二［M］.北京：中华书局，1974.

② 汤世雄，等.《北京教育史》［M］.北京：学苑出版社，2011.

③ ［清］张廷玉.《明史》卷二《职官志》［M］.北京：中华书局，1974.

义堂、诚心堂、修道堂、率性堂。这是监生学习读书的地方，它又分为三级：初级、中级、高级。广业、崇志、正义三堂为初级。凡生员仅通《大学》《中庸》《论语》《孟子》四书者，在初级三堂学习一年半后，经考试合格升入中级，即升入修道、诚心二堂学习；一年半后，如果《诗经》《尚书》《礼记》《易经》《春秋》，以及《史记》《汉书》《后汉书》《三国志》等经考试合格，即可升入高级，即升入率性堂学习。在率性堂修业，采用积分制；岁内积满八分的为及格，给予出身，可派充官职；不及格的仍留堂修业。“如有才学超异者，奏请上裁。”六堂设助教15人，学正10人，学录7人；职责是“掌六堂之训诲……讲说经义文字，导约之以规矩”。[①]可见，作为职能部门的五厅和作为教学机构的六堂，管理内容职能明确、分工有序、赏罚分明，从教学到饮食的管理方式都井井有条、事无巨细。

除了北京国子监的管理职能之外，最主要的是选官职能。其实，国子监教育的直接目标是为统治者培养“忠臣”。张业在《国子监题名记碑》中曾说：“国家以贤德人才为生命，贤才繁荣则国家兴盛，贤才衰弱则国家衰弱。”更加印证了明代设立国子监的最终目标是在于育才选官。

（一）教学制度

在教学方面，北京国子监的教学由博士厅负责，基本沿袭了元代六斋制度，只是改斋为堂，实行升级制度。[②]为了提高学生解决实际问题的能力，国子监从洪武五年（1372）开始创行监生实习历事制度，即让国子监高年级学生分别到六部、都察院、大理寺、通政司、行人司等中央机关实习。时间为三个月、一年、三年不等。洪武时期，百废待兴，人才奇缺，当时监生做官的机会多，升迁快，因此，实习期满多不愿回监。“故其时布列中外者，太学生最盛。”[③]仁宣后，随着

---

① ［清］张廷玉.《明史》卷二《职官志》[M].北京：中华书局，1974.

② 汤世雄，等.《北京教育史》[M].北京：学苑出版社，2011.

③ ［清］张廷玉.《明史》卷六十九［M].北京：中华书局，1974.

科举人才的不断增多，实习监生的地位下滑，甚至出现了监生在“吏部听选至万余人，有十余年得不到官位”①的现象。

国子监学规严格，有56条之多。监生的言谈举止、衣冠步履、饮食起居、病事例假均有严格规定。但监生的待遇优厚，超过以往任何一个王朝。膳食由国家供给，衣冠被褥也由政府按时发给，逢年过节另有赏赐，已婚的国家负担出资供养其妻儿，未婚的给钱婚聘，回乡省亲，政府赐衣，并给足用的川资，对边远官生及外国留学生，厚赏其仆从，以资劝奖，免除本人和家属二人差役，还享有司法豁免权。

（二）人事管理制度

明代的教育行政机关及负责人的建立与上一代大致相同。在中央属国子监，主管长官称祭酒。下设司业等职员，专司国子监的教令。

国子监对教职人员的选配特别慎重，要求教官必须要有举人以上的功名，能博古通今，才德兼备。尤其是祭酒和司业，被视为“表率之职”，因而“务选天下学明行修望重，海内所向慕，士大夫所依归，足以师表一代，名盖一时者”②。祭酒和司业各设一人，掌国学诸生训导的政令。下设监丞、博士、助教、学正、学录、典籍、掌馔、典簿等官。这些教官均列入国家行政官吏之列，也对国家政治起引导和辅助作用，如胡俨为北京国子监祭酒，曾为仁宗朱高炽陪读论学，所以也常侍在仁宗身边，对国家政治出谋划策。

（三）课程设置

国子监的课程，主要是“四书”“五经”。永乐时颁《四书五经大全》，“其传注引证等项，惟宋儒周子、两程子、朱子、张子、邵子为多”③。也就是以宋代理学为基础。除“四书”“五经”外，兼习

---

① ［清］张廷玉.《明史》卷六十九［M］.北京：中华书局，1974.

② ［明］陈子龙.《明经世文编》卷三十六［M］.北京：中华书局，1962.

③ ［清］孙承泽.《春明梦余录》卷二百一十［M］.北京：北京古籍出版社，1992.

历代史书，《大明律令》《性理大全》《御制大诰》《说苑》等也是课程内容。此外，还有习字与习射两科。习字以二王、智永、欧、虞、颜、柳为蓝本，每日200余字，习射则每月初一、十五两天进行。国子监生每半月休一天假。上课分晨课、午课。晨课在上午，由祭酒主讲，司业坐于堂上，其他监丞、博士、助教、学正等依次序立，生员拱立静听。午课在下午，由博士以下教官担任讲授，主要进行会讲、复讲、背书、论课等。博士厅还详细地规定了每月讲书、背书的日期，除初一和十五放假外，一般是背书14天，讲书14天（含会讲、复讲）。如逢不授课，每日功课是习字、背书、作文，由每班自选的斋长负责“督诸生工课”。

（四）学制设置

监生历事是将国子监生分派到各个官府历练政事的制度，始于洪武五年（1372），这是中国最早的教育实习制度。国子监学制一般是四至五年，其中有三个月至一年是实习时间。实习称“历事”，实习的监生也就被称为历事监生。建文帝时，选拔国子监生到京都各衙门历练政事，一般在监生积满学分之后。

历事监生“轮差于内外诸司，俾其习对政事，半年回学，昼则趋事于各司，夕则归宿于斋舍……赎食学校，则俾其习经史，历事各司，则俾其习政法”[①]。历事三月进行考核，上等的送吏部候选仍令历事，遇官职空缺即按照次序任用；中、下等的历一年再考。历事监生也有经考核受到重用，最高做到三品大官，最低也做知州知县，也有被派往府、州、县帮助地方行政清理钱粮、核实田亩，督修水利的监生。这种历事制度不仅可补明初官吏的职位空缺，也使广大监生接触实际，锻炼才干，获得从政的阅历和经验，为日后效力国家打下了一定的基础。

---

① ［清］陈春雷.《古今图书集成》卷十四［M］.学校部分引自［清］孙承泽著《春明梦余录》。

（五）生源

国子监生来源有4种：举监、贡监、荫监、例监。举监是会试落第的举人，举监生在下次会试时仍可参加应试。贡监又称贡生，是府州县学生员选贡到国子监的，贡监又有岁贡、选贡、恩贡之分。荫监是指京官三品以上者得荫一子入监的。例监是指纳贡监生。[①]荫监、例监并不常有，他们不是国子监的主要生源。贡生进入国子监均须经过各省提学官考试，择优选送。进京后，还要由翰林院出题再考一次，合格者才能入监，不合格者途还回乡。[②]国子监生时多时少，因年代而异，最多时曾达9900人。

从国子监的学生来源我们可以看出明代学校教育的特征：一是教育对象的范围有所扩大。这是因为明代民田增加，中小地主阶级势力壮大，反映出分享高等教育的权利和机会的要求，也反映出明政府的文教政策注重学校教育。二是明代商品经济生产对教育的要求。“例监”的出现也是中小地主、商人和手工业主对教育的需求，他们期望通过国家高等教育，取得一定的学位出身以便提高自己的社会地位或跻身于封建统治阶层。

整体来说，明代北京国子监的管理制度空前健全完备，有些制度沿袭了元代，如分堂肄业、升堂积分等等，但监生历事制度是明代时的创新，对今天仍有借鉴意义。同时，北京国子监是继汉唐、宋元以来由中央举办的一座国际性的高等学府，接受了来自高丽、日本、琉球、暹罗等国的大量留学生，为向海外传播中国儒学文化、扩大明代的国际影响做出了重要贡献。[③]另外，明代国子监比前代更加广泛地给予平民，特别是社会中下层士子通过入监而入仕的希望与机会，有利于人才的公平竞争，也有助于促进社会安定，但其教育功能日益式微，逐渐成为明朝笼络士子、消磨甚至摧残人才并附带缓解明代财政

---

① ［清］张廷玉.《明史》卷一《选举志》［M］.北京：中华书局，1975.

② ［清］张廷玉.《明史》卷一《选举志》［M］.北京：中华书局，1975.

③ 刘仲华，等.《北京教育史》［M］.北京：人民出版社，2008.

危机的工具，也在一定程度上阻滞了明代社会的发展。

二、明代北京地方官学发展

明代统治者依据地方机构的设置建设地方官学。明代政府将宋元以来的四级行政机构变为三级，即府、州、县，取消了路。在北京地区取消了大都路，改为顺天府及下辖的州县。因此，其地方官学也分为府学、州学和县学三级。府、州、县学的学习内容与国子监相似，但整体程度略低。

北京地区因置有中央官学，地方官学的发展就会受其影响，与其他地方有所不同。如顺天府，实际上就是大兴、宛平二县的组合，但因北京是首善之区，故而教育也比较发达。又如顺天府管辖的州县中，有些前代已设置有的学校，明代大都沿袭旧制。而有些在前代没有设置的学校，在明代大多数都新设置了学校。[①]明代也沿袭基层办社学的举措，北京地区也普遍设置了社学。

（一）府学

洪武二年（1369），朱元璋在给中书省的上谕中说："京师虽有太学，而天下学校未兴。宜令郡县皆立学校，延师儒，授生徒。"[②]地方政府开始普遍按照地方行政建制创办学校，府、州、县各有府学、县学、卫学，统称儒学。

洪武初年，明代政府将大都的政治中心地位取消，改为北平府，故而以元代太和观地为大兴县学的学舍，而将元代的国子监学改为北平府学。此后，明成祖朱棣迁都北京，永乐初年将北平府改为顺天府，又重新设置国子监，用元代国子监故地。故顺天府学必须让出学舍，遂将大兴县学的学舍改为顺天府学。[③]因为北京地区已经设置了国子监和顺天府学，所以就废除了大兴、宛平县学，这两所县学的学院

---

① 刘仲华，等.《北京教育史》[M].北京：人民出版社，2008.

② [清]张廷玉.《明史》卷六十九[M].北京：中华书局，1974.

③ 刘仲华，等.《北京教育史》[M].北京：人民出版社，2008.

都归属于府学。

明代府学生员一般来自所属各州县学，经考核选拔其优异者入学。但顺天府学的生源只限于京师及大兴、宛平两县生员。此制始于永乐元年（1403）改大兴县学为府学，其入学考试，“应考止许两县籍贯，属邑州县不得与焉，著为定典”。[①]生员入学有一定标准：“凡各处府州县，责任守令，于民间俊秀及官员子弟选充，必须躬亲相视、人才俊秀，容貌整齐，年及十五以上，已读《论语》《孟子》四书者，方许入学。”[②]明代未入府、州、县学者，称童生，童生要想进入府、州、县学，必须经过入学考试，一般由北京南京及各省的提学官主持，提学官定期在直隶及各府、州、县举行童试，录取者称作生员（或称秀才）。

明代府学生员可分3类：一是廪膳生员（简称廪生），二是增广生员（简称增生），三是附学生员（简称附生）。一般府学廪生为40人，增生也为40人，而顺天府学为60人。在这些生员之中，廪生享受国家提供的廪膳，且免其家中差徭二丁。此外，如果廪生有亲老无人侍养，愿告侍亲者，可休学回家，亲老去世后，再复学。增广生员，虽无廪膳，但“照例优免差徭”，待廪生名额有缺，学问优等者便可通过考选补充。

（二）州县学

明代北京地方州县学的发展情况主要根据方志资料的记载，如《顺天府志》《明一统志》等，明代北京几乎所有的州县都设置了官办学校。以下记载虽是明代人记事，但也有失实之处。一是涿州、蓟州的州学，密云、良乡、东安的县学等前代已经设置的地方官学没有准确的记载。二是有些前代已有的地方官学没有准确的时间记载。但可以通过表格看出，在明代时期的北京地区的州县学校，有

---

① ［清］王养濂.《（康熙）宛平县志》卷二［M］.清康熙二十三年刻本.

② ［清］周家楣，缪荃孙.《（光绪）顺天府志》卷六十二［M］.北京：北京古籍出版社，1987.

的是明代建造，有的是多次重修和重建（见表4-1）。

表4-1　明代北京地区州县学概况[①]

名称	地理位置	建设时间	备注
顺天府学	府东南	洪武初建	为大兴县学，永乐初，以为府学，正统十一年重修
通州学	州治西	元大德间建	永乐十四年重修
昌平州学	州治东，原在旧州治西	景泰三年始与州治俱徙	
涿州学	州治西南	辽统和间建	洪武五年重建
霸州学	州治东	洪武三年建	正统五年重修
蓟州学	州治西北	洪武初建	正统九年重修
良乡县学	县治东南	洪武五年建	正统十二年重修
固安县学	县治东	洪武三年建	八年增修
永清县学	县治西南	金寿昌初建	永乐六年修
东安县学	县治西	洪武五年建	宣德五年重修
香河县学	县治东	洪武十四年建	正统元年重修
三河县学	县治西	金泰和间建	宣德元年重修
武清县学	县治东，旧在白河西	洪武初建	因避水患，徙建于此
漷县	县治西北，旧在河西务	元末废，洪武四年重建于此	
宝坻县学	县治东北	元大德间建	洪武三年重修
顺义县学	县治西	洪武八年建	
密云县学	县治东	元至元间建	

① 刘仲华，等.《北京教育史》[M].北京：人民出版社，2008.

续表

名称	地理位置	建设时间	备注
怀柔县学	县治东	洪武十五年建	正统五年重修
房山县学	县治东南	元时建	洪武十五年重修
文安县学	县治西	宋大观间建，金毁	元皇庆初重建，正统八年重修
大城县学	县治西	元建	洪武五年重修
保定县学	县治东	洪武十五年建	
遵化县学	县治西南	金正隆初建	
丰润县学	县治东南	金大定间建	
平谷县学	县治南	元至元间建	
玉田县学	县治西	辽乾统间建	
密云卫学		嘉靖中建	

各州县学生员也分廪生、增生、附生3类，其名额一般为县学廪生、增生各20名，附生无定数。州学廪生、增生各30名。从待遇来看，最初规定州县学师生廪米每月6斗，后复令日米一升，鱼肉盐醯之类另由本地官府供应，后又定廪膳月米一石，也有的县学折成钱币发给。若生员确系家境贫困，则学校量力给予赈济。[①]由此可见，州县学生员的待遇也是极高的，给予了学员充分的物质支持。

（三）社学

社学始创于元代，每社学一学校，择通晓经书者为学师，农隙使子弟入学。对学有所成者，报官府备案以候任用。明代继承了元代社学制度，而不限定在农村举办。洪武八年（1375），诏令各府州县学之下设立社学，此后又下诏，凡民间立社学，地方官府不得干预。

① 汤世雄，等.《北京教育史》[M].北京：学苑出版社，2011.

明代社学作为一种地方教化及初等教育机构，几乎遍及全国各地，顺天府及所属州县，社学的设置更是十分普遍。据永乐年间修撰的《顺天府志》记载：宛平县社学17所；大兴县社学14所；怀柔县社学3所；昌平州社学6所。

从地域上说，社学设置于社会基层，诸如城区的坊巷及农村的乡社；从程度上说，社学属于初等教育性质，是传统中国封建社会中重要的蒙学形式；从创办性质说，社学的形式多种多样，但总体来说，具有较强的官立性，官立社学占绝大多数；从职能上说，既有启蒙教育的职能，又有社会教化的职能。

三、北京专门学校发展

除了国子监作为北京中央官学的最高学府外，明代沿袭元代也创办了各种专门教育，以培养专门人才。明代北京专门学校教育主要包含宗学、武学、四夷馆、钦天监、太医院等专业性质的学校。

（一）宗学

宗学是明代教育皇族子弟的学校，其目的在于“修明宗范”。明太祖出身贫苦，年少时渴望读书而不得，所以对子孙的教育非常重视，他曾在宫中建造大本堂，贮藏图书，征聘四方名儒教育太子和诸王，并挑选青年才俊作为伴读。各藩王府，也往往设有伴读、教授数人，郡王府及镇国将军府也设教授1人，专负教导之责。

正式设立宗学，是在明中叶之后，此时宗室人数膨胀，原来自行施教的措施已难以周全。正德十四年（1519），令各王府世子、长子、众子、将军中尉等，年未弱冠者，悉令入学。由吏部于各王府长史、纪善、伴读、教授中，择选学行优长、堪为师范者作为宗学教师。嘉靖四十四年（1565），规定凡宗室子弟，年10岁以上者俱入宗学。其师即以本府学官中选取学行俱优者充任。无论在学生入学年限、学制、教师选拔、学生管理等方面，都有相应的制度规范。宗学的课程有两方面：一是《皇明祖训》《孝顺事实》《为善阴骘》等书；二是

"四书"、"五经"、史鉴、性理等书，要求两者结合着授课和讲读。

（二）武学

明代时期不仅通过地方官学培养文职官吏，还设立武学以培养军事人才。明代武学开始建立于洪武时期，起初是在儒学内设武学的课程，授课对象主要是武官的子弟，到英宗正统年间（1436—1449），正式设立北京和南京的两京武学，武学的规模开始扩张。明代北京，部门州县亦设立武学，如隆庆五年（1571）于密云、遵化、永平等三地创建武学，以储备将才。

北京武学的正式建立始于英宗正统六年（1441）。当年成国公朱勇奏请选择都指挥官纪广等51人、幼官赵广等100人进行操练。英宗于五月设立了京卫武学对之进行操练。[①]不久，行在兵部尚书杨士奇等人议定了京卫武学的学规，并获得英宗的批准，颁旨实行。[②]京卫武学隶属于兵部，但也要接受都察院的监督。不过，此后因战事频繁，武学学生人数逐渐减少，景帝时，废除了京卫武学。后英宗复辟，于天顺八年（1464）再次复开京卫武学，以后延续至明朝灭亡。京卫武学的学生都是现职军官，并非一般平民子弟。由此可见，京卫武学并不是一般意义上的学校，而是军官的专门培训机构。在京卫武学中，级别较高的都指挥等人主要学习《武臣大诰》《历代臣鉴》等书，而级别较低的幼官则要学习儒家传统经书。除读书外，京卫武学中级别较低的幼官还要进行武艺的操练。嘉靖十五年（1536），皇帝命每月逢三日讲习《武经》诸书，逢八日演习武艺。[③]北京京卫武学内部结构由明伦堂和居仁、由义、崇礼、弘智、敦信、劝忠六斋构成，也像国子监那样有背书、讲书、会讲等教学过程。

（三）四夷馆

四夷馆是明朝中央政府专门为翻译来华朝见、入贡国家的有关文

①② 黄彰健.《明英宗实录》卷七十九［M］.北京：中华书局，2016.

③ 黄彰健.《明世宗实录》卷一百八十六［M］.北京：中华书局，2016.

书设立的机构。同时，该机构还担负着收集各国情报，培养外语人才的职责。四夷馆创设于永乐五年（1407）。成祖朱棣为翻译外国文书命礼部于国子监中选拔若干监生到翰林院中学习外语，并专设机构在长安右门外。该机构共分八馆：鞑靼、女真、西天、回族、百夷、西番、高昌、缅甸。[1]为规范学生选拔制度，明政府在弘治三年（1490）确定了翻译考选法，按照规定，翻译生由礼部在国子监里选取20名25岁以下监生，同时在20岁官民子弟与熟习翻译的世业子弟中选取100人进入四夷馆学习。[2]此后，四夷馆的建制未有大的变动，只是在正德年间增设了八百馆，万历年间增设了暹罗馆。至此，四夷馆由八馆增加为十馆。

据《明实录》和《明史》的相关记载，自四夷馆建立后曾多次试行各种考试办法，直到弘治年间才正式建立翻译考选之法。其中规定官民子弟每三年一次会考机会，第一次会考得中者为食粮子弟，第二次会考得中者为译字官，第三次会考得中者授序班之职。嘉靖二十八年（1549），政府制定了四夷馆的教学管理办法，按照规定，礼部令主事官员每五日让学生在点名簿上画卯，不按时到者都要在此人名下记录。每月初一、十五，教师对学生进行抽试。每季每年都要对学生一年的表现加以评语。所有考试都必须笔试和口试一同考查。对于考试，礼部也有严格的规定，首先，凡世业子弟以番文水平决定是否考中。其次，未通番文者二十五岁以下可择优入馆，已通者须精熟番文翻译。

（四）钦天监

据《明史·职官志》，明代钦天监机构较为精简，钦天监的人员分为四科：天文科，负责天象观测及记录；漏刻科，负责授时；历科，负责每年《大统历》的编纂；回族科，前身是元代和明初的回族司天监，从事伊斯兰天学，并以伊斯兰天学方法作为中国传统天学的

① ［明］俞汝.《礼部志稿》卷九十二［M］.沈阳：沈阳出版社，1998.

② 刘仲华，等.《北京教育史》［M］.北京：人民出版社，2008.

补充和参考。与前朝相比，明代钦天监的规模确实很小。这种现象，与天学对于王权的重要性已经下降到仅作为象征和装饰之用，以及明代对于民间“私习天文”的历禁逐渐开放，应该有着内在的联系。

不过到了明末，又曾在钦天监之外设立过两个天学机构。由于《大统历》行用日久，误差日益显著；又适逢耶稣会传教士接踵来华，向中国知识界展示了比中国传统天学更为先进的西方天文学方法，结果朝廷内外要求改历的呼声甚高。但是钦天监方面却坚持守旧的立场，对于改历之议甚为厌恶。[①]当时就形成了以研究西方天文学为首的“西局”和以坚决反对研究西方天文学的“东局”，这种官方天学机构相互辩论攻击的情形，是中国历史上空前绝后的，但此“西局”和“东局”皆为暂时设立的机构，随着明代的灭亡也就烟消云散了。

（五）太医院

明代沿袭元代的制度，明代太医院也兼管培训医生。将户口分为民、军、医、儒、灶、僧、道、匠等，规定各户必须子袭父业。一入医户，子孙就必须世代业医。明代除此世医承继以培养医生外，官方医学教育也占有重要地位。

明代太医院设立甚早，曾称医学提举司和太医监，后改太医院，洪武十五年（1382）时为正五品衙门。明代的太医院既是明朝的中央医院，又从事一些医疗教学活动。医生、医士分科学习，学习期限三年到五年，要通过三次考试来决定升黜。不过，这种学习并非脱离业务的纯粹学习，而是要在工作的同时进行学习。除了正式工作人员需要学习外，太医院也选拔精通医术之人入院担任教习。

四、明代北京书院发展

在明代，作为官方教育机构重要补充形式的书院比元代也有所发展。金元之际的燕京曾经创立过太极书院，对于传播宋儒的“程朱理

---

① 刘仲华，等.《北京教育史》[M].北京：人民出版社，2008.

学”产生了较大的社会影响。在州县之中，也创立过谏议书院、益津书院和文靖书院等，对地方州县的教育发展起到了促进作用。而明代北京地区的书院，在促进教育发展的同时，又与时事政治密切结合，发扬了自古以来士大夫关心国家兴亡的政治抱负和涤荡黑暗腐败势力的斗争精神。[1]

京师首善书院是北京诸多书院当中最出名的，由明代都察院左都御史邹元标和左副都御史冯从吾二人在天启二年（1622）创建，首善书院创立时正值阉党魏忠贤把持朝政、迫害良臣，邹元标、冯从吾多次上奏弹劾，竟遭到阉党忌恨，遂以聚众讲学等莫须有的罪名反过来弹劾首善书院，至天启四年（1624）学院被迫禁毁，仅仅存在一年半的时间。

除京师首善书院外，明代在北京各州县地区还建有书院，但数量不多，维持也不久，如通州通惠书院、通州双鹤书院、密云白檀书院、密云崇正书院和金台书院、昌平谏议书院等。通惠书院建在通州城中，位于通州学校的西侧，始建于嘉靖二十八年（1549），为巡按御史阮鹗所建。到嘉靖四十二年（1563），州官张守中扩建州学，遂将通惠书院拆毁，“改建明伦堂于其址”。[2]双鹤书院也在通州，位于张家湾，系明代后期名士李三才所建。李三才为通州人，在朝廷中与阉党观点不同，争之又不胜，弃官回乡，“而置双鹤书院，讲学其中。家近畿南，不乏奥援，声誉翕集，轮蹄过从，填溢街陌”。[3]在当时的影响是较大的。

白檀书院在密云县衙署的东南面，“馆之东曰秋实，西曰春华，其前为堂，稍进为亭，庖湢悉具，罗列花石于庭”。为时任密云兵备

---

① 刘仲华，等.《北京教育史》[M].北京：人民出版社，2008.

② [清]窦光鼐.《日下旧闻考》卷一百〇八，引自《密云县志》[M].北京：京华书局，1914.

③ [清]陈鼎.《东林列传》卷十六《李三才传》[M].乾隆三十年收入《四库全书史部》，北京：商务印书馆，1965.

之职的王见宾所建，“又建社学、斋房以训童子”。[①]查史书，王见宾任职是在万历十八年（1590）至二十六年（1598）之间，白檀书院的营建也应该是在这段时间。有意思的是，这所书院中学馆的名称，“东曰秋实，西曰春华”，按照通常的习惯，东方代表春季，西方代表秋季，而学馆之名却反其道而行之。

崇正书院和金台书院也都是在万历年间所建，“崇正书院，在文安县城内，明万历四年建”。“金台书院，在东安县城内，明万历四十六年知县陆燧建。”[②]由此可见，在万历年间的北京地区各州县，曾经出现过政府官员创建书院的时尚潮流。而有些前代创建的书院，也在这时得到修缮。如创建于元代的益津书院，“万历初，如皋钱藻备兵霸上，移建城内，即公馆一区，加黝垩焉，仍扁曰‘益津书院’。”[③]这所历经元明两代的书院，到清代乾隆年间已经被废弃了，令人惋惜。

五、明代北京私学的发展

在明代学术界，程朱理学一直占据支配地位。如果说曾有动摇的话，那就是明中叶后王阳明心学的异军突起。王阳明之后，王学分化为左右两派，其中王学左派的思想在北京曾产生过深远的影响，以在北京讲学的方式宣传思想，具有代表性的人物是王艮、罗汝芳、李贽。

除了王学左派的讲学活动外，明代在民间广泛设立私塾，类型大致有三种：一是塾师在自己家里或借用祠堂庙宇开馆设学，学生交纳一定束脩入学就读的，称为“家塾”“门馆”。进入“门馆”上学的

① ［清］窦光鼐.《日下旧闻考》卷一百四十，引自《密云县志》［M］.北京：京华书局，1914.

② ［清］李鸿章总裁，张树声总修，黄彭年监修.《（雍正）畿辅通志》卷二十九《书院》［M］.上海：古籍出版社，1991.

③ ［明］蒋一蔡.《长安客话》卷六《畿辅杂记·益津书院》［M］.北京：北京出版社，2018.

往往是一般市贩小民子弟，其家无力延师，便只能交一部分学费，送子弟入馆。二是有身份、有地位的人家，则往往聘请塾师来家教授自己和亲友子弟的，称为“坐馆”“教馆”。三是由一族或一村延师设学，本族本村子弟免费入学，称为“村塾”“族塾”，也有的是“义学”即私人捐款办学，聘请塾师，教育全村子弟。

私塾一般是一人一校，学生数人至二三十人不等。所用教材一般是蒙养教材，包括《三字经》《百家姓》《千字文》等识字为主的综合性教材，《日记故事》《二十四孝说》《增广性理字训》等伦理道德类教材，《千家诗》《神童诗》等诗歌类教材，还有介绍掌故、名物各类知识的《蒙求》等。在教学中，私塾以语文教学为主，同时教授一些识数、计数及自然常识，以个别教学为主，也有一些唱诗、演礼集体活动。

第五章

清前中期北京教育

清代是中国历史上最后一个封建王朝，也是继元代之后第二个由少数民族建立的统一政权。其历史可追溯至1616年，建州女真部首领努尔哈赤建国，初称后金。到了1636年，努尔哈赤的儿子皇太极称帝，并改国号为大清，标志着清代的正式建立。1644年，李自成率领的农民起义军攻占北京，崇祯帝自杀殉国，驻守山海关的明军将领吴三桂引清兵入关，打败了李自成的军队并占领北京。同年，顺治帝迁都北京，将北京作为首都，奠定了北京尊贵、特殊的地位，成为全国的政治中心、文化中心和教育中心。

清代的文化教育以鸦片战争为分界线呈现出完全不同的特点。清代前中期，统治者多沿袭明代的教育体制，虽然增添了满族的教育特色，但仍以旧式教育为主；鸦片战争后，在西学东渐的背景下，主要学习和探索西方的教育体制，新式学堂逐渐出现，文化教育迅速革新，以新式教育为主。因此，此章将以清前中期北京的文化教育为主要论述对象，清晚期北京的文化教育置于下章专论。

在经济上，清代采取了一系列休养生息的政策，农业、商业、手工业等都得以发展，经济的繁荣可以为教育发展提供保障。北京地区处于京师首善之地，较为富庶，因此得以广设学校。在政治上，清代虽然表面上是满汉双轨制，但实际上是以满族贵族为主的，权力多集中于皇帝手中，尤其是自雍正时期设立军机处以后，内阁被架空，皇帝完全独揽大权。在文化教育上，高度的集权和管控致使官学发达而私学不足。在人口上，清代定都北京之后，北京的居民发生了很大的变化，京城被分为内城和外城两个部分。内城中原来的汉族居民一律迁走，完全供旗人居住，旗人即八旗军民，包括满洲八旗和归附的蒙古人和汉人。具体来说，内城中心的紫禁城由皇帝居住，紫禁城外围的皇城由宗亲贵族居住，再外围分区域由八旗驻扎。八旗聚居的地方即广设八旗学校，有面向所有八旗子弟的官学和义学，有面向八旗世爵世职子弟的世职官学，有面向皇族子弟的宗学、觉罗学，也有面向内务府三旗子弟的景山官学、咸安宫官学等，并且教育内容上虽然以儒学为主，但是比其他朝代增添了清书、清语（满语）和骑射的内容。外城则是汉人和其他民众的聚居区，又因身份和职业的不同自然形成不同的区域。京郊的居民也发生了变化，八旗抢占了京郊大多数土地，除了府、州、县学，也广设八旗学校。

第一节　清代北京的文教政策

清是满族创立的政权。满族原为女真族的一支，1635年，皇太极改族名为“满洲”，后来就自称为满族。他们不仅人口较少，其文化也相对落后于汉族。清代统治者深谙于此，为了巩固统治，他们一方面十分注重学习汉族文化并笼络汉族士大夫阶层，另一方面也注重保持其民族传统并压制广大士人的思想和言行，这两方面皆体现在清代的文教政策中。1655年，顺治帝即宣诏“帝王敷治，文教是先；臣子致君，经术为本”①，确立了“兴文教，崇经术，以开太平”②的文教政策。以后的历代皇帝也多遵循这一传统，高度重视文化教育事业，在沿袭明代文教政策的同时也注重保持其民族特色。其文教政策，大体可分为以下几个方面。

一、尊孔崇儒，提倡程朱理学

清代虽然是满族政权，但为了统治数倍于己的汉族人民，政治上多沿袭明代的制度，非常重视文化教育对于统治国家的重要作用，文教上仍然尊奉孔子、推崇儒学，尤其提倡程朱理学。

（一）尊孔崇儒

自汉代以来，儒家思想一直居于正统地位，历代统治者都将其视为治国理政的指导思想，清代统治者也不例外，尊奉孔子、推崇儒学。清代统治者曾两次给孔子加赠封号，如顺治二年（1645），应国子监祭酒李若琳之请，追封孔子为“大成至圣文宣先师”。到了顺治十四年（1657），为了更加尊崇孔子，将孔子的封号改为“至圣先

---

① ［清］张廷玉，等.《清朝文献通考》卷六十九《学校考》[M].清文渊阁四库全书本.

② ［清］张廷玉，等.《清朝文献通考》卷六十九《学校考》[M].清文渊阁四库全书本.

师”。康熙二十二年（1683），康熙皇帝为孔庙大成殿亲书“万世师表”匾额，悬挂于各地的孔庙之中，并于第二年亲自至曲阜祭孔，且以帝王之尊行三叩九拜之礼，乾隆皇帝更是九次赴曲阜朝拜。其实，除了曲阜祭孔，清代还有很多祭孔的典礼，如在平叛凯旋、立太子、视学、临雍、经筵开讲等重要场合，皆要举行祭祀孔子的典礼，其中对文化教育影响最大的当数在国子监举行的临雍释奠礼。临雍释奠最初的名称是视学释奠，指皇帝视学国子监时祭祀孔子的礼仪。自乾隆四十九年（1784）国子监内“辟雍”建成后，视学释奠也随之更名为临雍释奠。视学释奠由顺治帝最先实行，顺治九年（1652），刚刚亲政一年多的顺治皇帝就亲临国子监，于孔庙举行了盛大的祭孔典礼，并拨款修葺孔庙。此后，除同治和宣统外，历代皇帝都要视学国子监，并亲自主持祭孔大典。此外，清政府对孔子后裔也多有赏赐与优待。顺治元年（1644），清军刚入关，顺治帝即册封孔子的后裔孔允直为衍圣公，此后康熙、雍正、乾隆、嘉庆年间更是多次赏赐孔府以土地和财物，以显示对孔子的尊崇和对儒学的推崇。

（二）提倡程朱理学

清代对于儒学的推崇还体现在对程朱理学的提倡上。明清时期，儒学最大的两个学派就是程朱理学和陆王心学。经历了明中叶的繁荣与鼎盛后的心学，到了明末清初逐渐走向衰落，且其兴办书院、议论朝政的行为有违清代统治者加强统治的意愿，因此，程朱理学就被清代统治者确立为官方的正统思想。康熙十分尊崇朱熹，称赞朱熹为“集大成而绪千百年绝传之学，开愚蒙而立亿万世一定之规”[①]，认为“孔、孟之后，有裨斯文者，朱子之功，最为宏钜”[②]。康熙四十四年（1705），康熙帝御书“大儒世泽”的匾额和“诚意正心阐邹鲁之实

①［清］朱寿朋.《东华续录（光绪朝）》卷一百二十《光绪一百二十》[M].清宣统元年上海集成图书公司本.

②［清］张廷玉，等.《清朝文献通考》卷六十九《学校考》[M].清文渊阁四库全书本.

学，主敬穷理绍濂洛之真传”[1]的对联赐予朱熹晚年讲学之地考亭书院。康熙五十一年（1712），康熙又下诏将朱熹从大成殿两庑的先贤先儒之列移至大成殿内，居于十哲（闵损、冉雍、端木赐、仲由、卜商、冉耕、宰予、冉求、言偃和颛孙师）之后，为第十一哲，乾隆三年（1738），又增加有若为第十二哲。朱熹是其中唯一一个不是孔子弟子而得以配享孔庙的人，被抬高到无以复加的地位。此外，清代统治者对朱熹的后裔也多加提拔。顺治十二年（1655），命朱熹第十五世孙朱煌承袭翰林院《五经》博士，在籍奉祀。康熙五年（1666），又命朱熹第十六世孙朱坤承袭翰林院《五经》博士，在籍奉祀，以显示程朱理学的官方正统地位。与此同时，科举考试内容也是以朱熹的《四书章句集注》为准则的，借科举调控教育和思想，程朱理学成为清代办学育才的指导思想。

二、笼络与压制并行

为了巩固统治，清代统治者对汉族广大士人恩威并施，不仅通过科举考试和编纂书籍对汉族士人加以拉拢，同时也制定严格的学规加以压制。

（一）笼络与诱导

科举考试是清代统治者笼络汉族士子的主要手段。清代统治者利用汉族士子重视科举功名的心理，采取开科取士、开博学鸿词科等手段对其进行笼络与诱导。顺治元年（1644），清军刚刚入关，国家战乱还未平息，在战火纷繁和朝代更迭之际，顺治帝也没有废除或延迟科举考试，仍旧坚持开科取士，并于第二年颁布《科场条例》，规定科举考试仍基本按照明代的规定进行。这些举措在很大程度上减轻了汉族广大士人对清代满族统治者的抵制，吸引他们为朝廷效力，也借此起用了很多汉族士人。

---

① ［清］董天工.《武夷山志》卷十六《名贤上》［M］.清乾隆刻本.

除了常规的科举考试，清代统治者还特设“制科”来拉拢和起用汉族士人。如顺治皇帝就曾下诏令地方官员举荐当地的“山林隐逸之士”。康熙十七年（1678）、乾隆元年（1736）两次特开博学鸿词科招揽人才。与科举考试需要具备一定的应试资格不同，博学鸿词科不限制是不是秀才或举人，是已仕还是未仕，凡是督抚推荐的，都可以参加考试，考试成绩优秀者便可以授予官职，如知名学者朱彝尊、毛奇龄等人皆应考过博学鸿词科。

此外，清代统治者还组织广大士人编纂、注释经典书籍，也是清代统治者笼络士人的一种重要手段。顺治、康熙、雍正、乾隆时期皆有“御纂”或“钦定”的典籍注释，还编纂了很多著名书籍。康熙年间编纂的《古今图书集成》和乾隆年间编纂的《四库全书》最为著名。《古今图书集成》由陈梦雷主持编纂，历时28年，共6编32典，是现存规模最大、资料最丰富的类书，被称为“古代百科全书”。雍正版内府铜活字本《古今图书集成》现存于国家图书馆。《四库全书》是我国历史上最大的一部丛书，由360多位官员和学者编纂，集中了当时很多著名学者，如纪昀、于敏中、陆锡熊、戴震等等。《四库全书》的内容分为经、史、子、集四部，共收录了古代著名典籍三千四百多种，共抄写有七部，分别藏于紫禁城文渊阁、圆明园文源阁、辽宁沈阳文溯阁、河北承德文津阁、扬州文汇阁、镇江文宗阁和杭州文澜阁，不仅保存了大量珍贵文献，而且校正了典籍中的错漏，有着巨大的学术价值。

（二）严格学规，压制思想

清代统治者一方面拉拢汉族士大夫阶层，另一方面又加强专制统治，在广兴学校的同时制定严格的学规，加强管理和控制思想。其中最具代表性的，就是《卧碑文》《圣谕十六条》《圣谕广训》的颁布。

顺治九年（1652），顺治皇帝颁布《卧碑文》，具体内容为以下八条：

生员之家，父母贤智者，子当受教。父母愚鲁或有非为者，子既读书明理，当再三恳告，使父母不陷于危亡；

生员立志，当学为忠臣清官。书史所载忠清事迹，务须互相讲究，凡利国爱民之事，更宜留心；

生员居心忠厚正直，读书方有实用，出仕必作良吏。若心术邪刻，读书必无成就，为官必取祸患。行害人之事者，往往自杀其身，常宜思省；

生员不可干求官长，交结势要，希图进身。若果心善德全，上天知之，必加以福；

生员当爱身忍性，凡有司衙门不可轻入。即有切己之事，止许家人代告。不许干与他人词讼，他人亦不许牵连生员作证；

为学当尊敬先生。若讲说，皆须诚心听受，如有未明，从容再问，毋妄行辨难。为师亦当尽心教训，勿致怠惰；

军民一切利病，不许生员上书陈言。如有一言建白，以违制论，黜革治罪；

生员不许纠党多人，立盟结社，把持官府，武断乡曲。所作文字，不许妄行刊刻。违者听提调官治罪。①

可见，虽然表面上《卧碑文》是教导生员为人、为学、尊师之道，但其中有诸多如“有司衙门不可轻入”“不许干与他人词讼”“军民一切利病，不许生员上书陈言”“生员不许纠党多人，立盟结社”“所作文字，不许妄行刊刻”的规定，这表明《卧碑文》实质上是为了禁止学生参政议政、出版结社，加强专制统治。

康熙三十九年(1700)，康熙皇帝又颁布了《圣谕十六条》，其具体内容为：

① [清]张廷玉，等.《清朝文献通考》卷六十九《学校考》[M].清文渊阁四库全书本.

敦孝弟以重人伦；笃宗族以昭雍睦；和乡党以息争讼；重农桑以足衣食；尚节俭以惜财用；隆学校以端士习；黜异端以崇正学；讲法律以儆愚顽；明礼让以厚风俗；务本业以定民志；训子弟以禁非为；息诬告以全良善；诫匿逃以免株连；完钱粮以省催科；联保甲以弭盗贼；解仇忿以重身命。①

可以看出，《圣谕十六条》对学生的学习、行为、思想、生活等方面都做了规范和限定，是清代各级各类学校教育的准则。

到了雍正二年（1724），雍正皇帝在《圣谕十六条》的基础上进行演绎发挥，创作了十六篇短文和一篇序言，是为《圣谕广训》。不仅颁发于全国各地，而且规定每月朔望日由儒学教官向学生讲读，并且纳入科举考试的范围，考试前要先默写一段《圣谕广训》，写不出者即判为不合格。通过日常宣讲和科举考试，《圣谕广训》的规范更加深入人心，从而实现统治者行为规范和思想统治的目的。

此外，书籍的整理和编纂不仅有利于统治者拉拢士子，也是一次大规模的查禁运动。如乾隆皇帝借编纂《四库全书》的机会，对全国的书籍做了一次大检查，对不利于统治的言论和思想加以删改，比较严重的则列为禁书，查禁并销毁。据统计，乾隆时被销毁的书籍达三千种。此举极大限制了士民的思想自由、言论自由和出版自由。

另外，清代统治者还广兴文字狱。文字狱始于康熙时期，雍正和乾隆时期更是多次利用文字狱打击异己，不但屠杀了很多士子并株连无辜，而且严重破坏了思想文化发展的氛围，使得知识分子或者唯程朱理学是宗，沉迷八股以求科举入仕；或者致力于训诂和考据，埋于故纸堆来远离政治和现实。

---

① ［清］张廷玉，等.《清朝文献通考》卷六十九《学校考》［M］.清文渊阁四库全书本.

第二节　清代前中期北京的教育机构

清代的教育行政体制基本上沿袭明代，但在承继明代传统的同时，也注重保持满族的教育特色，增添了八旗特有的教育机构。北京作为首都，文化教育也发挥着首善作用，其学校设置就很鲜明地体现了这些特点，可以称得上是全国教育的缩影。北京地区的学校类型比较多样，既有官学也有私学，既有中央官学也有地方官学，既有八旗学校也有专门学校。清代北京地区的中央官学教育机构主要包括三部分：一是最高学府且兼具教育行政管理功能的国子监；二是宗学、觉罗学、世职官学、景山官学、咸安宫官学等专为八旗子弟设立的八旗学校；三是钦天监和太医院等专门学校。此外，虽然算学和八旗官学隶属于国子监，但为了便于说明，按照学校性质，八旗官学列入宗学、觉罗学、世职官学、景山官学、咸安宫官学等八旗学校部分，算学馆列入钦天监和太医院等专门学校部分，共分三节论述。还有，北京地区的地方官学主要为顺天府学和各州县学，列为一节。北京地区还有义学等私学机构，亦列为一节。另外，清代书院也是清代教育机构重要部分之一，并且清代北京书院与之前的其他朝代相比，有较大发展，具有较鲜明的特色，不仅数量上已经达到很大规模，而且官学化倾向更加严重，与科举制度的联结更加紧密，因此亦列为一节。

一、国子监

国子监是中央官学的主要机构，又称太学，是自隋唐以来历代王朝设于首都的中央官学，不仅是国家的最高学府，也具有教育行政管理的职能。清代国子监设于顺治元年（1644），顺治帝定都北京之后，立即接收了明北京国子监，且顺治七年（1650）明南京国子监被改为江宁府学，南监、北监并立的局面被打破，北京国子监成为全国唯一的最高学府。其职能主要有4项：“国子监掌成均之法，以时程课诸生；每岁仲春、仲秋上丁祀先师，则总其礼仪；天子幸学，则执经进讲；新进士释褐，则坐而受拜焉。”[1]可见，国子监不仅是教学场所，也是祭孔、皇帝视学讲学和进士释褐之礼之地。

（一）校舍设置

清代国子监位于今北京东城区安定门内国子监街13号的北京国子监，包括国子监和孔庙。顺治元年（1644），清接管明国子监之后，即设率性、修道、诚心、正义、崇志、广业6个学堂为讲习之所，每堂又分为内外两班。此后，由于国子监没有宿舍，学生往来不便，选取了国子监外方家胡同一处荒废的官房作为学生宿舍和读书场所，称为国子监南学。乾隆四十八年（1783），在彝伦堂南侧修建辟雍，“辟雍”一词源于《礼记·王制》：“大学在郊，天子曰辟雍，诸侯曰泮宫。”模仿古代经典记载中西周天子的大学而成，成为国子监的主建筑，皇帝视学时讲学也转移至此。

顺治十七年（1660）于国子监东侧建成了孔庙，规模仅次于曲阜孔庙。孔庙的主建筑是大成殿，主位为孔子画像和大成至圣文宣王牌位，旁设复圣颜渊、述圣子思、宗圣曾参、亚圣孟轲等四配的牌位，东西两边有闵损、冉雍、端木赐、仲由、卜商、冉耕、宰予、冉求、言偃、颛孙师等十哲的牌位，后来又增加了朱熹和有若，变为十二哲。大成殿东西两侧庑房供奉先贤、先儒，清代多有增减。

（二）教官建制

清代国子监基本上沿袭了明代的建构，在教官建制方面，设有祭酒、司业、监丞、博士、典簿、助教、学正、学录等学官，各自具有相应的官员品级，并按照品级享受相应的俸禄。学官的选任不仅看科举学历和任教资历，还要看民族出身。清代学官设置的一个突出特点就是满、汉并举，国子监祭酒、司业、监丞、博士等职，满、汉各设

---

①［清］张廷玉，等.《清朝文献通考》卷八十三《职官考》[M].清文渊阁四库全书本.

一人，典簿、助教、学正、学录等职更是有满、汉、蒙之分，往往并列而设。起初同一职位满族官员的品级是高于汉族官员的，后来则逐渐趋于相同。

（三）学生来源

清代国子监的学生可以分为贡生和监生两大类。贡生是指地方官学选拔出来上贡朝廷的学生，监生是指国子监直接招收的学生，贡生的地位要高于监生。贡生根据来源不同又可分为岁贡、恩贡、优贡、拔贡、副贡和例贡6种。岁贡是指地方官学定期举荐到国子监的廪膳生员，与明代制度基本相同，府学每年贡举一人，州学每三年贡举两人，县学每两年贡举一人，顺天府学每年贡举二人，京师八旗满洲、蒙古每年贡举二人，汉军每年贡举一人。恩贡是指遇到庆典吉事时皇帝特诏选送入国子监学习的贡生，以当年的岁贡为恩贡，次贡为岁贡。优贡是指各省学政3年任满时推举入监学习的贡生，选拔标准与拔贡相同，多是府州县学中才学兼优之士。拔贡是指通过考试选取的贡生，与岁贡和恩贡以生员的资历为选拔标准不同，拔贡主要取决于是否品学兼优、是否有真才实学，其选拔范围也不再仅限于廪膳生，科举考试优异者皆被列入选拔范围，也因此选拔了一批有真才实学之士。副贡是指科举乡试中名列副榜得以入监学习的生员。例贡与明代的纳贡相同，是指依靠捐献资财获得入监资格的生员。其中，岁贡、恩贡、优贡、拔贡和副贡是科举考试之外入仕的正途，合称“五贡”，例贡则属于“杂流”。监生分为4种：恩监、荫监、优监、例监。恩监是指选拔出的身份较特殊的入监学习者，如八旗汉文官学生，算学满、汉肄业生考取国子监者以及圣贤后裔等。荫监是指凭借官僚子弟的身份入监学习者，又分为恩荫和难荫两种，文官京官四品以上、外任官三品以上、武官二品以上，可以送一子入监读书，称为恩荫；内外三品以上官员，任满3年且死于职守，死后可以送一子入监读书，称为难荫。优监是府州县学中优秀的附生和武生经选拔得以入监学习者，选拔与优贡基本相同，只是条件略低一点。例监是指未取得生员资格的平民捐纳资财获得入监资格者，与例贡一样，属于“杂流”。此外，国子监的学生除了本国学生外，还有外国留学生，如俄罗斯和琉球曾多次派遣学生来学习，国子监专设俄罗斯学馆和琉球学馆进行留学生教育。

（四）教学与考核

清代国子监的教学内容与科举密切关联，主要是读“四书”、写八股文。此外，还要学习程朱理学的性理之学、《通鉴》、“五经”等。清初，国子监也沿袭了明代的积分法和监生历事制度，但由于统治者逐渐倾向于科举取士，积分法于顺治十七年（1660）被取消，历事制度也于康熙初年停止。到了乾隆年间，曾改革为分科教学。乾隆二年（1737），模仿北宋胡瑗的分斋教学制度，在“四书”和八股之外各明一经、各治一事，设明经和治事两科。明经科的内容为：“或一经，或兼经，务取《御纂折中》《传说》诸书，探其源本，于人伦日用之理切实讲明。”①治事科的内容为：“如历代典礼、赋役、律令、边防、水利、天官、河渠、算法之类，或专治一事，或兼治数事，务穷其源流，考其利弊。”②分科教学改变了之前“四书”和八股单一的教学结构，但是由于科举考试的压力，逐渐流于形式，仍不免重回以科举考试为中心。

清代国子监对学生的考核形式主要为考试，分为大课、月课、堂课、季考等种类。大课是指每月望日举行的考试，也是国子监中最重要、最严格的考试，由管理监事大臣、祭酒、司业轮流出题，考试内容为“四书”和五言八韵诗。月课是指每月朔日由博士厅出题的考试，考试内容为经解和策论。堂课是指每月初三和十八由率性、修道、诚心、正义、崇志、广业六堂教官主考的考试，由助教、学正、

---

① [清]张廷玉，等.《清朝文献通考》卷六十七《学校考》[M].清文渊阁四库全书本.

② [清]张廷玉，等.《清朝文献通考》卷六十七《学校考》[M].清文渊阁四库全书本.

学录出题，考试内容与大课相同，主考“四书”和五言八韵诗。季考是每三个月举行一次的考试，由祭酒主持，由祭酒、司业出题，考试内容为“四书”、“五经”和策论等。

（五）学生出路

清代国子监学生的出路主要有三条：首先，是参加科举考试，由于贡生是具有生员身份的，因此可直接参加科举考试，并且贡生比其他一般生员得中的比例更大；其次，国子监学生还可以通过考职直接做官，相比于地方官学的学生，国子监的学生拥有做官的资格，入学达到相应的规定年限就可以参加考职，考试通过者依相应的身份授予相应的官职；此外，国子监学生还可以充任地方教职，去地方官学任教，并且清中叶以后由于考职可授的职位日益减少，充任地方教职成为除科举考试外的主要出路。

二、八旗教育

清代的八旗学校属于中央官学的范畴。为了维护和巩固清王朝的统治，清代统治者非常重视八旗子弟的教育，在京师创办了许多八旗学校，按照招生对象可分成不同的种类，有面向所有八旗子弟的官学和义学，有面向八旗世爵世职子弟的世职官学，有面向皇族子弟的宗学、觉罗学，也有面向内务府三旗子弟的景山官学、咸安宫官学。

（一）八旗官学

八旗官学是面向全体八旗子弟设立的学校。清初，八旗子弟皆是在国子监就读的，但由于往返不便，顺治元年（1644），决定在八旗各设一所官学，仍然隶属于国子监，教习也由国子监派教官担任，每月都要去国子监参加考课，此即八旗官学的创立之始。到了顺治二年（1645），又命两两合并为一处，八所官学演变成4所，学生名额有所增加，教习仍由国子监指派。到了康熙时期，八旗官学更加规范化，康熙元年（1662）规定八旗官学生每月要赴国子监讲书一次、翻译一次，五日骑射一次，更加注重学生的学习质量，教习的选拔标准也有所提高。雍正时期，八旗官学又恢复了八旗各立一所官学，学生人数有了100名的定额，学生的选拔更为严格，且不再拘泥于门第，以“资性颖秀”“读书上进”[①]为最高标准。到了乾隆时期，八旗官学的教学内容由满汉并举转变为重满轻汉，增添满洲教习、裁撤汉教习，强调清书和骑射，直接导致了教育质量的下降。八旗官学的学生出路比较广，成绩优异者可选拔为监生入学国子监，也可以参加科举考试入仕为官，还可以考取为翻译等官吏。八旗官学的所在地如表5-1所示。

表5-1　北京地区八旗官学所在地

八旗官学类别	所在地[②]
镶黄旗官学	安定门大街圆恩寺胡同
正黄旗官学	西直门内西四牌楼北祖家街
正白旗官学	朝阳门内南小街新鲜胡同
正红旗官学	阜成门内巡捕厅胡同，光绪九年（1883）移至报子胡同
镶白旗官学	东单牌楼观音寺胡同象鼻坑
镶红旗官学	宣武门内头发胡同
正蓝旗官学	东四牌楼南新开路
镶蓝旗官学	西单牌楼干石桥东斜街，光绪九年（1883）移至西斜街

（二）八旗义学

由于八旗官学的名额有限，也为了顾及贫寒的八旗子弟，清代统治者又设立了八旗义学，始设于康熙三十年（1691），命各佐领（清代

① ［清］福隆安，等.《八旗通志》卷九十五《学校志二》［M］.清文渊阁四库全书本.

② ［清］张之洞.《（光绪）顺天府志》卷九《京师志九》［M］.清光绪十二年刻十五年重印本.

八旗组织基本单位的长官）分选教习，教授满洲旗和汉军幼童满书、满语和骑射，教授蒙古旗满洲蒙古书、满洲蒙古语和骑射。由于太过分散，雍正二年（1724）又令八旗左右两翼各设两所义学，共为4所，雍正六年（1728）增加为八旗各一所。到了乾隆二十三年（1758），由于八旗义学学生过少、有名无实，且原有的国子监、八旗官学、咸安宫官学等八旗学校足以容纳有志于读书者，因此八旗义学被裁撤。

（三）世职官学

世职官学是乾隆皇帝专为皇族以外八旗享有世袭爵位或世袭官职的子弟设立的学校。在世职官学建立以前，世爵世职子弟的教育属于八旗官学，但是由于这些子弟身份特殊，他们享有世袭的爵位或官职，不需要读书入仕，普遍玩物丧志、才能低下。因此，乾隆皇帝于乾隆元年（1736）下令在八旗左、右翼各设两所世职官学，共计四所，其中，左翼镶黄、正白二旗设一所，镶白、正蓝二旗设一所，右翼正黄、正红二旗设一所，镶红、镶蓝二旗设一所。置总理大臣、参领、章京等负责管理和检查课业，设清书教习和骑射教习主管教学。世袭世职子弟10岁以上者可以入学。

（四）宗学

宗学是面向清代宗室子弟的学校。清代统治者历来注重对宗室子弟的教育，早在入关之前，就有专门针对宗室子弟的教育，入关以后，更是在北京逐渐建立起系统化的宗学。顺治十年（1653），规定八旗各立宗学，择满洲生员1人为师教授满文，10岁以上未封爵的宗室子弟皆要入学，愿学汉文者可自行请师讲授。雍正二年（1724），改为左翼四旗（镶黄、正白、镶白、正蓝）右翼四旗（正黄、正红、镶红、镶蓝）各设满、汉学。左翼宗学在灯市口，右翼宗学在绒线胡同[①]。左、右翼宗学各命王公1人负责总掌其事，并各设总管2人、副管8人

---

① ［清］张之洞.《（光绪）顺天府志》卷九《京师志九》［M］.清光绪十二年刻十五年重印本.

轮流值守，各设清书教习2人、骑射教习2人，汉书每学生10人设教习1人。教学内容为满文、汉文和骑射。宗室子弟有愿读书者皆可入学。学生名额最初为左、右翼宗学各100人，乾隆十一年（1746）曾调整为左翼宗学70人、右翼宗学60人，至嘉庆十三年（1808）又恢复到各100人。宗学学生的出路比较多，每五年都会举行针对翻译、汉文等的特殊考试，成绩优异者即可科举及第和入仕为官。

（五）觉罗学

清朝制度规定，显祖（即努尔哈赤的父亲）的直系子孙为宗室，旁系子孙为觉罗，觉罗学即是专门面向皇族觉罗子弟而办的学校。觉罗学在清初并未设立。到了雍正时期，雍正皇帝考虑到觉罗子孙虽然人口众多但并未包括在宗学之内，于是于雍正七年（1729）下令在八旗衙门旁设立觉罗学，8岁至18岁有志于读书的觉罗子弟皆可入学，19岁以上已读书愿就学者也可入学。学习内容为读书学射，满汉兼习。在管理上，每学设王公1人为总管，设2人为副管，并各设清书教习1人、骑射教习1人，汉书每学生10人设教习1人。八旗觉罗学的所在地和学生名额如表5-2所示。

表5-2　北京地区八旗觉罗学所在地和学生名额

八旗觉罗学类别	所在地[①]	学生名额
镶黄旗觉罗学	安定门香儿胡同	61
正白旗觉罗学	南小街新鲜胡同	40
镶白旗觉罗学	东四牌楼北十条胡同	15
正蓝旗觉罗学	崇文门内大阮府胡同	39
正黄旗觉罗学	西直门内北卫儿胡同	36

① ［清］张之洞.《（光绪）顺天府志》卷九《京师志九》［M］.清光绪十二年刻十五年重印本.

续表

八旗觉罗学类别	所在地[①]	学生名额
正红旗觉罗学	阜成门内内官门口	40
镶红旗觉罗学	承恩寺街	64
镶蓝旗觉罗学	玉带胡同	45

（六）景山官学

景山官学是内务府兴办的学校。内务府是管理皇家日膳、服饰、库贮、礼仪、工程、农庄、畜牧等各项事务的机构，地位重要、官员众多，但知书善射者很少。因此康熙二十五年（1686）在宫内北上门两旁设立了景山官学，清书和汉书各三房。清书每房设三名教习，从内务府执事人员中选取，汉书每房设四名教习，从生员中选取。后来，教习的选拔标准多有变化，康熙年间选拔范围改为新科进士，雍正年间则扩展至候选的举人和国子监贡生，标准不升反降。景山官学学生主要是上三旗包衣子弟。包衣是满语“包衣阿哈”的简称，意为“家仆”。上三旗（镶黄旗、正黄旗、正白旗）的包衣服侍皇室，由内务府管辖；下五旗（正红旗、镶白旗、镶红旗、正蓝旗、镶蓝旗）的包衣分属下五旗的王公贵族。学生名额最初为360名，康熙三十四年（1695）增加至388名。嘉庆十三年（1808）进一步规定了学生年龄，10岁以上18岁以下者才可入学。学生的出路与考核紧密相连，三年考核一次，名列一等者可充任文书官员，名列二等者可充任库使、库守，名列三等者继续留校读书，名列四等者罢黜退学。

（七）咸安宫官学

由于景山官学教学质量不甚理想，为了加强内务府三旗包衣子弟的教育，雍正七年（1729），雍正皇帝在咸安宫设立了咸安宫官学，设书房三所，从景山官学和内务府三旗子弟中择优选出90名学生，分入三个书房学习，并设汉教习、满教习、骑射清语教习和稽查教习功课的翰林。到了乾隆年间，咸安宫官学的学生发生了很大的变化，不再仅限于内务府三旗子弟。乾隆元年（1736），乾隆皇帝下令从在学的90名学生中选30名优等生继续在学学习，其余60名则退回本旗，并令八旗各选送10名俊秀子弟入咸安宫就学。此举不仅极大扩大了咸安宫官学的招生范围，也有利于提高咸安宫官学的教育质量。学生的出路取决于考试。考试每五年举行一次，要求非常严格，第一天考试汉文，第二天考试翻译、楷书、清字，第三天考试骑射、步射。据考试成绩将学生分为三等，第一等和第二等由考官上奏请旨做何录用，第三等仍留校继续读书，年龄过大、不思上进者则会被黜退。

此外，咸安宫官学内还设有蒙古官学，始设于乾隆十二年（1747）。设教习2人，学生在八旗蒙古学生中选取，每旗选3人，共24人，学习内容主要是蒙古经书和阿里嘎里字韵。

三、专门学校

清代时期，专门学校也有了较大的发展。北京地区主要的专门教育机构为培养算学生的算学馆、培养天文生的钦天监和培养医学生的太医院。

（一）算学馆

算学教育在古代有悠久的历史传统，隋代、唐代、宋代皆在太学或国子监中专设算学，但到了元、明时期，由于程朱理学和陆王心学的盛行，元、明两代只重儒学教育和科举考试，在算学教育方面重视不足，未能继承隋唐以来在太学或国子监中设算学的传统，算学教育在元、明两代官学中被中断。到了清代，算学终于重新得到重视和发展。清代算学的兴起有多方面的原因：一方面，得益于商品经济的发展，算学得到广泛应用，社会对算学教育的需求大大增加；另一方面，受到西学东渐的影响，西方传教士来华传教的同时，也带来了西方先进的数学知识，丰富了算学的知识，推动了算学的振兴。此外，清代统治者对算学十分重视，上行下效，带动了臣民的算学学习热情。

清代算学的发展也经历了不同的阶段。康熙五十二年（1713），在畅春园蒙养斋设立算学馆，令八旗子弟学习算法，并亲派皇子和亲王总管、大臣官员教学，显示出算学的重要地位。雍正十二年（1734），于隶属国子监的八旗官学增设算学教习，每旗选三十多个资质好的学生学习算学。乾隆三年（1738），停止八旗官学教授算学，改为在钦天监附近专设算学馆。乾隆四年（1739），规定算学馆隶属国子监，称为“国子监算学”，一应事务由国子监管辖。自此以后，清代官办算学体制大体确立。

算学体制确立以后，学生也有了定额，算学馆共设60个名额，其中满、汉各12人，蒙古、汉军各6人，还有钦天监肄业生24人。其中满族12人和蒙古、汉军各6人由八旗官学中选取，汉族12人由国子监设考从自由报考的贡生、生员、举人、童生中选取，钦天监肄业生24人由钦天监设考选取。算学馆的学习年限为5年，学习内容据《国子监志》为“算法中线、面、体三部，各以一年为程通晓；七政共以二年为程”①。每个季度有小试，年终有大试，考试由算学馆和钦天监共同主持，勤敏者给予奖励，怠惰者则会被黜退。5年学毕，算学生的出路主要有两条，大多数学生考取为钦天监天文生。此外，也可以参加科举考试。

（二）钦天监

清代钦天监是天文学教学机构，与算学馆一样，都具有科技教育的性质，在西学东渐的背景下得到重视和发展。顺治元年（1644），清政府就在明钦天监的基础上设立了钦天监，设时宪、天文、漏刻、回族四科，与明代时相同。时宪科主要学习测定岁月季节、推测日月

① ［清］梁国治.《国子监志》卷二十九《官师二》［M］.清文渊阁四库全书本.

食等，天文科主要学习观测天象，漏刻科主要测定时辰，回族科主要以回族之法推算天行之度。至顺治十四年（1657）裁撤回族科，只保存时宪、天文、漏刻三科，此后成为定制。

钦天监主管教学的学官有监正、监副、博士、助教、教习等，往往是满、汉并立，且旗人所占比例更高。钦天监学生的名额随着统治者的变化而有所增减，顺治初年设66个名额，全都是汉人，至康熙初年增至94名，且满、汉兼采，并规定旗人天文生从八旗官学生中选拔，汉人天文生由钦天监自行选拔。此外，还有承袭世业的钦天监官员子弟。与其他官学学生相比，天文生的待遇是比较优厚的，享有较优厚的俸禄和补贴。考核方面，三年为一个考核周期，成绩优异者升用，不合格者继续学习，再不合格者再令学习三年，仍然不合格者就会被黜退。一般来说，钦天监学生的出路有两条：一条是在钦天监留任，如升任为博士、监正等；另一条则是可以参加科举考试，考中者入仕为官，但是承袭世业的钦天监官员子弟则只能留任钦天监。

（三）太医院

清代太医院是在明代太医院原址上设立的，位于今东交民巷西口路北侧附近。《辛丑条约》签订后，东交民巷被划归为使馆区，太医院被迫迁至地安门区域。清代太医院的建制大体承袭明代，设院使和左右院判各一人，为太医院掌事。设御医、吏目、医士、医生、切造医生等，分管各项事务，不同时期具体名额有所增减。清代太医院的医学分科也经历了几次大的变化，起初设大方脉科、小方脉科、痘疹科、伤寒科、妇人科、疮疡科、针灸科、眼科、口齿科、咽喉科、正骨科等十一科，后来痘疹科并入小方脉科，伤寒科、妇人科并入大方脉科，口齿科、咽喉科合为一科，疮疡科改称外科，正骨科和针灸科被撤除，最终定为大方脉科、小方脉科、外科、眼科、口齿咽喉科五科。为了保证医疗水平，太医院的教官和学生的选拔和管理都很严格，教习从品学兼优的御医、吏目中选任，学生则要从民间医生和医官子弟中品行端谨、通晓医理者中选取，并且要有太医院医官作保，在学期间也会有多次考核，考核优秀者升任医生和医士，医生和医士也会予以考核，不合格者需重新学习。教学内容主要是《伤寒论》《金匮要略》《本草纲目》《内经》《难经》等，乾隆年间又增加了《医宗金鉴》为教科书，考试也是基于这些医书来出题。

四、地方官学

清代从京城到各地的府、州、县都有学校，在府称府学，在州称州学，在县称县学，有按军队编制设立的卫学，乡村也有社学和义学。具体到京师地区，因为居于京师之地，地方官学的规模和地位在全国的地方官学中首屈一指，设有顺天府学，各州县和卫也普遍设学，都是以儒家经典为主要教育内容的，所以又称为儒学。

清代顺天府学承继了位于地安门内的明代顺天府学，不仅统理大兴、宛平两县县学，也统辖八旗生员，还管辖着23个州县学，去除属于今河北范围和天津范围的15个州县学，有8个州县学属于今北京范围，分别是良乡县学、通州州学、昌平州学、顺义县学、密云县学、怀柔县学、房山县学、平谷县学，是全国规模最大的府学。清代规定，地方官学由中央任命的各省提学官直接负责领导，间接受国子监管辖，不属于地方管辖。顺天府主管地方官学的官员为提督学政，清初，由顺天府尹和府丞兼任，至乾隆五十八年（1793）专设学政1人，主要职责是执行朝廷政令、巡视辖区学校、主持科举考试和考核教官，负责顺天府各项教育事业。府州县学皆设教官，府学教授1名和训导1名，州学学正1名和训导1名，县学教谕1名和训导1名。教授、学政和教谕皆听命于学政，职责是负责教学和学生考评。训导的职责是辅助教授、学政和教谕。

和明代一样，清代府州县学的学生也称为生员，分为廪膳生、增广生和附学生三种，附学生是初入学的学生的称呼，可通过考试晋升为廪膳生和增广生。府州县学的学生既是科举考试的考生，也是国子监的生源，都属于官僚后备军，因此清代规定廪膳生和增广生的名额要以朝廷可容纳的官员量为标准，由朝廷直接确定。虽然学生的名额多有变动，但顺天府学由于统理大兴、宛平两县，名额比其他府学更多。此外，顺天府学统辖下的八旗廪膳生员还有满洲、蒙古、汉军等很多名额，加在一起的学生定额比其他府学高出数倍。

府州县学的学生出路主要有两条，一是参加科举考试并及第为官，二是被选拔为国子监贡生入国子监读书，如岁贡、恩贡、优贡、拔贡、例贡等。其中最常见的是岁贡，岁贡生的名额为顺天府学每年2人，州学每三年贡举2人，县学每两年贡举1人，京师八旗满洲、蒙古每年贡举2人，汉军每年贡举1人。

五、义学和私学

（一）义学

元、明两代，清代乡村办学的主要形式是社学，进行儒家经典教育并劝农桑。到了清代，社学大量荒废，义学取代社学成为州县初级教育主要的办学形式。

清初，由于内忧外患政权并不稳固，统治者无暇顾及地方的初级学校，因此义学多由地方乡绅自发建立。康熙年间政权稳固后，统治者才大力提倡兴建义学。康熙四十一年（1702），康熙皇帝下诏："五城地方各设小学，延塾师教育，有成材者选入义学，凡义学小学，每年廪饩共三百两于府县，按月支给。"[①]可见，清政府不仅下令广设义学，还提供了办学资金。此外，康熙皇帝还亲书"广育群才"的匾额赐予崇文门外金鱼池的首善义学，以显示朝廷对义学的提倡。雍正、乾隆、嘉庆年间是义学的发展时期，北京地区出现了一部分官府提倡、民间捐办的义学，减免学费，供贫寒子弟读书。京城义学方面，主要有乾隆三十九年（1774）创办的位于宣武门外梁家园的惜字馆义学、嘉庆元年（1796）创办的位于梁家园寿佛寺旁的兴善堂义学。

---

① ［清］张廷玉，等.《清朝文献通考》卷六十九《学校考》［M］.清文渊阁四库全书本.

各州县也办有义学，大多由州、县的长官创办，且基本处于康熙、雍正年间，如康熙二十一年（1682）建于新察院旧址，康熙五十八年（1719）建于东关、琉璃河和窦店的四处良乡县义学，康熙二十五年（1686）建于通州学宫启圣祠西，康熙三十五年（1696）建于旧城药王庙、张湾接待寺、燕郊东岳庙和新城旧义馆基地，康熙五十四年（1715）建于新城、燕郊和小东各庄的八处通州义学，康熙五十三年（1714）建于广济仓旧址和雍正五年（1727）建于城内文昌祠旁的两处怀柔县义学，康熙六十年（1721）建于县城内、石匣、古北口的三处密云县义学，雍正四年（1726）建于秀育街文昌祠旁的延庆州义学，雍正四年（1726）建于县学宫旁的房山县义学，雍正五年（1727）建于县城东门内的顺义县县学和城南街的昌平州义学。[1]

（二）私学

北京是全国的政治中心、教育中心、文化中心，中央官学和地方官学都较为发达。中央官学有国子监及众多八旗学校和专门学校，地方官学也广设府、州、县学，不仅名额众多，而且还提供学生俸银或补贴，民众受教育的机会比其他外省地区多，因此对私学的需求不大。此外，由于位于京城重地，官方控制严格、制约较大，因此北京地区的私学并不发达。但是，也有一些较有名气的私学，多为读书人兴办，他们多家境贫寒、不乐仕进，靠设学传道以补家用，如《房山县志》中记载白师曾“幼聪慧，工文章。家贫操洁，以砚田为业，课徒乡里，一时入邑庠、工举业者，多出其门。年七旬以外，犹以课读为业，而精神不衰”[2]，徐华年“幼聪敏，读书目数行下。时家道中落，补廪后以砚田为业，课徒乡里，四方之士威归之。其由门下考入邑庠者颇众。现今高年弟子慕教泽者，谈及莲峰先生，犹津津乐道

① ［清］张之洞.《（光绪）顺天府志》卷六十二《经政志九》［M］.清光绪十二年刻十五年重印本.

② 俞启定.《北京古代教育史料》［M］.北京：北京教育出版社，1992.

云”[①]。《通州志》中也有许多记载，如高云汉“读书淡仕进，教授弟子严而有法，语默动作一无所苟。终身疏食布衣，从游者皆化之”[②]，谷应鸣“生平积学，通经史。道光十七年举于乡，不乐仕进，家贫授徒”[③]，朱璘“家贫，教授生徒，以束脩尽孝养”[④]，黄锡蕃“家贫，授徒训诲，不遗余力，虽钝拙者闻教辄化”[⑤]，詹荣“生徒甚众，训迪严而有法，钝鲁悉化，故门下多知名士”[⑥]等等。

六、清代书院

清代书院的发展经历了从沉寂到发展的不同阶段。顺治年间，清刚刚定都，政权尚未稳固，清政府为了防止书院自由讲学、参政议政难以统治，因此严禁创立书院，如顺治九年（1652），下令“各提学官督率教官，务令诸生将平日所习经书义理，着实讲求，躬行实践。不许别创书院，群聚结党，及号召地方游食之徒，空谈废业”[⑦]，明令禁设书院。到了康熙年间，政权相对稳定，政策有所放宽，虽然没有明令创办书院，但多有对衡阳石鼓书院、白鹿洞书院、岳麓书院、山东济南省城书院、胡安国书院、紫阳书院等恩赐匾额和书籍的行为，因此书院的发展有所复苏。到了雍正及雍正以后的时期，清政府的政策有所改变，雍正十一年（1733），雍正皇帝下令“各省学校之外，地方大吏每设立书院，择一省文行兼优之士读书其中，使之朝夕讲诵，整躬励行，有所成就。俾远近士子观感奋发，亦兴贤育才之一道

① 俞启定.《北京古代教育史料》[M].北京：北京教育出版社，1992.

② 俞启定.《北京古代教育史料》[M].北京：北京教育出版社，1992.

③ 俞启定.《北京古代教育史料》[M].北京：北京教育出版社，1992.

④ 俞启定.《北京古代教育史料》[M].北京：北京教育出版社，1992.

⑤ 俞启定.《北京古代教育史料》[M].北京：北京教育出版社，1992.

⑥ 俞启定.《北京古代教育史料》[M].北京：北京教育出版社，1992.

⑦ [清]素尔讷.《学政全书》卷二十六《整饬士习》[M].清乾隆三十九年武英殿刻本.

也"[1]，明令提倡和鼓励兴办书院，相较于清前期和中期得到了很大的发展，但伴随而来的是书院的官学化倾向日趋严重、与科举考试的联系日益密切。

北京地区的书院由于处于京师之地，更鲜明地体现出清代书院的特点：首先，书院的发展也是经历了从沉寂到复苏再到发展的过程，自统治者对书院采取积极扶持的政策以来，北京地区陆续建立了很多所书院，达到鼎盛的状态，比以往时期的书院数量都要多。但是，相较于同时期其他外省书院，北京地区书院的创办时间更为滞后。虽然雍正十一年（1733）朝廷即有鼓励书院的诏令，但直到乾隆十五年（1750）京师第一所书院——金台书院才正式出现。其他大多则创办于清代中期以后，如通州潞河书院、房山云峰书院、密云白檀书院、昌平燕平书院、延庆冠山书院和缙山书院等皆是创办于乾隆和道光年间，而八旗书院、良乡卓秀书院、顺义蒙泉书院、平谷近光书院、怀柔温阳书院等则是鸦片战争以后创办的，明显滞后于同时期的其他外省书院。鸦片战争前北京地区主要的书院有以下几所（见表5-3）。

表5-3　鸦片战争前北京地区书院概况表[2]

书院名称	隶属地	创办时间	所在地
金台书院	顺天府	乾隆十五年（1750），前身为顺天府义学	崇文门外金鱼池
潞河书院	通州	康熙五十九年（1720），但一年后停办，乾隆二年（1737）重建	初位于通州城东南角文昌阁，后迁至文昌祠、天恩胡同等地
云峰书院	房山	乾隆十八年（1753），前身为义学	房山县学宫旁

① ［清］纪昀，等.《大清会典则例》卷七十《礼部・学校三》［M］.清文渊阁四库全书本.

② 本表据汤世雄主编，俞启定执行主编.《北京教育史》［M］.北京：学苑出版社，2011，第237页至第247页相关信息整理而成。

续表

书院名称	隶属地	创办时间	所在地
白檀书院	密云	明万历二十二年（1594），道光十三年（1833）重建	密云县城邹大夫祠后
燕平书院	昌平	乾隆二十三年（1758），乾隆四十五年（1780）重建	昌平城内学宫西
冠山书院	延庆	乾隆十九年（1754）	延庆州学后斋房
缙山书院	延庆	道光十四年（1834）	永宁县巡检署旧地

其次，由于中央官学发达且受官方管控严格，北京地区的书院官学化倾向十分严重，大体分布为各府、州、县各一所，由各府、州、县的长官操办，基本上属于官办性质，只是地方官学的附庸，在各个方面皆有所体现：第一，朝廷会借由经费控制书院，如雍正十一年（1733）诏令设立书院的同时，即对书院的经费有所规定，借向书院拨款的措施行控制之举。北京地区的书院也是如此，经费多来源于政府拨款和当地官员的捐赠，还有部分来自于官员组织的乡绅捐赠。第二，政府也控制了书院山长的选拔权。山长即一院之长，是书院的领导者和讲学者，因为早期书院多建于山上而得名。由于北京地区的书院多由各府、州、县的长官操办，因此山长也多由官府礼聘、由学臣管理。第三，政府也控制了书院学生的选拔权。乾隆元年（1736）即下诏"负笈生徒，必择乡里秀异、沉潜学问者肄业其中，其特才放诞、佻达不羁之士，不得滥入"[①]"有不率教者，则摈斥毋留"[②]，对书院学生的选拔做出规定，书院对学生的录取都要在此标准下进行。第四，政府也规定了教育内容和考核方式，书院与科举考试的联系更加密切，如乾隆元年（1736）即规定书院要"仿《分年读书法》，予之

① ［清］张廷玉，等.《清朝文献通考》卷七十一《学校考》[M].清文渊阁四库全书本.

② ［清］张廷玉，等.《清朝文献通考》卷七十一《学校考》[M].清文渊阁四库全书本.

程课，使贯通乎经史”[①]，乾隆十年(1745)更详细规定“书院肄业士子，应令院长择其资秉优异者，将经学、史学、治术诸书留心讲贯，而以其余功兼及对偶声律之学。其资质难强者，当先工八股，穷究专经，然后徐及余经，以及史学、治术、对偶、声律。至每月之课，仍以八股为主，或论或策或表或判，听酌量兼试，能兼长者酌赏，以示鼓励”[②]。可见，在北京地区的书院中，八股文是教学的重点，教学和考核的内容多以科举考试为宗，官学化倾向十分明显。

---

① [清]张廷玉，等.《清朝文献通考》卷七十一《学校考》[M].清文渊阁四库全书本.

② [清]素尔讷.《学政全书》卷七十二《书院事例》[M].清乾隆三十九年武英殿刻本.

第六章

清末期北京教育

北京教育在清前期和中期沿袭了明代教育体制，以旧式教育为主，并且保持着全国教育中心的地位。无论是全国最高学府中央官学国子监，还是为满族子弟服务的八旗官学，以及各类宗学、私塾和义学，其办学均以科举取士为目的，开设课程基本上是“四书”“五经”和程朱理学。并且，八股取士之风愈演愈烈，封建旧式教育僵化刻板、空疏腐朽的特征逐渐彰显，阻碍和制约着社会经济发展。1840年、1856年两次鸦片战争爆发，战败后的清政府在西方列强逼迫下签订了丧权辱国的不平等条约，中国从此沦为半殖民地半封建社会，也标志着清代社会发展进入末期。清代末期政局动荡不安、民族危机深重，晚清政府试图挽救国家于危难中，以洋务运动、维新变法、清末新政为三阶段代表，开展了政治、军事、教育、经济等领域的改革。北京一直延续作为全国政治、文化和教育中心的地位，始终处于各项变革的前沿。鸦片战争、甲午战争和庚子事变爆发，使旧式教育在人才培养方面的弊端暴露无遗，呼吁进行教育变革的声音此起彼伏，清末期很多心系国家兴衰的有识之士纷纷提出改革教育的主张。在西学东渐之风影响下，开始借鉴学习西方教育体制，改革旧式教育和兴办新式教育，文化教育领域呈现变革、争鸣和繁荣景象，其间也有新旧教育、中西文化的冲突。

从1840年鸦片战争爆发到1911年清朝灭亡的70余年，是全国也是北京古代传统教育终结和近代新式教育诞生的新旧交替时期。新旧教育的交替更迭，直接表现为传统守旧教育思想、教育内容和教育形式的变革，西方先进的科学教育被广泛学习借鉴开始进入新式学堂，教育领域有了清新的科学之风。清末期的洋务运动和维新变法运动是新旧教育交替过程中的推动力量，也是教育改革的重要思想源泉。洋务学堂、维新学堂在清末期如雨后春笋般出现，这些学堂或经由书院改制或新建设立，形成了学堂设立风潮。1862年京师同文馆建立和1898年京师大学堂建立是这两次学堂设立风潮的典范，也是北京近代教育产生的重要标志性事件。1905年清政府宣布废除科举制，则标志着古代教育制度正式终结。在此期间，与学堂改制设立和科举制度废除相呼应，清末期经历了三次学制改革，对清末及民初教育发展产生了重要影响。

第一节　清末期北京的文教政策

清政府在两次鸦片战争中战败，近代中国知识分子意识到外交人才和军事制造人才的重要性，于是推动开办洋务学堂，并主要以培养翻译外交人才、海陆军事人才和装备制造人才为主。这一时期教育改革以培养实用人才为宗旨，但是没有动摇和影响以科举制度为根基的旧式教育体制，洋务运动及相应教育变革并没有带来根本性改变。甲午战败后国门进一步打开，受到西方近代思想冲击，仁人志士开始进行反思，深切认识到教育是民族立根之本，挽救国家危亡的关键不是培养实用人才，而是通过教育唤醒国民思想，即“开启民智”。八国联军侵华战争中清廷溃不成军，迫使清廷推行新政，其中“废科举、兴学堂”是教育领域变革的重要内容，并且新式学堂兴办在清末期一直延续。清末期北京文教政策主要围绕摈弃落后思想和开启国民智慧，主要改革包括废除科举制度和终结国子监、兴办新式学堂和建立新式学制等，这些举措推动了北京近代教育的发展。

一、科举制度终结

科举制度自隋朝建立以来发展至清末期，已经持续了1300年之久，作为封建社会历代朝廷选拔人才的重要制度，一直是士子们进入仕途的必经之路。经过历代发展，清朝末期的科举制度在程序和管理上虽然更加严密，但官场腐败和科场舞弊时有发生，科举考试内容也流于形式。士子们以科举取士为目的，只是死记硬背儒家经典“四书”“五经”，追逐于陈腐的八股文体，其思想被科举制度所禁锢，对国内外形势变化无从所知，也根本不关心国家治理和社会发展。鸦片战争洞开了清代统治的大门，也使国人看到西方国家先进的科学技术和军事装备，相比之下科举制度对教育领域的深重贻害暴露无遗，完全失去了历史上曾经的人才选拔优越性，难以适应清末期近代工业发展对人才培养和选拔的要求。

尽管在洋务运动时期进行了洋务教育改革，并在全国设立了许多以学习自然科学和实用技术为主要内容的洋务学堂，但在广大士子心中这些学习“雕虫小技”的新式学堂，是不入流的非正统教育，以参加科举考试为导向的官私学仍是封建教育的正统。京师同文馆创立后长期不能得到士子们的认同，认为接受这类教育不是正途出身，不能够通达科举和入仕，以致曾多次难以招到合适的优秀人才。恭亲王奏请朝廷设立的京师同文馆尚且如此，其他以学习西方技艺为办学目标的洋务学堂，得不到士子们认同更是普遍。

有社会发展的外在压力和内在需求，清末期科举制度也进行了一些变革。1884年，国子监司业潘衍桐联合方汝绍上《奏请开设艺学科折》，“凡精工制作、通知算学、熟悉舆图者，均准与考”[①]。直到1887年，清廷迫于压力才开设了算学科，首次将自然科学纳入考试内容。甲午战争之后，维新派明确提出“废科举、兴学校”的政治主张。1898年6月，维新变法（又称戊戌变法）开始实施，以“救亡图存”为宗旨，教育改革是维新变法的重要内容。据统计，1898年康有为亲自书呈或代人草拟的68件奏折中，涉及教育改革的有21件，占变法期间维新派主要奏章的30%[②]。梁启超在《变法通议》中说，“变法之本，在于人才，在开学校；学校之立，在变科举”。光绪皇帝应维新派建议，下诏“自下科为始，乡、会试及生童岁科各试向用‘四书’文者，改试策论”[③]，废八股改试策论，增设“经济科”以推举经时济世之才。维新变法失败后，守旧派趁机鼓吹八股取士之利益，延续科举制度的呼声，于是慈禧太后下令所有考试“悉照旧制”。然而历史车轮不会倒退，科举制度已经走上末路，其误国害民的陈腐弊端已经为社会广泛了解，特别是士子们开始了解其危害，并逐渐认

① 舒新城.《中近代教育史资料（上册）》[M].北京：人民教育出版社，1981.

② 林克光.《康有为教育改革思想及实践》，《戊戌维新运动史论集》[M].长沙：湖南人民出版社，1983.

③ 徐珂.《考试类·考试改策论》，《清稗类钞》第二册[M].北京：中华书局，1984.

同和接受新式教育。

1901年1月，慈禧太后用光绪皇帝名义颁布上谕，命督抚以上大臣奏议朝章国政、吏治民生、学校科举、军制财政等，清末“庚子新政”开始启动。1901年至1905年间，清政府连续颁发了一系列“新政”上谕，“废科举、兴新学、育良才、派留学”是重要内容之一。1901年9月，清廷下令各省级书院一律改大学堂，各县改设小学堂，并设立蒙养学堂。1902年2月，又发布了推广学堂办法。1904年，清廷颁布《奏定学堂章程》。尽管此时科举考试已改八股为策论，但对士子们追求功名利禄的吸引力仍然存在，影响了新政学堂的开办发展。为此，袁世凯、张之洞等督抚大臣多次请奏减少科举员额及至废除科举制，以保证新学堂顺利招生和办学发展。1905年，袁世凯会同张之洞、周馥、岑春煊、赵尔巽与端方等地方督抚上奏朝廷，请立停科举，推广学堂。奏云：“科举一日不停，士人皆有侥幸得第之心，民间更相率观望”，“科举不停，学校不广，士心既莫能坚定，民智复无由大开，求其进化日新也难矣”[①]。1905年9月2日，慈禧太后以光绪皇帝名义诏准袁、张等奏停科举兴学堂的折子，下令“立停科举以广学校”。自隋唐以来延续了1300多年的封建社会科举制度在清末新政中被彻底废除，科举取士与学校教育彻底摆脱了关系。

科举制度被废除，作为其附庸的旧式教育没有了存在的依托，也逐渐随之消失。1898年京师大学堂成立，同时具有最高学府和最高教育行政功能，以及1905年清廷学部设立，作为全国最高教育行政机构负责全国学校教育事务，国子监的教育教学和行政管理功能完全丧失。国子监被裁撤部分职员并入学部，国子监走向衰败而至消失；清末八旗学校转轨，改为小学堂、高小学堂或中学堂，八旗书院改为八旗高等学堂；书院也一律改为新式学堂，金台书院一度荒废，后改办顺直学堂，更多的书院改建为高小学堂；作为传统教育基础和科举预备场所，府州县这些地方官学也不得不改造，走向消亡的命运，随

① 俞启定.《北京古代教育史料》[M].北京：北京教育出版社，1992.

着劝学所设立，儒学逐渐被裁撤废止。

科举制度是中国古代教育的支柱，也是近代教育发展的桎梏。废除科举制度是清末教育改革的一件大事，在中国教育发展史上占有重要地位，它直接带来了近代教育巨大变革，对近代中国社会发展也发挥了重要作用。

二、学制改革

鸦片战争至甲午战争期间，清末教育变革主要是伴随洋务运动开展的，洋务学堂和教会学校是学校教育改革的两条主线。尽管洋务派囿于历史条件限制，并没有明确提出学制改革主张，但在一定程度上推进了中国近代学制改革的进程。从洋务派中分离发展而来的一批早期资产阶级改良派，深刻认识到西方国家强盛的根源不在于器物而在于制度，不在于坚船利炮而在于教育学制。何启、胡礼垣在《新政真诠》中指出，“立中国于不败之地，则先有立中国不败之人乃可。此非宏学校不能也。”郑观应则在借鉴西方教育基础上倡议建立西方近代学习制，“宜照泰西程式，稍作变通，文武各分大、中、小三等，设于各州县者为小学，设于省会者为中学，设于京师者为大学”。这些是清末新政时期学校教育改革的先声，为中国近代教育新学制建立和发展奠定了初步的基础。

（一）壬寅学制

1901年1月29日，清政府宣布实行新政，“取外国之长，去中国之短”，从政治、军事、经济、教育等领域进行全面变革，教育是新政重要内容之一。1901年9月14日，清政府颁布《兴学诏书》，谕令全国兴办学堂，“除京师大学堂，应切实整顿外，著各省所有书院，于省城均改设大学堂，各府厅直隶州均改设中学堂，各州县均改设小学堂，并多设蒙养学堂”[①]，于是开始了清末新政时期长达十年的教育

① 朱寿朋.《光绪朝东华录》[M].北京：中华书局，1958.

改革。随着全国各地新式学堂不断增加，学堂之间课程设置、学习年限有较大差别，关于新式教育深层次改革的一系列问题逐渐暴露出来。如何从全国各级各类学堂出发，进行教育体系的系统化设计，是摆在清末教育改革者面前的关键问题。

1902年8月，时任京师大学堂管学大臣张百熙上《进呈学堂章程折》，“值智力并争之世，为富强致治之规，朝廷以更新之故而求人才，以求人才之故而本之学校，则不能不节取欧、美、日诸邦之成法，以佐我中国二千年旧制”①。张百熙在所上奏折中呈现了他经过长期调研和广参博考之后，设计描绘的新学制设想。新学制很快得到清廷奏准，这就是清末新政第一次学制改革。随后清廷颁布了《钦定学堂章程》，因为得到慈禧太后的高度认可，所以加了“钦定”二字。《钦定学堂章程》颁布之年为“壬寅年”，又称“壬寅学制”。《钦定学堂章程》包括《大学堂章程》《考选入学章程》《高等学堂章程》《中等学堂章程》《小学堂章程》《蒙学堂章程》共六个章程。“壬寅学制”充分借鉴了日本学制，又适当结合了中国情况，它对各级各类学堂在机构性质、培养目标、入学条件、入学年限、课程设置以及学堂间关系进行了具体规定，初步构架了比较完备的学校教育体系。“壬寅学制”将学校教育分为三段七级：第一阶段为初等教育，依次由蒙养学堂4年、寻常小学堂3年、高等小学堂3年组成；第二阶段为中等教育，中学堂4年以及与之并行的师范学堂和中等实业学堂；第三阶段为高等教育，高等学堂或大学预科4年，大学堂3年，大学院不定年限。与高等学堂并行的还有高等实业学堂、仕学馆和师范馆。

由于种种原因②，“壬寅学制”作为中国历史上第一个较为完备的

---

① 璩鑫圭.《中国近代教育史资料汇编·学制演变》[M].上海：上海教育出版社，1991.

② 根据有关史料，学界分析认为“壬寅学制”没有实施有多方面原因，与学制本身仍不成熟有关，更与朝廷内部权力斗争有关。管学大臣又增添满臣荣庆。张百熙推行改革受到种种钳制，学制实施遭遇阻力。

学制并未得到实施，但其的确满足了地方兴学热潮中急需权威性依据的需求，并为之后的研制新学制做了铺垫。并且，“壬寅学制”在一定程度上指导着两年间全国教育改革和实践，直至1904年1月“癸卯学制”颁布才完成了它的使命。

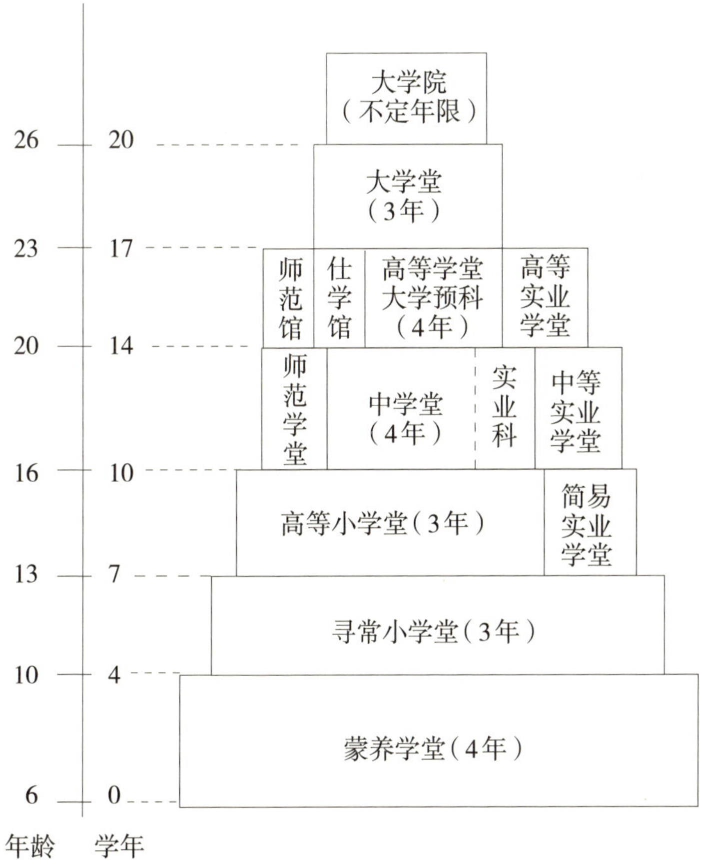

图6-1　壬寅学制

（二）癸卯学制

张百熙主持设计的“壬寅学制”尽管没有切实落地，但在全国范围内开设学堂的风潮并没有停息，兴办学堂推动新式教育改革更加轰轰烈烈，对新学制的呼唤也愈加强烈。张百熙在京师苦心孤诣地筹划“壬寅学制”的同时，湖广总督张之洞也在湖北殚精竭虑地兴办各级各类学堂，将其与刘坤一在“江楚会奏变法三折”①中提出的建立学制基本主张付诸实践。两江总督刘坤一在江宁、袁世凯先后在山东和直隶推行教育改革和拟定学堂章程，也开展得有声有色。这些地方教育改革实践引起了清廷的关注，为之后“癸卯学制”制定和实行做了准备。

1903年5月，张百熙、荣庆领衔上奏朝廷，请张之洞改订学堂章程获准，于是第二次学制改革落在了张之洞、张百熙、荣庆三人头上，“将现办大学堂章程一切事宜，再行切实商定，并将各省学堂章程，一律厘定”。张之洞临危受命投入新学制改订中。经过几个月广参博考和讨论商榷，拟定了包括《初等小学堂章程》《高等小学堂章程》《中学堂章程》《高等学堂章程》《大学堂章程》《初、优级师范学堂章程》《学务纲要》等在内的《奏定学堂章程》，于1904年1月13日上奏朝廷并获准“次第推行”。颁布之时仍为农历癸卯年，所以《奏定学堂章程》又称“癸卯学制”。张之洞是“中体西用”的倡导者和力行者，其主持设计的“癸卯学制”贯彻了这一宗旨，又借鉴了日本学堂管理模式，系统化设计了一套中国近代学校教育制度。

“癸卯学制”将学校教育在纵向分为初、中、高三段共七级，长达29年至30年：第一阶段为初等教育，分别为蒙养院4年、初等小学堂5年、高等小学堂4年，共三级13年；第二阶段为中等教育，有

---

① “江楚会奏变法三折”为1901年7月由刘坤一领衔与张之洞共同上奏的系列折，包括：《变通政治人才为先遵旨筹议折》《遵旨筹议变法拟整顿中法十二条折》《遵旨筹议变法拟采用西法十一条折》《请筹巨款举行要政片》，又称“三折一片”。“江楚会奏变法三折”对清末新政关于兴学校、练新军、奖励工商实业和裁减冗员各项改革提出了具体改革措施，被清政府作为推行“新政”的蓝本。其中，有关于新学制的基本主张：州、县设小学校和高等小学校，儿童8岁以上入蒙学，12岁以上入小学校，15岁以上应入高等小学校；府设中学校，18岁高等小学校毕业取为附生者入中学校学习普通学；提出了设高等学校一所，以中学校毕业生入学肄业，并多设陆军学校及农、工、商、矿等专门学校。

中学堂一级5年，与之并行的还有简易师范学堂、初级师范学堂、中等实业学堂，学制不一；第三阶段为高等教育阶段，分为高等学堂或大学预科3年、分科大学堂3年至4年、通儒院5年，与高等学堂并行的还有优级师范学堂。除此之外，还为任官在职人员设立了进士馆和仕学馆。“癸卯学制”对各级各类学堂的教育宗旨、入学资格和年龄、课程设置和修业年限等均有明确规定，特别是在培养目标和人才规格方面，突破了传统旧式教育培养仕途官员的单一目标，已经有所分化。“癸卯学制”提出初等教育阶段建立蒙养院，确立师范教育体系和实业教育体系，以及规定师范生接受免费教育等，都具有开创性。同时“癸卯学制”仍具有浓厚的封建性。张之洞特别强调“中学为体”，封建文化在他心目中根深蒂固地存在，深刻反映在他主持制定的学制课程中，“讲经读经”课程占较大比例，占小学课程的40%，中学课程的约1/3；封建性还表现在沿用旧式官学陈规，学生毕业与入仕挂钩，不同学堂毕业相应给予不同进士、举人、贡生、秀才等出身；还有，女子教育在教育体系中极式微，女子只能就读专门女子小学和女子师范，这体现了封建男权思想在教育领域的遗存。

“癸卯学制”是近代学校教育制度发展进程中重要的创新。我国近代学校教育制度发展受种种因素制约和影响，不可能一蹴而就。自19世纪60年代以来，我国学制近代化已经走过了三十余年的蹒跚历程，此时转以邻邦日本教育改革为主要借鉴，开始孕育出新的学制，其必然体现了教育领域内中与西、旧与新的不断冲突和融合。既“上溯古制”又“参考列邦”，坚持“中学为体、西学为用”的宗旨，在当时土壤和气候下“也许是最好的选择”[①]。作为第一个颁布且在全国施行的中国近代学制，“癸卯学制”标志着中国近代教育体系的建立。它自颁布以来在全国施行一直到辛亥革命后宣布废止历时近十年，不

① 谢长法.清末学制近代化的历程，纪念《教育史研究》创刊二十周年论文集（3）——中国教育制度史研究。

仅对清末期教育发展产生了重要影响，而且对民国乃至新中国成立以后的学制发展都有积极作用。

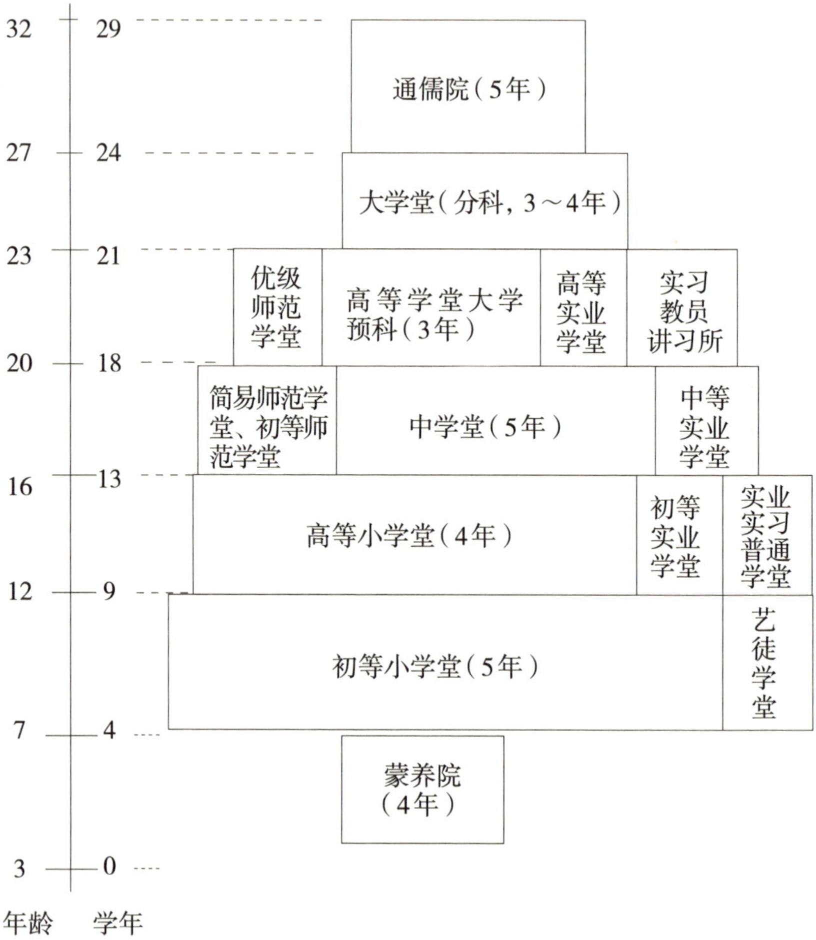

图 6-2　癸卯学制

三、发展社会教育和女子教育

（一）发展社会教育

中国社会教化源远流长，作为一种传统在古代社会发挥着规范社会秩序和引领社会价值的作用。伴随封建社会中央集权制度的完善，以儒家价值为主要内容的社会教化体系也在不断发展，“在清代达到了巅峰，形成了一个以宣讲《圣谕广训》为中心，包括乡约、戏曲、小说等娱乐教化、民间信仰等客观上承担社会教化职能的社会教化体系”①。在社会教化体系架构下，儒家价值观在民间广泛渗透。甲午战争以后，清政府在坚船利炮攻击下被迫敞开国门，文化落后、民智闭塞已是朝野共识，深刻地认识到传统社会教化并不能唤醒思想沉睡的国民。在“开民智”思想驱动下，更多的教育者和官员将目光投向海外，他们走出国门考察学习西方现代教育思想，于是西方国家社会教育理论和活动经验开始在国内传播，社会教育被认为是一种具有强大力量的温和突破，其中日本通俗教育发展模式给清末社会教育发展带来很大启发。

1895年，康有为在《上清帝第四书》中提出“泰西富强源于大开民智”，“民智”是西方国家“致强之由”。同年，严复在其著作《原强》中阐述了中国要“图自强”，以及“民智、民力、民德”是图强之本。1896年，李端棻在《推广学校折》中提出，“京师及各省、府、州、县遍设学堂外，请奏设藏书楼，供人自由阅读，并在繁华地域开办大报馆，使上至君后，下至妇孺，都能足不出户而于天下之事了然”。这些论述可以看作是近代“开民智”运动的“先声”，对清末社会教育发展起到了思想引领作用。1903年，清末留学生创办的刊物《游学译编》第九期《教育泛论》一文中，将教育划分为家庭教育、学校教育和社会教育三大类，是学习借鉴西方国家教育体系的传播声音，也是社会教育进入我国教育领域话语体系的开始。1904年至1909年，是清末社会教育迅速发展的阶段，各种社会教育机构广泛设立。1904年，清政府颁布了《重订学堂章程》（“癸卯学制”），其中的实业补习学堂、实业教员讲习所章程等被认为是我国补习教育的开端，均具有社会教育性质。1905年清末新政以后，

① 李凯一.《传统延续与跨国影响——清末民初社会教育的起源》[J].《终身教育研究》，2017年第2期.

清政府加大社会教育开展力度，一方面广设“劝学所”，将学龄儿童教育纳入新教育体系，提升学龄儿童入学率以保证更多国民接受教育；另一方面广设“宣讲所”，学部颁布系列宣讲书目，将以“道德劝善”为主的传统官定教化内容《圣谕广训》和政令进行扩展，增加了《劝学篇》《国民必读》《普通商业问答》等宣讲内容，体现了社会教育“增长知识、开启民智”的主旨，并从形式上开始从官方宣讲向现代演讲转变。1908年，清政府颁布《简易识字学塾计划》；1909年，各地开始正式设立简易学堂，宣讲劝善兴利，并兴办了工人半日学堂、农民耕余学习班、商业补习夜馆、女工传习所和阅览处等社会教育机构。

清末中国适逢大变局，社会教育担负起了唤醒民众和挽救民心的重要责任，是清末国家面临危亡之时的一场大规模民众启蒙运动。在此背景下，清末期社会教育迎来崭新的面貌进入发展兴盛期，发展态势延续至民国时期。清末期社会教育的兴起至民国初年的蓬勃繁荣，“既是传统社会教化的延续和变革，又是西方影响的产物”，“一方面，传统知识分子开始在一次次落败之后对以儒学为中心的传统教化体系产生怀疑，试图将西方价值体系灌输至民间社会；另一方面，传统社会教化也自觉承担起挽救社会人心的功能，并可在其中发现西方社会教育的影子”[①]。

社会教育是清末北京教育体系发展不可或缺的内容，北京也是在全国范围率先发展社会教育的地区，相对而言更加繁荣和成熟。清末北京社会教育发展来自两方面力量，一是清政府的有力推动，二是爱国有识之士的积极支持。尤其是在学部饬令设立京师督学局以来，给予社会教育发展一系列支持，比如：开办简易识字学塾、半日学堂、夜学堂、近代报刊、宣讲所、阅报处以及组织戏曲演出等，这些构成是清末北京社会教育的主要机构和活动形式。其中，开办简易识字学

① 李凯一.《传统延续与跨国影响——清末民初社会教育的起源》[J].《终身教育研究》，2017年第2期.

塾、半日学堂、夜学堂的主要目的是降低文盲比率，使“人人能识字”，是基本识字教育，也是“开民智”的前提；开办近代报刊发行、宣讲所和阅报处以及组织戏曲演出等，主要目的是普及社会知识“开通社会智识”，属于知识普及教育。

制订简便易行的识字方案是开展识字教育的首项任务，清政府实施了相关举措，并且很多文人学者也加入这项教育活动中。1903年，曾经的维新志士王照致力于识字研究，他编辑出版了《拼音对文三字经》《拼音对文百家姓》等九种字母书，积极推广“官话合声字母”；王照还在北京创办了“官话字母义塾”，推动民众识字教育开展；自王照之后，很多学者以他的“官话合声字母”为基础编制了多种汉语拼音方案，对提高民众识字速度有很大推动。1909年，学部饬令京师督学局率先筹办识字学塾，围绕以上两种简易识字课本开展教学。随后，大兴、宛平两地先行设立，简易识字学塾在京师多地推广设立起来。

半日学堂和夜学堂也逐渐发展起来。这两类学堂的创办得益于刘学谦、罗振玉等多位大臣和有识之士。1902年以来，他们多次极力奏请倡议创办，以使民众有更多可以接受识字教育的途径。半日学堂以识字、算学为主，主要招收家境贫寒者和年长失学者，成年人“半日就读，半日营生”，年少者“半日读书，半日习艺”，并且不收取学费。1906年，东四牌楼大街设立有半日学堂，有教员3人，职员1人，学生80人①；1909年，据京师督学局统计，北京有9所半日学堂，教职员工共18名，有学生294名②。夜学堂面向城市中商业职工、学徒和城市贫民招生，是一种“为已成人者谋补习”，“开通一般多数无知识之人民”的教育手段，实为“今日中国救贫弱之良剂”。北京广益阅报社附设有半夜学堂，为贫寒子弟提供场所，他们可以白天为生计奔波劳作，夜晚来到这里补习；北京崇实学堂的添夜班，同样是利用晚上时间开课。这些针对贫困阶层和年长者提供识字教育的社会

① 汤世雄，等.《北京教育史》[M].北京：学苑出版社，2011.

② 京师督学局一览表[Z].京师督学局制.转引自：刘晓云.《清末北京社会教育述论》[J].《北京社会科学》，2011年第5期。

教育机构，为北京减少文盲、提升市民素质发挥了重要作用。

为使民众获得更多社会知识和提升生存技能，以及向广大民众宣传清末改革精英们求新求变的主张，北京还开辟了学堂之外的多种途径，比如：举办报馆刊印报刊；设立宣讲所对民众宣讲；设立阅报处向民众开放阅读；运用戏院、书馆等场所通过民众娱乐提升社会教化等。

广设报馆印发报纸。1895年8月，在梁启超主持下《万国公报》（后改为《中外纪闻》）在北京创刊，它是我国民间办报之始，在戊戌变法运动中发挥了政治舆论作用，并带动了北京办报热潮。之后，为方便民众阅读，北京陆续创办了白话报馆。这些白话报馆刊登政治动态和社会新闻等，语言简明，受众广泛，办得很有生机。1904年8月，彭翼仲在北京创刊了一份以北京市民为主要读者对象的时事政治。报刊名称为《京话日报》，刊登反帝爱国思想、揭露社会阴暗现实和反映民众疾苦，成为当时北京最有影响力和发行量最大的一份报纸，被认为是清末北京市民文化启蒙的先声。1905年，各地报刊如雨后春笋般涌现，《京话日报》仍然享有一定声誉，其他报纸在语言风格、格式编排上，都在试图模仿《京话日报》，足可见其在报业的影响力。

广设宣讲所开展宣讲。清末很多热心改革人士认为宣讲有很强的教育感化力量，主张对民众宣讲，以使更多民众从愚昧到文明、从柔弱到强大。伴随着清末新政，宣讲所在北京应运而生。宣讲所最初由爱国学者和士绅积极主张和筹办，很多新思想、新观念在宣讲所得到广泛和快速的传播。1907年，八旗右翼第三初等小学堂堂长松元和教师等人创办了普通教育演讲所；热心志士铁珊等人在西城设立一处宣讲所；还有一位志士乐绶卿在东牌楼大街创办了第五区宣讲所。宣讲所对民众宣讲的影响力日益显著，于是政府也投入这项活动中。随着宣讲所创立数量增加和规模扩充，以及在民众间影响力渐大，清政府也开始增创并加以严格管理。南城第一宣讲所是京师督学局设立的第一个宣讲所，于1906年10月在大栅栏广德茶园首次演讲；1907年，在位于前门外观音寺街的升平茶楼又开设一处演讲所，吸引了很多民众包括上层社会人士前来听讲。督学局派人进行宣讲，升平茶楼总是人来人往、场面热烈。这些宣讲所很受民众欢迎，在启发民智和教化民众方面收到良好效果，于是京师督学局继续在内外城增设多个宣讲所，选派师范学堂毕业生担任讲员，并给予一定经费支持。有统计显示，1908年京师督学局办有宣讲所10所，职员23人，年经费共计980元；1909年办有宣讲所19所，职员65人，年经费1846元[①]。1907年，京师督学局要求未设立宣讲所的京城地方，“亟应照章宣讲，以期实行通俗教育”[②]，并派人员去具体实施。清末宣讲的场地很广泛，不仅在宣讲所开展，也有在劝学所、阅报处、戏院戏台以及茶楼开展。清末北京地区宣讲所创办与宣讲活动开展，对开启民众思想和点亮民众以及改良社会风气都起到了重要作用。

广设阅报处开展读报讲报。阅报处是清末期政府和热心有识之士为开启民智而开辟的场所，以方便民众读报、阅报和听讲报纸要闻的地方。“维新变法”时期，维新启蒙者创刊发行报纸的同时，也在积极创办阅报社以促进民众增长知识。《申报》曾指出阅报有“广增见闻”“通知时务”“便利商贾”“攸关教化”四大好处[③]。变法失败后，清政府为控制言论曾下令禁报和取缔学会，阅报社也受到抵制。直到1901年清末新政开始，报刊“开民智”的重要作用被广泛认识：“多一人阅报，即多一开通之士；人尽开通，何患不强！何患不富！”[④]于是，阅报讲报活动再次复兴，阅报社在全国各地普遍设立。在北京众多书报社中，1901年创立的通州书报公社和1902年创立的文明书局书报公社在全国有较大影响力。对于北京地区阅报处的繁荣盛况，

---

① 刘晓云.《清末北京地区宣讲所述评》[J].《兰台世界》，2016年6月上.

② 时闻.《轮流宣讲》[J].《直隶教育杂志》，1907（12）：99.转引自：苏全有.《清末宣讲所探析》[J].《河南理工大学学报（社会科学版）》，2014年第2期.

③ 《论阅报大有益于人》[N].《申报》，1895年6月12日.转引自：常恒畅等.《近代阅报社研究》[J].《湖南社会科学》，2013年第2期.

④ 《东方杂志》第2年第4期，第9期.转引自：刘晓云，《清末北京地区阅报处述论》[J].《中外企业家》，2010年第1期（下）.

《大公报》有报道，“京师风气大开，讲报阅报各社皆已林立，每日听阅者击毂摩肩”[①]。阅报处开始在北京地区广泛设立起来，创办者有知识分子和商人，也有政府官员。1905年，一位热心志士于今西城区安定门一带设立日新阅报社；同年，翰林院翰林吴荫培等人在宣武门外米市胡同附近财神庙内设置阅报处，陈列几十种报纸供民众阅读。之后，京师督学局也投入创办阅报处热潮中，相继在北京城内各学区建立了一些公立阅报处。阅报处设立在1905年、1906年达到高潮，有统计显示，“1905年7月底，北京阅报社有十几处，到1906年2月增加到二十几所，6月则共有26所”[②]。阅报处设立场所也很多样，除了设立专门阅报社，还借用庙堂、茶馆、书馆，甚至药铺、照相馆等地开辟空间设立阅报社。同时，阅报社开始和新式教育相结合，部分识字义塾开辟了阅报社，或者阅报社提供识字义塾功能。清末时期阅报处的创立，有效利用了报纸作为最普通大众传媒的优势，向民众传播时政要闻、社会局势、政策舆论以及生活常识等，是北京地区社会教育开展的又一重要途径。

拓展戏院书馆教育功能。清末北京地区戏曲书馆盛行，戏院书馆的数量不断增长，朝廷在清初曾下令“永行禁止京师内城开设戏馆”，于是前门一带则成为戏馆集中之地，密集排列了众多“戏院”和“书馆”[③]。这些戏院书馆是京城民众尤其是下层劳苦阶层常光顾的地方，为民众提供了文化娱乐和社会交流的空间，在北京民众日常生

---

① 《大公报》.北京：人民出版社，1982.转引自：常恒畅等.《近代阅报社研究》[J].《湖南社会科学》，2013年第2期.

② 《文明进步》[N].《大公报》，1905年7月30日；《调查阅报社之宗旨》[N].《大公报》，1906年2月26日；《阅报社之发达》[N].《大公报》，1906年9月19日．转引自：刘晓云，《清末北京社会教育述论》[J]．《北京社会科学》，2011年第5期.

③ 戏院是由“茶楼”“茶园”发展而来，早期的“茶楼”“茶园”主要消费品是茶，看戏听戏是免费的，之后消费转移至戏曲，称谓随之改为“戏园”；进入清末期在西方剧院理念影响下，剧场观、演空间在发生变化，“戏院”一词逐渐流行。“书馆”在古代指教授学童读书的场所，到清末时期则指艺人进行评书等曲艺表演的场所，也称为“茶书馆”“书茶社”等，尤其在北京南城前门一带流行。

活中扮演着重要角色。戏曲、说书等艺术形式具有独特的教化启迪功能，于潜移默化之中对民众思想实现了“温和的突破”。随着其教化民众的重要性逐渐被认同，戏院书馆也成为清末北京对民众进行教化的重要场所。1916年12月27日，蔡元培在北京通俗教育研究会发表演讲，“戏剧之有关风化，人所公认。戏剧中所装点之各种人物，其语言动作，无一不适合世人思想之程度。故舞台之描摹，最易感人。且我国旧剧中之白口，均为普通语言，听之者绝无隔膜之弊。未受教育之人，因戏剧而受感触者，恒较为敏锐。尝见北京旧日戏园有所谓池座者，大抵为不识字之人所占，而每次采声，必先发自池座”[①]。蔡先生之论述，是对清末北京戏院盛况和民众对戏曲热烈呼应的精彩表述，也是对戏曲艺术承担社会教育功能的特别强调。

（二）发展女子教育

随着戊戌维新运动的兴起，在引进西方天赋人权、自由平等、个性解放等民主思想的同时，男女平等、妇女解放等思想也一起输入中国，女子教育逐渐被提上社会改革的议事日程，中国新式女子教育在清末开始兴起。

中国在近代以前没有专门的女子教育，只有对女子的家庭训导，内容主要是中国社会纲常伦理体系下的“三从四德”。鸦片战争以来进入近代社会，西方资产阶级思想文化开始广泛传播，中国社会、经济和文化在发生着巨大变化，教育也在变革，兴办女学以使女性获得教育权成为女权运动的热点。19世纪40年代，外国传教士结合布道传教开办了女学堂、女学塾、女书院等女子学校。这些女子学校主要接收下层平民阶层女子，没有影响到当时的上流阶层。北京地区创立最早的女子学校是1864年由美国基督教公理会贝满夫人创办的“贝满女塾”，创校之初专为家庭穷困和流浪无依的女童提供接受小学教

① 蔡元培.《在北京通俗教育研究会演说词》[J].《东方杂志》，1917年4月15日，第14号。

育的机会，校址在今东城区大鹁鸪胡同。1870年，美国长老会传教士在交道口创办“崇慈女中”，后来迁至保定，美国人在原校址又创设了女校。1872年，美国美以美会传教士在崇文门孝顺胡同建立了“慕贞女书院”，后称北京慕贞女中。这一时期全国外国教会创办女校的数量有所增加，统计显示，“1876年外国教会在华所办的女校已达82所，就读女生已有1307人，其中女子寄宿学校39所，寄宿学生794人”①。这些教会女校的设立，打破了中国传统社会长期以来女子无学可就的格局，是近代女权运动争取教育权的突破。1898年4月，中国第一所自主创办的女子学校——经正女塾在上海成立，尽管由于“维新变法”失败而被迫停止办学，但却是中国自主兴办女学的开端。

20世纪初，清政府先后制定的《钦定学堂章程》《奏定学堂章程》，对学校系统、课程设置和学校管理有具体规定，但都没有明确女子教育的地位。尽管如此，北京地区的女子教育仍在发展。1901年，英国基督教中华圣公会在宣武门内承恩寺创建圣斐德女学，后改名笃志女中。贝满学堂更名为贝满中学后，于1903年设立大学课程，成为中国女子高等教育的开端。1905年学部成立，女子教育明确列入学部职掌范围。女子教育逐渐受到民众认可，女子学堂也随之广泛设立起来，“仅1905年北京开办的女学堂就有3所，招收学生近百人”②，如：位于今东单干面胡同的豫教女学堂，位于今建国门东总布胡同的淑范女学堂。1906年，又有一些女学堂在北京创办起来，如：位于西单报子街的女学传习所，位于东单水磨胡同的淑慎女学堂等。1907年，学部颁布了《女子师范学堂章程》和《女子小学堂章程》，女子教育有了法律地位，促进了各类女子学堂的发展创立。清末期北京女学发展已经初具规模，“船板胡同、东四牌楼北六条月牙胡同、报房胡同、南横街、魏染胡同、东四六育芳胡同、昌平城内户部街、宣武门外四川营胡同、贾家胡同、府右街、弓箭营、石驸马大街、西总布胡同、宣武

① 陈景磐.《中国近代教育史》[M].北京：人民教育出版社，1979.

② 汤世雄，等.《北京教育史》[M].北京：学苑出版社，2011.

门外珠巢街、崇文门北孝顺胡同、前门外琉璃厂、果子巷、北新桥等地络绎出现女学堂，多为初等小学，也有职业女校”[①]。

1908年，御史黄瑞麟奏请设立京师女子师范学堂，获得清学部批准，最初暂借了位于和平门外八角琉璃井的京师大学堂医学馆作为临时校舍，仅设2年制简易科；1910年4月，又附设两等小学堂，并增招完全科，迁入宣武门内石驸马大街（今西城区新文化街）。民国初年，京师女子师范学堂改名为北京女子师范学校，并积极筹建女高师；1924年，改名为北京女子师范大学。京师女子师范学堂旧址现为北京鲁迅中学，其仿西方风格建筑群至今保存，是近现代中国重要建筑遗产之一。

在清末北京女子教育倡导和女学堂兴办过程中，清廷大臣等高层人士也表现出积极热情。1905年，清廷肃王爷妹妹“开风气之先”，到京师女学堂任教；1906年，清廷拨10万银两，派肃王爷姐姐效仿美国女子学校开办一所女子师范学堂，“以备各省模仿”。北京女子教育发展进一步带动了女报发展。《北京女报》作为清末北京地区主流妇女日报，在其发行的1905年至1909年间，正是北京女子教育发展的蓬勃期，体现了北京女学与女报在发展中相互支持和呼应。《北京女报》一直积极倡导和热诚宣传女学兴办，记录了北京女子教育发展的过程点滴。这些因素客观上推动了北京近代女子教育的发展，在全国女子教育兴办中居于引领地位，规模和声势在全国也有一定影响。

四、设立京师督学局和劝学所

（一）学部、京师督学局和八旗学务处

清政府学部。1895年3月，维新人士何启与胡礼垣在《新政论议》中提出，借鉴西方近代国家机构的模式，对清政府现有国家机构进行改组，主张增加“商部、学部和外部”，提出“学部不设，则

① 刘宁元.《清末北京早期女子教育的肇兴》[J].《北京档案》，2013年第9期.

国内无堪用之才，故加立学部……”之后，汪康年、麦孟华等多位有识之士主张进行官制改革，分别提出增设教部、学部，如：1897年4月，维新人士麦孟华在《论中国变法必自官制始》中提出，“多立学堂，别创学部，专官任事，重其责成，如是而民智不开，殆未有也”。维新变法时期，维新派提出广设各级各类学校，建立完备的近代国民教育体系，急切要求建立中央教育行政管理机构，“上接变官制、改政体，下连废科举、兴学校、育人才”[①]。1898年京师大学堂成立，它既是全国最高学府也是最高教育行政机构，统辖各省学堂，孙家鼐为首任管学大臣。1901年清末开始实行新政，在推动教育领域变革中，除了教育内容、教育形式和教育机构改革已是大势所趋，教育行政管理改革同样势在必行。壬寅、癸卯学制相继实施，更加促进了新式学堂发展，全国新式学堂规模急速增加，“到1905年，除去教会学堂，全国已有各级各类学堂8277所，学生达25万人”，各级各类教育机构组成的近代新式教育体系正在形成，从中央到地方教育行政管理进行相应变革显得更加急迫。与此同时，朝廷内外关于设立学部的呼声起起落落。根据《学务纲要》（即《奏定学堂章程》总纲），“京师专设总理学务大臣，宜于省城各社学务处一所”，学务处只是临时性的过渡机构。1904年，清廷发布上谕改管学大臣为学务大臣，并在学务大臣之下设立六处属官。1905年10月，山西学政宝熙专折奏请设立学部，裁撤礼部、国子监。这一奏折被认为是清政府设立学部的重要催化剂。1905年12月6日，清政府颁布上谕，“前经降旨停止科举，亟应振兴学务，广育人才，现在各省学堂已次第兴办，必须有总汇之区，以资董率。而专责成，着即设立学部，荣庆著即调补学部尚书，学部左侍郎著熙瑛补授，翰林院编修严复，著以三品京堂候补，署理学部右侍郎。国子监即古之成均，本系大学，所有该监事务，著即归并学部”[②]。由此，全国最高教育行政机构——学部诞生。专职统管全

① 关晓红.《晚清学部的酝酿产生》[J].《历史研究》，1998年第2期.

② 朱寿朋.《光绪朝东华录（五）》[M].北京：中华书局，1958.

国教育事务的正式中央机构终于诞生，之前设立的学务处部分人员调入学部。学部下设总务司、专门司、普通司、实业司、会计司共5司及司务局，每司分设数科。学部还附设了编译图书局、学制调查局、京师督学局、高等教育会议所、教育研究所等[①]。《学部酌拟本部官制职守清单》明确了学部下设各司科职能，以及各官职员额分配，普通司下设师范教育科，“员外郎一员，主事二员，办理科务。掌优级师范、初级师范学堂、盲哑学堂、女子师范学堂教科规程、设备规则，及关于管理员、教员、学生，并学堂与地方行政财政有关系之一切事务。又凡通俗教育、家庭教育及教育博物馆等事务均隶之”[②]。学部是我国历史上第一个正式、独立和专门的中央最高教育行政管理机构，是晚清教育近代化变革的产物，不仅标志着近代中国中央教育行政的确立，而且在中国教育史上具有里程碑意义。

京师督学局。1905年，政务处和学部联合奏请各省设立“提学使司”，总理全省教育行政事务，筹划全省教育经费和管理各级学校。鉴于在全国“首善之区”地位，更加重视对京师各项教育的建设和管理工作。1906年5月，学部奏定官制，奏请设立京师督学局，“置师范教育、中等教育、小学教育三科，每科设科长一人。其局长由学部奏派，其科长可酌派部中司员兼任，其科员则以聘员充之”[③]。7月，学部获准特设立附设机构——京师督学局，并裁撤了八旗学务处，“现在京师设督学局，各省设提学使司，所有官立、公立、私立各种学堂，在京师者归督学局管理，在各省者归提学使司管理”[④]。于是，京师各项教育事宜开始由京师督学局统辖，全面监督和管理。督学局成为清末京师各项教育事业的最高行政管理机构，也是北京专设

① 中国第一历史档案馆（方裕谨选编）.《清学部成立档案史料》[J].《历史档案》，1989年第3期.

② 中国第一历史档案馆（方裕谨选编）.《清学部成立档案史料》[J].《历史档案》，1989年第3期.

③ 舒新城.《中国近代教育史资料》（上册）[M].北京：人民教育出版社，1979.

④ 中国第一历史档案馆（叶志如选编）.《清末学政学务章程史料》[J].《历史档案》，1989年第1期.

教育行政管理机构的开端。京师督学局设局长一人，由学部奏派，首任局长由学部左参议、原八旗学务处总理孟庆荣担任，其上任第一要务是“划分学区、遴选员绅、设立劝学所”。京师督学局的机构设置、人员配备和主要职能具体如下：设局员若干以管理局务，由学部视学官内派任，译官任翻译；下设总务处、师范教育科、中等教育科、小学教育科，各科设科长一人，对京师各领域教育事业实行分科管理；京师各学堂堂长、教员等均由督学局委派；凡在京师开设的大中小学堂，均须在督学局进行登记注册，获批准开办并接受管理；各级学校学生毕业，由督学局负责考务工作，统一组织考试、阅卷及成绩公布等；督学局还负责组织教学观摩会。

八旗学务处。在新政兴学初期，清政府率先将京师八旗学校改制

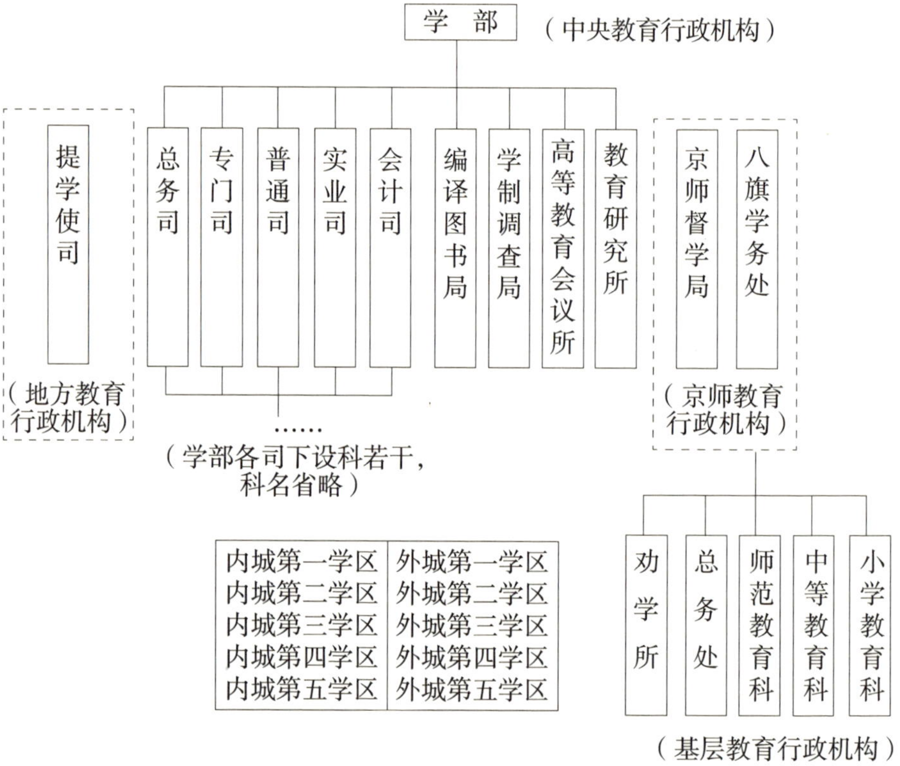

图 6-3　清末新政时期全国及京师教育行政机构系统图

为学堂。为管理八旗所属各类学堂教学事务，依据《学务纲要》在京师设立了八旗学务处，作为管理八旗各学堂教学事务的地方教育行政管理机构，地点在八旗高等学堂内。随着1906年7月京师督学局的设立，八旗学务处即行裁撤，八旗学堂接受京师督学局统领管理。由于八旗各学堂在京师数量较多，并且因特殊政治、社会地位而享有特殊待遇，教学经费、设施等方面一直远高于其他学堂。京师督学局在管理时有一定困难，于是1908年又恢复八旗学务处专门管理京师八旗所属学堂，只是毕业考试仍由京师督学局统一管理。一直到辛亥革命，北京地区教育行政管理一直保持着京师督学局和八旗学务处两条脉络，八旗子弟在教育方面享有一定特权。

表6-1　清末京师劝学所主要职能

职能分工	具体任务
分定学区	按照京师内外城巡警总厅所属分厅地段，京师共分为9个学区
选举职员	京师劝学所负责人称“总董”，总理京师各区学务，由督学局委派。劝学所在每学区设有劝学员办事处，设劝学员1人，并酌选本区的学务董事，学务董事为名誉职位
统合办法	劝学员在本辖区调查筹款兴学情况，商承总董，拟定办法，劝令各区绅士切实举办此项学堂。经费一律由本区绅士筹措，官方不管此项经费。关于经费筹措情况，劝学员须随时向劝学所报告。劝学所予以张榜公示，一为核实数额，二位表彰鼓励
讲习教育	劝学员首先于劝学所开设教育讲习科，研究学校管理法、教育学、奏定小学堂章程、管理通则等，限两个月毕业。每月两次赴劝学所开会，呈交劝学日记及研究心得
实行宣讲	各区择宽敞地方设立宣讲所，聘请专门的宣讲员，宣讲“圣谕广训”和学部选定的宣讲材料。宣讲内容首重政府颁布的“忠君、尊孔、尚公、尚武、尚实”之教育宗旨，其次才是具体的教育内容，如修身、历史、地理、格致等课程，白话新闻亦在宣讲之列

续表

职能分工	具体任务
绘制图表	劝学员要就所辖地方绘制总、分各图，注明某地有学堂几处、每学堂有多少教室等，同时将学生班次、人数、课程及经费收支等造具表册报劝学所
推广学务	劝学员平时要联合各家及本区绅士，查实入学年龄儿童情况，随时记册、挨户劝导，并承担介绍入学的责任，每年以劝募学生入学情况对劝学员进行工作优劣考核

备注：以上京师劝学所各项任务，由京师督学局依据《奏定劝学所章程》确定，资料来源于《北京教育史》(汤世雄主编)。

(二)劝学所

清末期新政教育变革推动了中国近代教育发展，设立了全国教育行政机构学部、地方教育行政机构提学使司(北京地区为京师督学局)。尽管《学务纲要》要求各地方设立学务处，以及州县设立相应的教育行政管理机构，但是到地方层面并没有切实遵办，地方基层教育的行政管理基本上是真空状态，严重阻碍着近代教育教学改革发展。在这一背景下，劝学所作为地方基层专职教育行政机构应运而生。严修是劝学所在中国的首倡者和实践者，他于1902年、1904年两次考察日本地方教育管理法规及机构设置。1905年8月，严修在直隶学务处督办任上开始进行全省范围的基层教育管理改革，要求直隶全省县级均设立劝学所，主要职责是劝导县级兴办小学、府级兴办中学和普及初等教育。严修主导推进的直隶劝学所创立和初等教育改革成效显著。1906年，严修赴任京师学部侍郎一职，辅佐学部尚书统管全国的学务，将其在直隶创办劝学所的经验带到学部并推向了全国。1906年5月，学部颁布《奏定劝学所章程》，在各省推行劝学所制度，要求各厅、州、县设立劝学所，“各厅州县应各于本城择地特设公所一处，为全境学务总汇，即名曰某处劝学所……凡本所一切事宜，由地方官监督之”[1]。由此，劝学所正式成为清末期县级教育管理机构，使清政府推动的近代教育改革切实深入地方基层，落到县乡农村，加强了地方教育行政管理权。1906年11月，京师督学局于正阳门外设立劝学所，为“京城学务之总汇”。依照《奏定劝学所章程》有关要求，劝学所设置劝学总董和劝学员，经费由京师督学局拨发，在实际推动过程中，学部也给地方以咨文，呼吁地方绅商襄助教育发展。京师劝学所首任总董为内阁中书陈应忠，一年之后被调学部任职，由学部主事祝春年接任。由总董任职变化可以看出清政府学部对京师劝学所的重视。劝学所在京师督学局监督下，负责研究教育发展问题和京师各学区劝办学堂事务，主要任务有：分定学区、选举职员、统合办法、讲习教育、实行宣讲、绘制图表、推广学务。科举制度废除，私塾改良学堂是这一时期地方教育改革的主要内容。[2]按照京师内外城巡警总厅所属分厅地段划分方案，督学局将京师学区分为内外城共9个学区，每个学区分置劝学员，由京师劝学所总董推选，京师督学局委任。学区劝学员主要负责本学区私塾改良学堂和地方教育事务，《学部官报》曾刊载《京师劝学所试办章程》，界定了劝学员5项职责，分别是劝学、兴学、筹款、开风气和去阻力。[3]1907年，京师劝学所进行私塾改良很有成效，私塾旧教育从教育内容、教学方法和教师观念上都有推动，努力符合近代新教育要求，被学部特立为全国劝学所之表率。1909年学部统计，“全国各厅州县共设劝学所1588所，总董1577人，劝学员12066人”[4]，大约只有1/5的州县未设立劝学所。

---

① 中国第一历史档案馆（方裕谨选编）.《清学部成立档案史料》[J].《历史档案》，1989年第3期.

② 汤世雄，等.《北京教育史》[M].北京：学苑出版社，2011.

③ 汤世雄，等.《北京教育史》[M].北京：学苑出版社，2011.

④ 朱有瓛，等.各省劝学所统计表，《中国近代教育史资料汇编——教育行政机构及团体》[M].上海：上海教育出版社，1993.

第二节　清末期北京的教育机构

晚清新式学堂种类繁多，从办学主体上说，有教会学堂、中外合办学堂和官办学堂。从学科上说，有单科学堂、多科学堂和全科学堂。从资金来源上说，有官方独资学堂、官民合资学堂和民间融资学堂等等。但从历史时期来看，可以大体分为三个阶段，即洋务学堂阶段、维新学堂阶段和新政学堂阶段。

一、洋务学堂

（一）洋务运动与洋务学堂创立

清末社会危机四伏，一些有识之士率先发出了向西方学习的呼声。林则徐组织编译了《华事夷言》《四洲志》《各国律例》，被誉为“睁眼看世界的第一人”；魏源在《四洲志》基础上编写了《海国图志》，介绍几十个国家的历史、地理、政治、经济、军事、文化和科技等，提出“师夷长技以制夷”的思想。这些主张既是洋务运动的思想先导，也是中国教育近代化的先声。经历了两次鸦片战争的失败，晚清洋务派开始谋求自强富国，以挽救清代统治的危局。

洋务运动又称自强运动，是晚清洋务派面临内忧外患的巨大危机而发起的一场以引进西方军事装备、机器生产和科学技术为主要内容的运动，是晚清封建统治者发起的一次以“提升攘外安内能力”“挽救清廷统治危局”为目标的自救运动。1861年1月11日，恭亲王奕䜣会同军机大臣桂良、文祥，上奏《通筹夷务全局酌拟章程六条》，奏请设立“总理各国事务衙门”，吹响了清末期洋务运动的号角。1861年8月“辛酉政变”后，慈禧太后掌握清统治大权，开始支持和重用以奕䜣为代表的洋务派。1861年秋，曾国藩在安徽安庆设立了安庆军械所，是洋务运动兴办实业落地启动的标志。自19世纪60年代初期至90年代中期的30余年内，洋务派大规模引进西方先进科学技术，兴办了一批近代军事和民用工业，安庆军械所和江南制造总局是其中的典型代表。洋务运动的宗旨是“中学为体、西学为用”①，口号是“自强、求富”，目的是引入西方科学技术，维护清廷统治。甲午战争中北洋水师全军覆没，宣告了洋务运动的失败。洋务运动失败有其本身局限性的原因，但其客观上刺激了民族资本主义的产生，也推动了教育领域的变革。洋务派主张进行教育改革，创办洋务学堂是洋务运动的重要内容。在清政府奕䜣等支持下，曾国藩、李鸿章、张之洞、左宗棠等地方洋务派代表在全国兴起了创办洋务学堂热潮。这一时期创办的洋务学堂大致分为同文馆（广方言馆）、军事学堂（武备学堂）、实业技术学堂共三类。这一时期在全国创办了近40所洋务学堂，尤其是军事学堂和实业技术学堂数量众多，部分洋务学堂见表6-2。

表6-2 清末全国各地部分洋务学堂概况

类别	名称	设立时间	设立地点	发起者（筹办者）
同文馆（广方言馆）	京师同文馆	1862年	北京	恭亲王奕䜣
	上海广方言馆	1863年	上海	江苏巡抚李鸿章
	广州同文馆（广州广方言馆）	1864年	广东广州	广东巡抚郭嵩焘 广州将军瑞麟
	新疆俄文馆（中俄专门学堂）	1887年	新疆	新疆巡抚刘锦棠
	台湾西学馆	1887年	台湾台北	台湾巡抚刘铭传
	珲春俄文馆（珲春俄文书院）	1889年	吉林珲春	吉林将军长顺
	湖北自强学堂	1893年	湖北武昌	湖广总督张之洞

① “中学为体、西学为用”，是洋务运动的宗旨，也是洋务派教育思想的体现。“中体西用”的主张者以张之洞为代表，他强调洋务教育仍然要以传授传统经史之学为根本，其次才是学习西方先进科学技术，以补充中学之不足。“中体西用”主张是维护封建统治阶级的思想体现，有其阶级局限性，是客观上导致洋务运动走向失败的原因之一。

续表

类别	名称	设立时间	设立地点	发起者（筹办者）
军事学堂（武备学堂）	福建船政学堂	1866年	福建福州	闽浙总督左宗棠 船政大臣沈葆祯
	上海江南制造局操炮学堂（工艺学堂）	1874年	上海	苏淞太道道台沈秉
	广东实学馆（广东水陆师学堂）	1882年	广东广州	两广总督刘坤一 粤督张树声
	广东黄埔鱼雷学堂	1886年	广东广州	两广总督张之洞
	天津水师学堂（北洋水师学堂）	1880年	天津	直隶总督兼北洋大臣李鸿章
	天津武备学堂（北洋陆军学堂）	1885年	天津	直隶总督兼北洋大臣李鸿章
	北京昆明湖水师学堂	1888年	北京	海军衙门总理大臣奕譞
	山东威海卫水师学堂	1890年	山东威海	北洋海军提督丁汝昌
	江南水师学堂（南洋水师学堂）	1890年	江苏南京	两江总督兼南洋大臣曾国荃
	旅顺口鱼雷学堂	1890年	辽宁旅顺	北洋舰队
	直隶武备学堂（陆军行营武备学堂）	1896年	直隶保定	直隶总督兼北洋大臣袁世凯
	湖北武备学堂	1896年	湖北武昌	湖广总督张之洞
实用技术学堂	福建电报学堂（船政学堂附设电报学堂）	1876年	福建福州	福建巡抚兼船政大臣丁日昌
	天津电报学堂（北洋电报学堂）	1880年	天津	直隶总督兼北洋大臣李鸿章

续表

类别	名称	设立时间	设立地点	发起者（筹办者）
实用技术学堂	上海电报学堂	1882年	上海	上海电报局
	天津西医学堂（北洋西医学堂）	1893年	天津	直隶总督兼北洋大臣李鸿章
	湖北矿务局工程学堂	1892年	湖北武昌	湖北矿务局

洋务运动初期，近代军事和民用工业发展迫切需要具有近代科学技术知识的人才，对国外开放通商和增进交流迫切需要掌握西方语言文化的人才，这些是封建旧式教育和早期教会学校人才培养所不能满足的，洋务学堂恰恰是洋务派面对人才需求巨大压力进行教育领域革新的产物。兴办洋务学堂是清代末期洋务派开展洋务教育的主要形式，也是洋务运动的重要组成部分。在“西学东渐”趋势下，洋务学堂引入了西方近代科技和文化，开设内容主要是外语、自然科学和实用技术等“西学”课程，教育教学形式上也借鉴了西方资本主义学校和课堂，与封建旧式教育有明显区别，初步具备了近代教育特征，是中国近代教育新式学堂的初始形态。除了兴办洋务学堂，洋务派开展洋务教育还体现在其他方面，如：积极推动派遣留学生赴国外学习先进科学技术，以及组织和支持翻译西方书籍。在清廷和地方洋务派人士合力支持下，这些洋务学堂在全国得以开办并培养了大批洋务人才。这些人才经由清末新式教育系统学习西方自然科学和近代科学技术，以及西方语言和文化，为洋务运动30余年持续开展提供了人才支持，从洋务学堂走出了近代中国第一批翻译人才、外交人才、军事人才、科技人才，有力地推动了中国近代化进程。

京师同文馆和昆明湖水师学堂是洋务运动期间北京地区兴办洋务学堂的典型代表，分别以培养翻译和外交人才以及军事人才为目标。1862年，清廷批准恭亲王奕䜣所奏在北京开办京师同文馆，校址在东堂子胡同的总理衙门内。其创建背景是第二次鸦片战争后北京被迫开放建立外国公馆，按照《中英天津条约》规定所有中外交涉需用英文，对外语特别是英语人才有急迫需求，于是催生了京师同文馆的创立。京师同文馆是清末洋务运动中最具有代表性、影响力最大的两所新式学堂之一，也是洋务派创立最早的学校，首开近代外语教育(方言教育)之先河，并成为其他地方同文馆创立的典范。另一所是福建船政学堂，被誉为近代实业教育的开端。京师同文馆在北京乃至中国近代教育史上占有重要地位，它既是北京近代学校建立的标志，也是中国近代教育开端的标志。1887年创建于皇家禁苑颐和园的昆明湖水师学堂则是清政府唯一的皇家海军学校，也是一所专门培养满族海军军官的学校。其创建背景是北洋水师学堂的迅速发展引起清廷的警觉，建校目的是培养满族海军人才以加强清廷对海军的控制。

(二)京师同文馆

清末成规模建立新式学堂始于同治、道光年间，创办京师同文馆是重要标志。1860年第二次鸦片战争结束，洋务派领袖恭亲王奕䜣在与西方帝国列强谈判过程中，强烈感受到外语人才在外交事务中的重要性。由于清末政府外交腐朽无能，西方帝国强加了不平等文字使用条款，即中外交涉条约只在三年内可附用中文，三年后均用英文书写，并规定“遇有文词辩论之处，总以英文为正义”。恭亲王奕䜣代表清政府被迫签订了《中英北京条约》《中法北京条约》之后，于1861年1月联合军机大臣文祥等人奏请创办外国语学堂。奕䜣等人在《奏请创设同文馆说》中指出，“与外国交涉事件，必先识其情性，今语言不通，文字不辨，一切隔膜，安望其能妥协！……欲悉各国情形，必谙其语言文字，方不受人欺蒙”。恭亲王等人的奏请很快得到咸丰帝恩准。经过一年多积极筹备，1862年8月，我国近代史上的第一所洋务学堂京师同文馆正式成立，并于同年开始招生。京师同文馆附属于总理各国事务衙门，以应对清末日益增加的外交事务对外交和翻译人才的需求。除培养外交和翻译人才之外，同文馆还组织师生翻译西方书籍，以及开展印刷出版活动，成为清政府了解西方世界的重要窗口。清政府创办京师同文馆的最初目的，是培养满族外交与翻译人才，因此早期仅招收八旗子弟，后来招生范围逐渐扩展招收汉人。京师同文馆是清政府外交领域人才急需背景下创办的，有极强的“急用先学”，以求“立竿见影”和解“燃眉之急”的目的。

1862年，京师同文馆创办初期，只开设英文馆（“馆”相当于现代大学的“系”“部”），并聘请了英国传教士包尔腾为总教习。1863年，又增设了法文馆和俄文馆。开设课程仅限于外国语言和传统中文。京师同文馆聘请外国教师教授外语，在办学过程中明确了同文馆区别于教会学校，规定外教不准在教学中有传教行为。1866年12月，奕䜣等人在推进洋务运动过程中深切感受到对新型实用人才的需求，再次奏请同治帝在同文馆增加天文、算学馆并得到批准。增设天文、算学馆是京师同文馆课程改革的开端，学校性质开始从外语翻译专科学校向以外语和外教为特色的综合性新式学堂转变。1868年，聘请美国人丁韪良讲授万国公法，次年任命其为同文馆总教习，课程设置开始有较大改变，逐渐增加了许多实用的自然科学课程。1871年开设德文馆，1888年开设格物馆（后改为格致馆），1897年开设东文馆和制造测绘馆。这些新馆开设丰富了京师同文馆课程内容。开设课程有算学、化学、天文学、医学与生理学、物理、测绘学、国际法、地理和历史等。部分课程更加细分，细分的课程也更加专业，例如算学分为数理启蒙、代数、几何原本、平三角、弧三角、微分积分等连续科目，依据内容进行分阶段讲授，是中国教育史第一次以数学为基础课程进行的循序渐进式的分段授课。①

京师同文馆有统一的课程设置和管理章程，减少了“四书”“五经”旧式教育传统课程科目。京师同文馆借鉴西方学校教学制度，采取分年授课制和班级授课制，教学制度向规范化方向发展，学生可以按照教学计划较为系统地接受各学科教育，并且京师同文馆是我国最早采用班级授课制的学校。1876年，京师同文馆公布了《八年课程

① 刘仲华，等.《北京教育史》[M].北京：人民出版社，2008.

表》和《五年课程表》（见表6-3），八年制学生由外文学习各学科需要8年，年龄较大学生因学力受限则凭借译本学习各学科课程。五年制生员除了不学习外文相关课程外，其余修习课程基本与八年制生员相同。翻译书籍是八年制同文馆生员必需的课程内容，几乎每年都有相应课程开设，尤其在后面学习中译书更是主要内容。也正是同文馆开设课程对译书非常注重，开办后培养了一批通晓外文人才，还翻译了大量西方科技、法律和文史方面的书籍。

表6-3　京师同文馆八年制和五年制课程设置情况[①]

年次	八年制课程设置	五年制课程设置
第一年	认识写字、浅解词句、讲解浅书	数理启蒙、九章算法、代数学
第二年	讲解浅书、练习文法、翻译条子	学四元解、几何原本、平三角、弧三角
第三年	讲各国地图、读各国史略、翻译选编	格物入门、兼讲化学、重学测算
第四年	数理启蒙、代数学、翻译公式	微分积分、航海测算、天文测算
第五年	讲求格物、几何原本、平三角、弧三角、练习译书	万国公法、富国策、天文测算
第六年	讲求机器、微分积分、航海测算、练习译书	
第七年	讲求化学、天文算学、万国公法、练习译书	
第八年	天文算学、地理金石、富国策、练习译书	

京师同文馆办学转型并非一路坦途，在引入西方自然科学进入课

① 汤世雄，等.《北京教育史》[M].北京：学苑出版社，2011.

程中，引起了清廷守旧势力的反击阻挠，受到恪守传统理学的保守派的猛烈攻击。以奕䜣为首的洋务派就同文馆是否增设天文算学馆，与以同治帝老师倭仁为首的保守派展开了激烈的论辩。保守派认为经史之学应是儒家士大夫阶层学习的正统，天文、算学等是不入流的“雕虫小技”。倭仁在奏折中力陈“立国之道，尚礼义不尚权谋；根本之图，在人心不在技艺”，极力阻止学生修习天文算学等科目。清廷内洋务派和守旧派的激烈争论以洋务派胜出告结，它改变了同文馆语言学堂性质，成功开设了以自然科学为主的系列课程，培养了陆徵祥、严复等一批人才，客观上促进了西学在近代中国的传播，并以此确立了其在中国教育近代史上的开创性地位。尽管洋务派在这次斗争中取得胜利，推动了同文馆课程教学改革以适应经济社会发展，但是其改革并不彻底，在保守派的掣肘中有所退让妥协。京师同文馆课程表中没有列入经史之学，其实这些学科一直贯穿在学制课程始终，这也体现了洋务教育局限性，没有从根本上改变封建旧式教育，经史之学仍然占据了学生学习的很多时间。其中八年制课程标有备注，“至汉文经学，原当始终不已，故于课程并未另列”，以及“向来初学者，每日专以半日用功于汉文”。这些表述都是京师同文馆对封建旧学课程科目仍然有一定程度保持的记载。但是，中国近代教育发展变革的步伐不会停止，清廷最终批准了天文馆、算学馆等的连续设立，京师同文馆成为洋务运动时期教育改革的风向标。

京师同文馆在成立之初仅设有英文馆的阶段，招入学生数也仅有10人，并全部是旗人。1863年，增加了法文馆和俄文馆，学生数增加至30人，仍然仅限于八旗内招生，“资质聪慧，现习清文，年在十五岁上下者”，体现了清廷在教育上的倾向性。这段时期京师同文馆以外语学习为主，以汉语学习为辅；学生学习出路是在清廷任职当差；在招生方面也有所限定，只有满族子弟才可以接受教育进入统治阶层。1866年，奕䜣极力奏请增加天文、算学馆之后，开始扩大招生数量，汉人也可以进入同文馆学习，但是有比较严格的条件，须是有科名的举人、贡生，或由此出身的五品以下、年龄在

30岁以下京外的官员才能入学。京师同文馆的学生规模不断扩大，1888年学生数量增加到125人，之后学生规模保持在120人左右。京师同文馆还安排学生赴国外游学，1866年派出3名首批优秀外语毕业生赴美国游学，1869年派出6名学生作为翻译随清政府使团出访欧美，1895年和1896年又先后派出两批共16名学生分别赴英、法、德、俄使馆实习。学生扩大了视野，增长了见识。京师同文馆的学生学费均由清政府公费支持，膳食、住宿、书籍、笔墨纸张等也均由馆内供给，学生每月有薪水，考试优等者另有奖赏，可见清廷对京师同文馆的极大支持。

1900年八国联军侵占北京，同文馆被迫停办，1902年正式并入京师大学堂。京师同文馆在近40年办学历程中，为中国近代社会发展培养了大量翻译和外交人才，以及掌握西方自然科技的实用人才。京师同文馆尤其推动了我国外交事业的发展，在同文馆创立之前几乎无外交可言，同文馆培养的外交人才作为外交事务大臣被清廷派往世界主要国家，外交事业在清末随之发展起来。同时，京师同文馆创办发挥了重要示范作用，影响带动了上海广方言馆和广州同文馆的创立发展，共同构成清末我国自主教育培养走向世界的知识分子的先声力量。京师同文馆在北京乃至全国近代教育发展中具有划时代意义。

二、维新学堂

（一）维新变法与维新学堂创立

清朝海军在甲午战争中的全面溃败，给国民以沉重打击，也震惊了朝野上下。1895年4月，清政府被迫签订了丧权辱国的《马关条约》。康有为、梁启超等组织1300多名在北京应试的举人联名上书光绪皇帝，痛陈民族危亡的严峻形势，提出“拒和、迁都、练兵、变法”等主张，史称“公车上书”。“公车上书”因顽固派的强烈阻挠而失败，却由此掀开了维新变法的序幕。1898年6月11日，光绪皇帝颁布“明定国是”诏书，维新变法正式开始。之后，维新变法的浪潮汹涌而起，以康有为、梁启超为首的维新派力倡变革，改革政治、教育制度，发展农业、工业和商业，在教育领域采取一系列变革举措，如：废八股，兴西学；创办京师大学堂；设立译书局，派出留学生；奖励科学著作和发明；等等。然而，由于维新变法触及以慈禧太后为首的守旧派利益，维新派擘画的资产阶级改良蓝图并没有全面实施。1898年9月21日，慈禧太后发动戊戌政变，囚禁光绪皇帝，康有为、梁启超逃往国外，谭嗣同等戊戌六君子被逮捕并杀害，历时仅百余天的变法以失败告终。近代资产阶级维新派的这些政治主张基本悉数告败，仅有京师大学堂作为仅存的变法成果得以保留。

尽管维新变法失败，但维新变法有力推进了这一时期的教育改革，全国掀起了新式学堂设立的高潮。维新派认为教育是变法之根本，中国衰弱的根本原因在于教育，教育落后于西方国家，人才培养、科学技术均落后于西方国家，学习西方兴办新式学堂，培养人才和发展科技才是国家兴盛的出路。在众多维新人士创办的学堂中，以康有为在广州创办的万木草堂和陈宝箴、黄遵宪等在长沙创办的时务学堂影响最大，均以“中体西用”为办学宗旨，教学内容强调“中西并重”，宣传改良主义思想。盛宣怀奏请并获准分别于1895年在天津创立北洋大学堂和1896年在上海创立南洋公学，效仿西方学制办理“头等学堂”“二等学堂”等，也引领了新式学堂的风气之先。还创办了其他类型的新式学堂，如：张元济在北京创立通艺学堂，谭嗣同等在浏阳创立算学馆，徐树兰等在绍兴创立中西学堂等，都在当时产生了积极影响。维新变法期间，光绪皇帝还下令将书院改为学堂，兼习中学和西学，省会书院改为高等学堂，府城书院改为中等学堂，县城书院改为小学堂，其他民间办社学、义学等也一律兼中西学，以及命令设立京师大学堂。

维新变法前后北京地区教育改革也有推进和成效。上文述及的通艺学堂由刑部主事张元济主持设立，并得到了翻译家、教育家严复的大力支持。通艺学堂之名即由严复所起，“通”指讲求精通，“艺”

指泰西诸实学，意指办学宗旨为“造就人才，留心务实”[①]。张元济主持制定了《通艺学堂章程》，以规范学堂办学，课程设置注重实用性且门类较多，尝试让学生在若干门“实学”课程中进行选课，课程教材多从国外引进或翻译。张元济为学堂多方聘请教习，严复曾在这里宣讲西学源流，吸引了京师很多好学者来此听讲。张元济在通艺学堂设立图书馆，并制定了图书管理规定。在当时传统书院仍然盛行的背景下，通艺学堂无疑是一股新式教育清新之风，在办学章程、教学管理、课程设置、教学内容、教材选用等方面，向西方教育借鉴学习，呈现出开放性、实用性、灵活性特征。然而，通艺学堂存续时间并不长，自1896年筹建到1898年秋变法失败后被迫关闭仅两年，创办人张元济被朝廷“革职永不叙用”，其位于宣武门内的校产造册移交京师大学堂。通艺学堂是维新变法教育领域变革的产物，尽管办学时间短暂，但其在洋务运动之后北京地区新式学校教育创办历史上留下了浓重的一笔，在借鉴西方教育体制办学方面又前进了一大步。

京师大学堂是维新变法的重要成果，在我国高等教育史上有开创性地位。1898年维新变法期间，依据光绪皇帝发布的改革诏令，开始筹建京师大学堂，校址设立于景山东街。任命孙家鼐为官学大臣，许景澄和丁韪良分别为中学和西学总教习。梁启超为京师大学堂拟定了章程，共计8章52条，强调大学堂办学“中西学并重”。维新变法期间，京师大学堂处于筹办时期，确立了办学宗旨、开设课程、修课管理制度，尤其课程设置和洋务运动时期的京师同文馆相比有很大进步，在中西并重原则下不仅学习外国语言和西方科学，而且将西方政治、经济、历史等人文科学作为重要内容，是京师大学堂办学的一大进步。京师大学堂是北京历史上第一所新式高等学堂，也是我国历史上第一所由中央政府创办的综合性大学。京师大学堂是维新变法的产物，也是变法失败之后仅存的硕果，对之后新政时期北京乃至全国教育领域变革有很大影响。1900年，京师大学堂先后遭遇义和团和八

① 刘仲华，等.《北京教育史》[M].北京：人民出版社，2008.

国联军的侵占破坏而被迫停办，直到1902年才恢复办学。

除通艺学堂和京师大学堂外，维新变法前后北京还有其他仿照西式教育设立的学堂，如：王照、徐世昌于1898年3月创立的八旗奉直第一号小学堂，是北京最早设立的新式民办小学堂。

（二）京师大学堂

1895年，顺天府尹胡燏棻上《变法自强疏》，奏请朝廷裁改书院和设立学堂，建议“应先举省会书院，归并裁改，创立各项学堂，……数年以后，民智渐开，然后由省而府而县，递为推广，将大小书院一律裁改”，以求“经济匡世”之才。1896年，刑部左侍郎李端棻给光绪皇帝呈奏《请推广学校折》，建议在全国各省、府、州、县设立各级学堂，并正式提议设立“京师大学堂”，以开发教育、振兴国家。1898年初，维新变法声势渐起，康有为奏《应诏统筹全局折》，再次提出“自京师立大学，各省立高等中学，各府县立中小学及专门学”。1898年6月11日，光绪皇帝颁布“明定国是”诏书宣布变法，“京师大学堂为各行省之倡，尤应首先举办”。梁启超落实维新派在教育领域的变法主张，起草了《奏拟京师大学堂章程》（以下简称《章程》），提出“兼容并包”“中西并用”，以及课程设置“严密切实”。该《章程》既是京师大学堂章程，也是中国近代高等教育的最早的学制纲要。京师大学堂的建设原则是“宽筹经费、宏建校舍、慎选管学大臣、简派总教习”。1898年7月3日，光绪皇帝正式批准设立京师大学堂，并委派吏部尚书孙家鼐为管理学务大臣，主持京师大学堂创立。孙家鼐得到光绪帝御令后，随即投入大学堂筹备创立事务中，并上奏《遵筹开办京师大学堂折》，详细陈述了创办京师大学堂具体举措和建议，强调“举其要义，凡有四端：一曰宽筹经费，二曰宏建学舍，三曰慎选管学大臣，四曰简派总教习”。光绪皇帝对孙家鼐的建议主张深为认同，并且几乎完全采纳了孙家鼐奏折中的建议。

京师大学堂为各行省之倡，尤应首先举办。著军机大臣、总理各国事务王大臣会同妥速议奏，所有翰林院编检、各部院司员、大门侍卫、候补候选道府州县以下各官、大员子弟、八旗世职、各省武职后裔，其愿入学堂者，均准入学肄习，以期人才辈出，共济时艰，不得敷衍因循，徇私援引，致负朝廷谆谆告诫之意。将此通谕之。钦此。

（清光绪皇帝“明定国是”诏书）

京师大学堂设立之初具有双重职能，既是全国最高学府，同时还是最高教育行政机关，统辖管理全国各省学堂办学。京师大学堂校址设在地安门内马神庙；孙家鼐为管学大臣，统理大学堂事务；大学堂初创经费和常年经费由户部筹拨，给予持续支持；大学堂设立中西学两个总教习，分别为中国人许景澄和美国人丁韪良；原来的官书局和新设立的译书局并入大学堂。大学堂办学方针是“中西并用”，办学宗旨是“广育人才，讲求时务”。大学堂提供普通学和专门学两类课程供学生修习，学生在修习完普通学课程可以选学一至两门专业学课程，并要求每位学生须修习一门外语。

1898年9月28日，慈禧太后发动戊戌政变，也是她一生发动三次政变中的最后一次。这次政变中，光绪皇帝被囚禁，戊戌六君子被杀，众多维新派人士被抓捕，以慈禧太后为首的保守派重又执掌政权。戊戌政变标志着维新变法以失败告终，不久维新派教育变革主张遭废弃，经济特科被罢，各省学校被废，八股取士恢复，只有京师大学堂作为维新变法的成果幸存。尽管维新变法诸多改革措施没有落到实处，然而“民智已开、不可遏抑”，维新思想已经在民众中得到广泛传播和生根发芽。1900年，庚子事变爆发，京师大学堂先遭义和团冲击，后被八国联军德、俄侵略军占为兵营，校舍、书籍、设备严重毁坏，大学堂被迫停办长达两年。直到1902年，随着慈禧太后迫于局势推行清末新政，清廷才下令恢复京师大学堂。在新任管学大臣张百熙主持下，京师大学堂进入新政背景下的改革发展新阶段。

三、新政学堂

（一）清末新政与新政学堂创立

清代末年处于内忧外患异常严峻、国家危机空前严重的时期，社会发展各方面急需变革。1900年八国联军侵占北京，清政府被迫签订《辛丑条约》，再次给朝廷内外以沉重打击，民族危亡的时局异常严重。自鸦片战争之后的数十年来，清政府在战争和外交上屡屡受到重创，《辛丑条约》给清政府造成的损失更是达到不堪境地，清廷对变革需求加剧，维新时期的保守派也有所醒悟并开始主张变法。朝廷大臣刘坤一、张之洞、袁世凯等不断敦请清政府实行新政，主张改革的声音越来越响亮。1901年1月29日，慈禧太后以光绪皇帝名义颁布上谕，宣布正式实施新政，希望通过新的政治改革达到自强的目的。上谕中强调，“晚近之学西法者，语言文字制造器械而已，此西艺之皮毛，而非西学之本源也”。

清末新政的改革举措涉及军事、官制、法律、商业、教育等社会多个方面，力图进行一系列系统性改革，包括编练新军、倡导商业、改革教育、改革官制、建立法制。清政府在这些领域的改革皆有成效，在教育领域推行新政具体为“废科举，办学堂，派留学”。1901年9月，清政府下令各省城书院改大学堂，各府厅直隶州设中学堂，各州县设小学堂，并多设蒙养学堂。1902年8月，清政府颁布了《钦定学堂章程》，又称“壬寅学制”，由管学大臣张百熙拟定，初步构建了比较完备的学校教育体系，也是中国近代第一套学校教育体系章程。“壬寅学制”颁布后并没有广泛实施，1903年，张百熙会同张之洞、荣庆，在“壬寅学制”基础上重新拟定了《奏定学堂章程》，又称“癸卯学制”。“癸卯学制”对各级学校设置、学校管理、课程设置等有明确规定，并于1904年颁布推行，也成为中国近代史上第一个颁布并实际推行的学校教育制度。清末时期女子教育逐渐发展起来，女子开始有进入学校接受教育的权利。1905年12月，清政府设立“学部”，承担全国教育行政职能，以加强对各级各类新式学堂的管理。1907年3月，颁布了《女子小学章程》《女子师范学堂章程》，确立了女子教育在中国近代教育体系中的合法地位。“癸卯学制”有其向近代教育发展的进步性，但仍然保留有封建传统教育内容，教育为封建政治服务的属性依然明显。清末新政教育改革卓有成效，在全国范围迅速创办了一批近代学堂，“1903年学堂总数为769所，1906年为23862所，1909年为59117所”①。

清末新政时期的教育宗旨为“忠君、尊孔、尚公、尚武、尚实”，在教育领域得以明确并贯彻实施。1906年，时任学部右侍郎严修执笔呈奏《奏请宣示教育宗旨折》，很快得到光绪皇帝上谕，明令在全国颁布推行。严修提出，“学堂以中学为主，西学为辅；培养通才，首重德育；并以忠君、尊孔、尚公、尚武、尚实诸端定其趋向”。教育宗旨前三项“忠君、尊孔、尚公”清晰表现出统治阶级的愿望，希冀教育能实现用封建伦理纲常对学生思想控制的目的，其后两项“尚武、尚实”强调军事与实学，有自强富国和抵御外侮之意。于是，“忠君、尊孔、尚公、尚武、尚实”成为各级各类学堂的教育宗旨，具有封建守旧和近代求新的双重属性，是中国历史上第一个由政府宣布的教育宗旨，从清末新政一直沿用至民国初年。清末新政在诸多领域进行改革，其中教育领域改革较为彻底深入，其标志就是废除了延续千余年的科举制度。尽管科举制度在清末新政时期被废止，但是科举制对中国教育发展的影响仍然广泛而深远。

（二）清末中小学堂

维新时期北京地区推行教育改革，已有中小学堂创立，如：1898年，管学大臣孙家鼐主持创立京师大学堂的同时，还附设了中、小学堂，招收清廷重要官员子弟和清八旗世职、武职官员子弟；1899年，王照、徐世昌等人在北京设立了八旗奉直小学堂（又称奉直第一号小学堂）；1901年，五城学堂在琉璃厂厂甸附近设立，后更名为五城中

① 王笛.《清末近代学堂和学生数》[J].《史学月刊》，1986年第2期.

学堂，即北京师范大学附属中学的前身。这些在新学制颁布前设立的新式中小学堂是北京近代中、小学堂的开端，为清末新政时期中小学堂进入发展繁荣阶段奠定了基础。进入清末新政时期，教育领域的一系列改革举措，带来了清末兴学高潮。北京在兴办新式学堂中开风气之先，在全国起到引领作用。

新学制颁布是清末新政教育领域变革的重要内容，由此带动了北京新式学堂的广泛建立。1902年之后的10年间，北京中小学堂兴办经历了三个阶段①：1902年至1905年，“壬寅学制”和“癸卯学制”连续颁布，催生了北京中小学堂大规模设立，迎来第一次兴办高潮期。这一时期中小学堂以官办为主，并且官办学堂主要接收清廷要员和八旗子弟，普通家庭子弟仍只能去私塾就读，私立学堂处于萌芽期，因需求日益增加开始孕育发展。1906年至1907年，教育行政机构京师督学局成立，专门管理京师地方教育事务，同时，学部陆续审定了初等小学、高等小学和中等学堂暂定书目，中央层面对学校教学管理进一步规范。这些都催生了北京中小学堂设立迎来第二次兴办高潮。这一时期许多私立学堂和公立学堂②兴办起来，并且规范性得到加强，北京近代中小学体系在这一时期有了雏形。1908年至1909年，京师督学局设立劝学所，并在内外城划分学区置劝学员，重点推广普及小学教育，颁布了《京师劝学所改良私塾办法》，促进私塾改良小学堂，旧式教育形式和内容向新式教育转变，催生了北京中小学堂发展的第三次高潮。这一时期北京地区大批私塾改造为私立小学堂，北京近代中小学体系初步建立起来，为清末后期及民国初期的教育改革和发展奠定了重要基础。

经过以上三个阶段发展，在政府和民间共同努力下，中小学堂普遍建立起来，构成了近代北京中小学教育的基本样貌，学堂数量、

① 汤世雄，等.《北京教育史》[M].北京：学苑出版社，2011.

② 清末新政时期的公立学堂与官立学堂并不完全等同，是介于官立学堂和私立学堂之间的学堂类型；到民国时期，公立学堂在后期逐渐并入私立学校管理类别，原官立学堂则改称为公立学校，分为国立学校和省立学校。

学生数量和教师数量初具规模。据京师督学局1908年的调查，“其所属小学堂共189所，高等小学堂14所，两等小学堂[①]32所，初等小学堂143所，共有教师552人；高等小学堂在校生2688人，初等小学堂在校生8108人；此外还办有11所女子学堂，有学生629人；办有半日学堂[②]8所，有学生286人。”[③]在北京清末兴学中小学堂改制和新建过程中，清八旗做出了积极设立学堂的表率。1902年至1905年，北京官立小学堂占据新设立小学堂的主体，京师督学局1906年数据调查显示：1902年设立八旗小学堂9所，1903年设立八旗小学堂7所，1904年设立八旗小学堂16所，1905年设立八旗小学堂6所，共计38所。非旗属学堂虽然在数量上远少于八旗学堂，但其设立带有很强的示范性，如：1902年至1905年期间北京设立的五城中学堂、顺天中学堂、宛平县立高等小学堂、北洋官立第一小学堂等。1906年之后，随着新政教育改革逐渐开放，对西方学校教育制度的学习深入，学堂的八旗性质逐渐弱化不再彰显。

北京小学堂数量和规模发展导致对教师需求增加，初级师范学堂在这一时期相应地发展起来。1904年1月，清廷颁布了《奏定任用教员章程》，是中国近代首次颁布也是唯一的教师任职资格法规。《奏定任用教员章程》规定大学堂、高等学堂、普通中学堂、高等和初等小学堂、优级和初级师范学堂、高等和中等实业学堂教师设置具体要求，这些不同层级的学堂均设正教员、副教员，并且规定从高一级学堂毕业并取得文凭的优等生，才能担任本级学堂正教员。据此章程规定，小学堂堂长和教师必须由初级师范学堂毕业生担任。为快速培养大批合格的小学堂教师，以解决之前设立的小学堂师资急缺问题，

---

① 两等小学堂为初等、高等合并设立的小学堂，这类小学堂存在于清末民初时期。

② 半日学堂是1905年学部成立后，为提升民众文化程度和照顾贫寒家庭子弟入学而设立的学堂类型，半日学堂由劝学所管理，半日学堂入学不限制年龄、不收取学费，受到百姓欢迎；除此之外，1909年学部还为无力入学家境贫寒且年龄较大者开办了另一种简易识字学塾，学时更少仅进行简单文字教育。

③ 学部总务司.《光绪三十四年份第二次教育统计图表》；转引自刘仲华，等.《北京教育史》[M].北京：人民出版社，2008.

1906年5月，京师督学局在原国子监南学旧址（今方家胡同附近）设立京师第一初级师范学堂，学制2年，首批招生300人，开设简易科和优级师范选科，于8月正式开学。与京师第一初级师范学堂同期成立的还有官立内城师范传习所、外城师范传习所、大兴初级师范学堂和宛平初级师范学堂。另外，这一时期还设立了业余学习的师范学堂，例如：东城夜学师范传习所、西城夜学师范传习所、东北城夜学师范传习所、西北城夜学师范传习所等，以及教会创办的私立性质的中法尚义师范学堂。这些师范学堂为北京小学堂输出了大批教师，保障了办学运行。

（三）清末高等学堂（含预备科）

清末新政之前，庚子事变爆发和《辛丑条约》签订，外交和军事上的又一次惨败，使清政府进一步深刻认识到培养掌握现代科学技术人才的重要性，于是“废科举、兴学校、育人才”再次进入清政府关注的视野。1905年清末新政开始，京师地区高等学堂兴办和变革迎来了兴盛期，清末新政推动高等教育获得较大发展，主要体现在京师大学堂恢复办学、各类专业学堂和清华学堂创设。

1. 京师大学堂全面恢复办学

1901年12月，慈禧太后以光绪皇帝名义发御旨，“兴学育才，实为当今急务，京师首善之区，尤宜加意作育，以树风声，从前所建大学堂，应切实举办”，并任命张百熙为管学大臣，全面恢复京师大学堂办学就此展开。张百熙在管学大臣任上做了两件大事：其一是恢复京师大学堂办学，其二是主持制定“壬寅”和“癸卯”两个重要学制。

京师大学堂经过清末新政时期的全面恢复，形成了预备科、大学专门科（相当于现在的本科教育）和大学院（后改称通儒院，相当于现在的研究生院）较为完备的三级办学结构。预科为大学专门科的前期学习阶段，预科毕业后进入大学专门科，大学专门科毕业后可继续进入大学院深造。另外，大学堂还设立了两个学制较短的速成科：仕学馆、师范馆，毕业后可以任朝廷官吏或者学堂教习。

2. 多样化高等专业学堂创建

各类高等专业学堂陆续建立起来，成为新政时期北京高等学堂办学的亮点。这些专业学堂由政府各部负责举办，培养目标比较明确，即为政府各部培养专业官员。其教学内容和工作有紧密一致性，为确保将任课教师也多由办学各部官员兼任。这类高等专业学堂，如：法政和法律学堂、巡警学堂、警务学堂、测绘学堂、师范学堂、实业学堂、财政和税务学堂、满蒙文高等学堂和殖边学堂等。还有北京地方举办的学堂，如：顺天府高等学堂；外国教会举办的学堂，如：协和医学堂；清政府各部开设的学馆，如：户部设立的计学馆、外务部设立的储才馆、礼部设立的礼学馆、吏部设立的治学馆、刑部设立的兵学馆、工部设立的艺学馆、邮传部设立的铁道管理传习所。这些多样化专业学堂陆续设立起来，共同构成清末新政时期北京地区高等专业教育体系。

表6-4　清末新政时期北京地区高等专业学堂办学情况表

高等专业学堂名称	学堂设立和办学情况简介
法律学堂和法政学堂	京师法律学堂设立于1905年，是中国第一所官办法律专门学堂，由当时修订法律大臣为实施新政培养法律专门人才奏请设立，服务于各省佐理新政、治理各地方。法律学堂招收各部已仕人员，使之精研法律，服务于新政实施。法律学堂校址在今西城区宣武门西侧，时称象房桥。法律学堂学制3年。3年课程分别为：第一年大清律例及唐明律、现行法制及历代法制沿革、法学通论、经济通论、国际法、罗马法、民法、刑法、外国文及体操；第二年为宪法、刑法、民法、商法、民事刑事诉讼法、裁判所编制法、国际公法、监狱法、诉讼实习、外国文及体操；第三年为宪法、刑法、民法、商法、民事刑事诉讼法、国际私法、行政法、财政通论、诉讼实习、外国文及体操。同时设立1年半学制的速成科，课程范围与上述科目大致相同，只是内容略减。

续表

高等专业学堂名称	学堂设立和办学情况简介
法律学堂和法政学堂	京师法政学堂设立于1907年2月，由学部奏请设立，招收培养造就法政通才。法政学堂学制5年，其中预科2年、正科3年。预科课程和中学堂大致相似，还开设了伦理学、法学通论、理财原理等；正科则开设人伦道德、皇朝掌故、大清律例、政法学、政法史、宪法、行政法、民法、刑法、商法、国际公法、国际私法、理财学、社会学、外交史、统计学、民事刑事诉讼法、监狱学、财政学、中外法制史、外文等。预科招收20～25岁有一定学习基础者，正科则招收预科毕业生或具有同等学历者，均需考试入学。法政学堂设立之初还设有别科和讲习科，别科招收35岁以下各部院人员和举贡生员，除不设外语外，与正科教学科目基本相同，需考试入学；讲习科则从吏部招收新入职和裁缺人员，不需要考试直接保送入学。 1911年辛亥革命之后，法政学堂首先更名为北京法政专门学校，1912年法律学堂并入法政专门学校。
警务学堂和巡警学堂	高等巡警学堂设立于1905年，由清政府巡警部（后称民政部）奏请设立于北京。高等巡警学堂的前身是1900年设立的京师警务学堂，分为初等科、中等科、高等科、研究科和消防科。高等巡警学堂设立的同时，还通令全国各省城及府州厅县均设立巡警学堂，以培养巡警官吏，设立在省城的称为高等巡警学堂，其他为巡警学堂，有的称为警务学堂或警察学堂。高等巡警学堂于1906年11月开学，分为正科、简易科和专科3种。其中，正科从社会招收普通入学者；简易科大部分从各官衙保送，也从社会招收部分普通入学者；专科则从正在从事警察工作的官吏中招收，正科学制3年，另两科学制均为1年。 1907年，民政部颁布了各省巡警学堂章程，以规范巡警管理培养和巡警学堂办学。正科开设课程主要包括：现行法制大要、大清违警律、大清律、法学通论、警察学、各种警察章程、宪法纲要、各国刑法大意、各国民法大意、各国民刑诉讼法大意、行政法、国际公法私法、地方自治章程、各省咨议局章程、各种选举章程、户籍法大意、行政法、国法学、统计学、算学、体操、外文等；简易科和专科课程门数较少，包括：大清违警律、警察要旨、政法浅义、地方自治大意、本处地理、操法、国文等。
测绘学堂	测绘学堂为陆军部直辖，1904年由练兵处负责创办，办学地点在今东城区方家胡同。测绘学堂主要培养陆地测量专门人才，分为预备科和专门科，专门科又分为三角科、地形科和制图科。1906年3月，预备科正式开学上课，同年10月专门科开学上课，当年招生约100人，其中预备科70余人，专门科20余人。

续表

高等专业学堂名称	学堂设立和办学情况简介
师范学堂	清末新政时期，北京地区兴学设立了京师第一初级师范学堂，该学堂归学部直接管辖，京师督学局负责具体办学管理，由旧国子监南学改建而成，校址在今东城区国子监街南侧方家胡同附近。1906年8月开学，招收学生300人。初级师范学堂设立有简易师范科和优级师范科，其优级师范科已经属于高等教育层次。与此同时设立的其他初级师范学堂，则基本上仅设立了简易师范科，没有高等教育层次的优级师范科。 京师优级师范学堂则是最早的独立设置高等师范教育机构，其前身是京师大学堂1902年设立的师范馆，办学地址为景山东马神庙的京师大学堂内。当时招生有两种形式：自愿投考录取和各省报送复式后录取。京师大学堂师范馆学制4年，第一年为普通课，之后三年为分科学习阶段。1904年，京师大学堂师范馆改为京师大学堂优级师范科。1908年5月，京师大学堂优级师范科改为京师优级师范学堂，京师优级师范学堂以培养中等教育师资和教育管理人员为办学宗旨。1908年11月，京师优级师范学堂第一次招生正式开学，有80余名学生入学。1909年，学部在今西城区厂甸附近当时的五城中学堂改建优级师范学堂校址，并奏派学堂监督，第一任监督为陈问咸。京师优级师范学堂完全独立于京师大学堂。1910年上半年，京师优级师范学堂第二次招生入学110余人。京师优级师范学堂开设课程有14门，分别是：伦理、经学、体育、习字、作文、算学、中外史、中外舆地、博物、物理、化学、外文、图画、体操。 1911年辛亥革命之后，京师优级师范学堂更名为北京高等师范学校，后来更名为现在的北京师范大学。
实业学堂	高等实业学堂是清代末期各种农工商矿学校的总称。和江南、天津等地区相比，北京并不是实业学堂发达的地区，但随着戊戌变法开展，北京地区高等实业学堂也有较大发展。京师高等实业学堂由农工商部于1904年设立，学堂校址在祖家街，今西城区富国街附近。高等实业学堂以工科为主，以培养高等层次的工业发展所需的专门人才为目的。学堂还附设机器工厂，给实践教学提供场地和设备。1907年，学堂有学生160余人，教员10人。学堂办学分为预科和专科两科，预科学制1年，专科学制3年。专科分为化学、机械、电气、矿学4门，预科则相当于中等层次教育，为专科提供有一定基础的生源。1909年，在原来端郡王府邸旧址基础上，清政府出资进行了校舍扩建，添建了教学大楼和数排平房，作为教室、图书馆、体育球场和实验室。 1911年辛亥革命之后，高等实业学堂更名为北京工业专门学校。

续表

高等专业学堂名称	学堂设立和办学情况简介
财政学堂 和 税务学堂	财政学堂由度支部于1908年奏请设立，次年3月清政府正式奏准设立，并订立章程用于规范办学。财政学堂是我国最早培养财政专门人才的官办学校，旨在“养成财政通才，务使研究学理，明体达用”。办学之初设立中等科、高等科和别科，之后又开设了税务专科及银行讲习科。学堂设监督、教务长、庶务长、斋务长等职务，监督管理其他职务人员，并统领主持学堂一切事务，其他职务各负其领域内工作职责，如：教务长负责管理课程教学和教学稽查，斋务长负责考验学生品行及住宿事务。 税务学堂设立于1909年，由税务大臣奏请设立，旨在培养精通中外文字、理财商律条约及各项税务知识的税务专业人才，适应清末期开放贸易带来的海关人员以及国内税务人才增加的需求。税务学堂是中国最早培养税务人员的官办学校，本科学制4年毕业，招收16～20岁中学毕业生或同等学力者。税务学堂招生对英文要求较高，开设课程也分为中文及西文两类。
满蒙文 高等学堂 和 殖边学堂	满蒙文高等学堂是我国第一所民族高等教育学校，由学部于1907年奏请设立，次年获得奏准创办，并奏派伊克坦布为学堂监督，总理学堂办学事务。1908年，获准奏设同时颁布了《满蒙文高等学堂章程》。其对学堂的学科、学制、课程、招生、师资等进行了比较详尽系统的表述，规定“本堂为造就满蒙文通才，以保国粹而裨要政为宗旨”。满蒙文高等学堂除设满蒙文科外，还附设藏文科。满蒙文科与藏文科分别开设预科、正科和别科，预科学制2年，正科和别科学制3年。 殖边学堂是清朝末期开展民族教育的专门学校，由蒙古王公发起，于1909年1月在北京创立，学堂校址在今西城区辟才胡同。殖边学堂创立旨在培养处理蒙、藏边疆事务的专门人才，最初设蒙古、藏卫两科，招收18～32岁之间蒙藏青年学生，学制3年，每年每科招生100人，也有扩招情况，如蒙部曾在学堂开学之初扩招200人。清政府处理民族事务的机构是理藩院（后改称理藩部），清末新政时期的民族教育由学部和理藩部共同管理。殖边学堂毕业学生或者由理藩部留用，或者由沿边将军、大臣、督抚调用。 1911年辛亥革命后，满蒙文高等学堂和殖边学堂合并为筹边学堂。它们是我国现代民族高等教育发端时期的两所代表性学堂，在我国民族高等教育发展史上占有重要地位。

续表

高等专业学堂名称	学堂设立和办学情况简介
陆军贵胄学堂	贵胄学堂是专门对朝廷王公贵族子弟开展教育的学校。清政府借鉴国外经验创办了贵胄学堂，旨在为朝廷培养贵族新式人才，20世纪前十年主要办有4所贵胄学堂，分别是：陆军贵胄学堂、贵胄法政学堂、贵胄小学堂和贵胄女学堂。其中有两所贵胄学堂为高等学堂，其一就是新政时期设立的陆军贵胄学堂，位于今东城区铁狮子胡同；另一所是贵胄法政学堂，位于今东城区煤渣胡同。陆军贵胄学堂于1906年创设，由陆军部管辖，创立之初限制只招收王公子弟入学，但实际上入学的贵族子弟并不多，只有60余人，其余一半以上为亲王、贝勒、国公、公爵等，也招收部分蒙古贵族服务于边疆军事。陆军贵胄学堂以培养贵族军事人才为目的，学制5年，其教学内容主要是军事教育。陆军贵胄学堂办学受到清廷的重视，由庆亲王奕劻和陆军部尚书铁良管理，并设立学堂总办监督具体负责学堂全面工作。陆军贵胄学堂条件和管理明显胜过其他学堂，学员待遇也比较优厚，学堂也因此受到外界舆论的抨击。随着辛亥革命爆发，共招收仅两期的陆军贵胄学堂也走向末路。尽管存续时间短暂以及培养规模不大，但其对清末贵族思想改变有积极作用。在京师创设陆军贵胄学堂之前，袁世凯已经于1903年2月奏请于保定开办了从小学堂到大学堂的一系列军事教育机构，进行正规军事教育训练，面向社会招收学员，为清政府培养军事人才。陆军贵胄学堂设立的课程即仿照了保定陆军学堂的课程，并进行了适当增减调整。
协和医学堂	协和医学堂是北京协和医科大学的前身，由英国会施医院科龄医士于1904年倡议创办。当时的英国伦敦会、美国公理会、长老会、安立甘会、美以美会以及英国医学会等六个教会联合筹办协和医学堂。校址在今东城区东单北大街东帅府胡同，现在北京协和医院和协和医科大学所在位置。英国伦敦会是当时北京最有影响力的教会，在筹款建校方面发挥了重要作用。除了教会筹款用于协和医学堂创建，慈禧太后和清廷大员均有捐款。1906年2月，协和医学堂开学。清廷很重视这所教学学堂，在开学之日派官员参加，并且学堂办学在学部有备案。为弥补学堂办学经费不足，清政府经由外务部和税务处每年给予银两捐助。协和医学堂学制5年，前两年学习外语、普通学和医学大要，后两年学习内科和外科，最后一年选择专修某科。学堂创立以来陆续修建了教学楼、附属医院，开辟了各类试验室等，学生可以在这里学习医学理论和进行试验及实习。最初创建时的协和医学堂建筑没有保留，只有现在北京协和医院的护士楼是在建于1907年的哲公楼基础上于1925年重建的，保留了一些当时的旧貌，见证了协和医学堂的发展。

续表

高等专业学堂名称	学堂设立和办学情况简介
其他相关学堂	除以上高等专业学堂外，清政府各部相关机构还开设有其他专门学堂，如：户部设立的计学馆、外务部设立的储才馆、礼部设立的礼学馆、吏部设立的治学馆、刑部设立的兵学馆、工部设立的艺学馆、邮传部设立的铁道管理传习所；另外，还有地方开办的高等专业学堂，如：顺天府高等学堂。这些教育机构都具有高等专业学堂的性质，是清末新政时期高等专业学堂的重要补充。

备注：表内关于清末新政时期北京地区高等专业学堂基本情况的整理撰写，来源于相关文献资料，主要有：《教育大辞典》（顾明远主编）、《北京教育史》（刘仲华主编）、《北京教育史》（汤世雄主编）。

3. “庚款兴学”与清华学堂创建

1901年，清政府与西方列强签订了《辛丑条约》，美国是条约签订和赔偿款额的主导国。条约规定清政府向各国赔款4.5亿两白银。尽管以美国为首的西方列强获得了巨额赔偿，从清政府手里攫取了大笔财富，但“庚子事件”也使西方列强思考如何以更加“怀柔”“和平”的策略来侵略和控制中国。1906年，美国伊利诺伊大学校长詹姆斯给美国总统罗斯福建议，从思想上扩张影响要远比物质上获得更持久有效，对华侵略应转向文化教育领域，美国要尽早开始教育中国青年人。1907年，罗斯福在国会上正式提出，退还部分庚子赔款，以帮助清政府发展中国教育，派遣学生赴美学习交流。1908年，美国国会参、众两院通过了“退还美国应得赔款之余额”的议案，并附要求退款不得移作他用，而必须用于“设立学堂，派遣留学”。同时，在中国驻美公使梁诚从中游说斡旋下，退赔款很快得到中美政府共识，于是有了之后的“庚款兴学”。从赔款退还当年起，前四年清政府每年派送100名学生赴美，从第五年起至赔款完毕，每年至少派送50名学生。

1909年7月，经外交部、学部会奏，游美学务处在北京建立。游美学务处最初设址在今东城区侯位胡同，后经过了两次迁址，分别迁址到史家胡同和清华工字厅。同年，游美学务处举行第一次留美考试，录取47名；1910年举行第二次考试，录取55名；1911年举行第三次考试，录取62名。这些三次录取的考生，再加上直接录取的部分贵胄子弟，共计180人赴美留学，是我国派遣赴美留学的第一批学生，经过在国内预科阶段的学习，赴美进入到美国大学三年级学习。

1909年9月，外务部奏请设立“肄业馆”，负责赴美学生选拔考试事宜，随后在北京西郊清华园选址建立。1910年12月，学部奏请将游美肄业馆更名为清华学堂。1911年初，游美学务处也从东城史家胡同迁入北京西郊的清华园，在工字厅安稳下来。1911年3月，清华学堂举行入学复式，共录取468名，其中94人编入中等科，374人编入高等科。清华学堂高等科教学仿照美国大学，进行分科教授，作为培养赴美留学生预科教育阶段，被称为“留美预备学堂”。办学规范化建设贯穿了“游美学务处”设立前期筹备和后期发展各阶段，先后有《派遣美国留学生章程草案》《派遣留美学生办法大纲》等出台，对学生招考选拔、学科选定、学业跟踪、考查督促、费用领取等有比较明确的要求。务实严谨、求真不苟的作风一直沿袭至今，为清华大学发展奠定了坚实的基础。1911年辛亥革命爆发，11月清华学堂停课。

清华学堂是清华大学的前身，是清末新政时期开展留美预备教育的先行者，也是后来开展高等教育国际化的典范。清华学堂办学起点高，办学中学习借鉴美国办学经验，培养输出了一批高素质毕业生，在日后成为国家科技领域的先锋，在很多领域为国家建设做出了杰出贡献。

清末新政时期是北京地区高等教育发展的一次小繁荣，在清政府兴学政策和有关部积极推动下，北京地区高等教育在一次次社会变革中萌芽、发展和成长，为辛亥革命之后民国初期高等教育发展奠定了基础。在新政时期，清政府各部均积极兴办高等教育机构，其中学部兴学规模最大。根据清政府学部总务司统计，1907年，北京仅由学部和顺天府兴办的高等学堂就有5所，共有学生1478名，教员145名，职员99名，每年经费52万余两。[①]新政时期的兴学热潮带动了学堂发展，学堂数量和学生规模都有大幅度增加。根据清政府学部总务司统计，到1909年，学部主办的专门学堂有7所，在校生有2009名。[②]从这些学堂发展趋势和规模来看，清末新政兴学促进了社会民众求学接受新式高等教育的需求。并且，学部和其他各部积极兴办学堂举办各类高等教育，北京在全国处于兴学重教的中心，成为全国高等教育中心并居于引领地位。

① 学部总务司.《宣统元年分第三次教育统计图表》，陈学恂.《中国近代教育史教学参考资料》；转引自刘仲华，等.《北京教育史》[M].北京：人民出版社，2008.

② 学部总务司.《宣统元年分第三次教育统计图表》，陈学恂.《中国近代教育史教学参考资料》；转引自刘仲华，等.《北京教育史》[M].北京：人民出版社，2008.

附篇
北京古代教育专题

北京的书院

书院在我国教育发展史上独具特色，是我国封建社会特有的一种教育组织形式，支撑了古代书院文化教育事业发展，对我国古代社会各时期的学术文化发展产生了重要影响。书院兼有三大功能，分别是收藏图书、供祭先贤和聚众讲学。宋代学者王应麟的《玉海》对书院描述："院者，垣也"，意指书院是由矮墙围绕起来的藏书之所。书院名称最早出现于唐代，唐代书院仅有藏书功能，唐末五代时期书院开始有了讲学育人和祭祀贤达的功能。儒学始终是书院教育内容的主线。书院发展繁荣的区域在南方，发展达到鼎盛的时期在南宋和明朝。书院发展史上，尽管北方书院的整体规模和办学水平难以和南方相媲美，但亦有可圈可点的闪亮之处。

北京长期以来是北方文教传承的重镇，其文脉深厚而久远，人才培育、民风教化、文化播扬、济世天下是其天然使命。北京古代书院起源较早，历经唐末五代和元明清时期的发展，在战火淬炼与和平温煦的交互下，承载着厚重的文化内涵走过了千年。千年历程中，北京建立了许许多多的书院，由于各区域政治、经济和文化发展不平衡，北京古代书院数量分布和发展水平也不平衡。唐末五代时期的窦氏书院、元代的太极书院、明代的首善书院、清代的金台书院等，仅仅是众多北京古代书院的代表。

窦氏书院是在唐末五代政权更迭频繁、战火硝烟弥漫的时期出现的。窦氏书院创立于远离都市的僻静山野，有古代书院学风开放、学术自由的意味，其私学特征明显。太极书院是在元代蒙古族统治者最需要理学为其政权稳固服务时期出现的，带动了程朱理学在北方的发展，也促进了北方社会经济发展和文化学术传播。首善书院存在于明代宦官和士大夫斗争最激烈之时，烙印着文人胸怀天下的风骨。金台书院是书院官学化走向极致的代表，也存在于清代科举考试鼎盛时期，此时的书院完全成为科举制度的附庸。

北京古代书院创办比较早，但由于唐末至清初北方地区战争频繁，北京地区作为军事重镇常常被波及，也由于北京地区建立政权的少数民族尽管认同接受中原汉文化，但很难在短时间内大兴文化教育事业，导致北京地区从中央到地方的书院兴建都比较缓慢。根据王炳照先生《中国古代书院》一书统计，北京地区书院仅28所，其中：唐末五代1所、元代3所、明代6所、清代18所。相比全国书院元、明、清三朝代共有6621所的规模，北京古代书院占比很小。北京古代书院尽管发展比较缓慢，影响却很大，对学术文化的交流、儒学理学的传播以及优良传统的弘扬都起到了积极作用。尤其是元代创建于燕京的太极书院和明代创建于京师的首善书院，虽然这两所书院存在时间并不长，发挥的社会影响却很深远。太极书院极大地推动了理学在北方的传播，在元初盛极之时其规模声望一度高于中央官学。首善书院则在明代末年社会动荡、阉党横行背景下，如一股文化清流勇于针砭时局和抨击朝政，成为与江南地区东林书院几乎齐名的书院，“南有东林北有首善”之称由此而来。

北京古代书院在元代时期开始出现官学化倾向，并在明、清时期官学化逐步加剧，清代书院完全沦为科举考试的附庸。清代书院在数量上达到史上最高峰，在北京各州县创办比较广泛。并且，在明清时期，书院最初的开放自由的讲学风气渐失，附庸科举考试的僵化特征日趋明显。伴随清代末年西风东渐之风日盛，以教授传统儒学为主的传统书院多改为西式学堂。直到清末新政时期，历经千年之久的古代书院和科举制度一起沉寂消失，退出了北京教育的历史舞台。至此，北京古代书院奏鸣吟唱了千年的文化弦歌戛然而止。

书院和其他教育机构一起构成古代北京地区的教育系统，为北京古代文化教育的发展做出了积极贡献，也为近代北京文化教育发展奠定了基础。书院吸纳了众多士子肄业其中，扩大了受教育的覆盖面，进而带动了北京周边地区书院的发展。由于儒学研究和讲授是书院教育教学的基本内容，因此书院又是儒学传播和发展的重要阵地，尤其在明清时期极大地促进了理学的传播。书院积累的办学经验和教学传统是北京文化教育宝库中的明珠，又开始进入当下教育改革者的视野，为现代教育发展提供有益的借鉴。古代书院是一类独特的教育场所，也生发了一种文化教育现象，在多个朝代存续并在教育体系中发挥着重要作用。北京古代书院已经沉入历史，在北京教育史上画上了浓重的句点，然而它留给后代世人的珍贵文化遗产却永远熠熠生辉。

窦氏书院

窦氏书院是北京地区第一所书院，产生于唐末五代时期，由窦禹钧在今昌平境内创建。窦禹钧是唐末五代后周人，有极高的文化修养，并且精于词学，为官至太常太卿、谏议大夫。窦禹钧虽出身富裕家庭，但有仁善之心，体谅百姓疾苦，一心为民向善，义行高笃，积极创办书院教化民众、改善民风。《范文正公文集·窦谏议录》有关于窦禹钧创建书院的记载，“于宅南构一书院，四十间，聚书数千卷。礼文行之儒，延置师席”。聘请文行儒士为师授业，四方有志之士，纷纷聚拢于此求学。窦氏书院藏书丰富，宋朝李昌龄《乐善录》关于窦氏书院藏书有记载：“建书院四十间，聚书万卷，延文行师儒，有志于学者听其自至。”可见，窦氏书院经费充足，藏书丰富，延儒聘师，是当时北京地区一所藏书和讲学功能完备，并且有一定办学规模的书院。

窦禹钧专门资助贫寒子弟来此求学。《范文正公文集·窦谏议录》有记载：“凡四方孤寒之士无供需者，公或为出之。无问识不识，有志于学者，听其自至，故其子见闻益博，凡四方之士，由公之门登显贵者，前后接踵。”窦氏书院培养了大批人才，窦禹钧办书院育人才的声名，在燕山地区远近传播，于是后人又赠其美名窦燕山。

窦禹钧家风肃整、教子有方，他的五个儿子相继登科，有“燕山窦氏五龙”的美誉，“五子登科”即来源于此，关于窦氏教子的故事至今流传。宋代王应麟著《三字经》中也有相关记载，“窦燕山，有义方，教五子，名俱扬”，就是窦禹钧教子成才的真实记载。侍郎冯道也曾赋诗赞誉和颂扬，“燕山窦十郎，教子有义方。灵椿一株老，丹桂五枝芳”。“丹桂五枝芳”即指接受窦氏书院教育和家庭教育成才的窦氏五子。

窦禹钧创办的书院属于私学、义学性质，其办教育的善行义举，对后世产生了深远的影响。窦氏书院也似黑暗中的文化之烛，在唐末五代战争频繁、颠沛动荡的社会背景下，点亮了士子们的精神世界。

太极书院

经历了辽代契丹族和金代女真族两个北方少数民族政权统治的时期，北京地区的文化教育受到一定冲击。尽管辽金统治者都实行"尊孔崇儒"，学习中原汉民族的先进文化，但是与北宋时期相比文化教育事业有相当程度的衰落，北方理学总体呈现的是残支余脉和程朱学说的零星传播。辽金时期建立了中央官学、地方官学，也出现了少量专门学校和私学，但远远不能满足社会经济发展对文化教育的需求。尤其是作为南方宋朝统治区域教育机构的典范，书院并没有在辽金时期的北方得到发展。辽金时期社会经济和文化教育事业发展的迟滞，为书院在元代北方地区的复兴孕育着活力和生机，在南宋发展繁荣的理学进入元代蒙古族统治者的视野。于是，在沉寂了辽、金两个朝代之后，在元代蒙古统治者对理学强烈需求和大力推行"尊孔崇儒"文教政策的背景下，北京地区书院在元代重新获得发展，先后出现了位于燕京（元大都）的太极书院、位于昌平的谏议书院和位于房山的文靖书院等，其中以杨惟中和姚枢创建的太极书院最负盛名和最具有社会影响力。

太极书院是元代的第一所官方书院，也是元代书院官学化的代表。太极书院创建于1240年①，由蒙古国大臣杨惟中和姚枢创建，位于燕京。宋末元初大儒郝经在《太极书院记》中记载，"庚子、辛丑间，中书杨公当国，议所以传继道学之绪，必求人而为之师，聚书以求其学，如岳麓、白鹿，建为书院，以为天下标准，使学者归往，相

① 有学者认为，太极书院创建于太宗七年（1235）或者太宗八年（1236），也有学者认为创建于太宗十年（1238）。按照书院研究学者赵连稳教授的观点，这些时间只是杨惟中来到燕京进行了小规模讲学活动，并没有创建太极书院。

与讲明，庶乎其可书，立周子祠，刻《太极图》及《通书》、《西铭》等于祠壁，请云梦赵复为师儒，右北平王粹佐之，于是伊洛之学遍天下矣”。可见，杨、姚两位还延聘理学名士至太极书院主讲师席，尊立北宋理学鼻祖周敦颐作为先贤祭祀，并将理学代表著作刻于书院墙壁，这些都表示太极书院对理学地位的极致推崇。杨惟中创建的太极书院旨在教授和弘扬程朱理学，理学开创者周敦颐学术成就之一即创立了太极图说，由此得“太极书院”之名。

元代统治者很重视书院发展，给予一定的认可和支持，比如：将书院执掌者“山长”提升到与官学机构教官同等地位，一方面体现了蒙古族政权对文化教育的重视，另一方面也使书院私学特征弱化，增加了官学色彩。汉人杨惟中幼时被成吉思汗三太子窝阔台收养，在窝阔台成为蒙古大汗后随其多次南征。杨惟中饱读诗书、胆略过人。他长期辅佐窝阔台治理朝政并深受器重，年仅二十少龄即曾奉命出使西域30多个国家，他一路宣畅蒙古国威和布道政治规条，为这些小国归顺蒙古政权立下功劳。《元史·杨惟中传》记载，“凡得名士数十人，收伊、洛诸书送燕都，立宋大儒周敦颐祠，建太极书院，延儒士赵复、王粹等讲授其间”。杨惟中将数次随军南征伐宋获得的8000余卷理学书籍，以及纳贤而得的儒学名士，聚集到燕京作为创建太极书院的师资和图书来源。

南方纳贤而来的著名理学家赵复和燕京本地名儒王粹是太极书院的主要执教者。尤其是来自汉地的名儒赵复，被杨惟中延聘为太极书院主讲，并由王粹辅佐，太极书院的教育事业获得极大发展。赵复是将南方程朱理学系统地传播到北方的第一人，他主持太极书院教育事业时，选拔了一批俊秀有才识者为学生。俊秀指智力出众，才识指学识广博，说明太极书院重视生源选拔。当时太极书院学生规模达到百人，院内厅堂书声琅琅、交流频频，听他讲课的有一百多人，于是有“北方知有程朱之学，自复始”。赵复为弘扬传播理学费尽心力，先后编撰了《伊洛发挥》、《师友图》、《传道图》和《希贤录》，有他自己对理学研读的心得领悟，也有对朱熹等理学大家言行和事迹的记录，为理学传播构建了一套精要教材，堪称元代理学思想传播的继往开来者。在《宋元学案》之《鲁斋学案》卷中黄百家有说，姚枢、许衡等“得闻程朱之学，以广其传，由是北方之学郁起，如吴澄之经学，姚燧之文学，指不胜屈，皆彬彬郁郁矣”。由此可见，赵复对于元代理学发展的影响卓越且深远。

太极书院以弘扬宋儒理学为办学宗旨，以“传继道学之绪”为创办目的。在北方创办一所和南方的岳麓书院、白鹿洞书院等齐名的书院，发挥文化率先垂范作用，是太极书院创办者和教授者的共同目标。太极书院不仅传播程朱理学思想，还培养出了许衡、郝经、姚枢、窦默、刘因等一批优秀学生，他们中多人后来成为元代享有名望的理学家。太极书院在朝中大臣中也很有影响力，许多朝中大臣来到这里阅读理学典籍和交流理学思想。各地儒学名流也纷纷来到这里，向赵复请教理学思想之精髓，包括已有很高成就和名望的姚枢、郝经等儒学名士。

许衡是太极书院培养的优秀人才代表，师从姚枢、赵复成为元初大儒，是元初著名理学家、教育家，一生致力于理学传承和教育发展，将元代书院发展推向了盛时。至元七年（1270），许衡“国当行汉法”和“京当设立国学”的建议被忽必烈采纳，之后被任命为元朝首位国子监祭酒，执掌元代中央官学的最高教席，成为元代书院发展史和儒学发展史上可圈可点的重要人物。许衡在辞官引退之后仍不忘兴学，继续兴设地方书院传播文化和思想，被誉为元代“中州六君子”[①]之一。

太极书院是元政权实施“尊孔崇儒”文教政策的重要标志，有众多儒士大师在太极书院聚集讲学，带动了以义理解经的理学在北方的传播，打破了汉唐章句注疏之学曾经一统北方的局面。太极书院创建和发展繁荣使燕京地区成为元代北方的学术中心，其办学规模和影响

① 中州六君子指许衡、王恽、许有壬、姚燧、马祖常、孛术鲁翀六人，是伴随元代书院发展成长起来的理学名儒，呈现了元代书院史上人才辈出的盛景。

力曾一度超过中央官学国子学。一时间北方地区学术风盛，理学郁郁而起，“伊洛之学遍天下”，学术空气耳目一新，促进了南北学术交流。随着官学的恢复，太极书院后来逐渐衰落，以致在文化教育领域沉寂无声。

虽然太极书院的理学文脉走向了终点，但是它在重要历史时期恰逢其时地缝合了北方儒学在辽金时期的断层，引进了南方义理之经学，一定程度上打破了南北学术壁垒，促进了北方地区理学的传播，尤其是在促进以理治国方面，以及促进北方经济社会和文化教育恢复发展方面，太极书院意义非凡、影响深远。

首善书院

北京古代书院在明代获得又一次发展，并且与明代我国书院除南宋之外的又一次繁荣发展相一致。明代书院的发展与明代文教政策有密切关系，明初期坚持“以文治世”的政策，官学和科举获得发展，曾在元末战争中毁于兵火的白鹿洞、岳麓两所著名书院得以修复重建。明中期以王阳明、湛若水等为代表的名流大师，于书院聚众讲学，传播致良知、存天理等思想学说，书院获得蓬勃发展，全国书院数量猛增。到嘉靖后期，朝廷发觉书院传播的学说思想与政权需求相左，深感政局有失控的危险，尤其是以东林书院为首的不少书院，开始卷入明末朝野政治斗争中，引起朝廷高度警觉，于是从嘉庆末年到天启年间进行了四次书院禁毁。在政治倾轧下全国书院几无幸免，书院斯文尽扫，归于一片沉寂。

明代北京地区是有代表性的书院有首善书院（今宣武门内）、通惠书院（今通州区）、白檀书院（今密云区）、双鹤书院（今通州区）等书院，其中首善书院最有影响力和知名度。首善书院是在明末天启二年（1622）[1]，由都御史邹元标、副都御史冯从吾等在京师建立的，

① 也有学者认为首善书院创建于天启元年（1621）。此时北京确有城隍庙讲会，冯从吾是参与讲会的学者之一。后来因为城隍庙不能容纳众多会聚到此的文人，才于次年创建了首善书院。

位于宣武门内东墙下大时雍坊十四铺。十三道御史台出资180两银子买下官房数间，进行房屋修缮后书院开始讲学，建立之初房屋十多间，其中讲堂、后堂各三间。

邹元标是明代著名学者、教育家和思想家，具有很高的政治抱负。他从小有神童之名，9岁即通晓“五经”，20岁时便随同老师胡植游历拜访了全国诸多书院，学习各家学说，思想深受影响。他科举中进士后多次为官和辞官，性情耿直、敢于上疏，和朝中奸佞黑暗势力做斗争，是明朝历史上著名的正直之臣。邹元标也是东林党创始人之一，一生致力于政治和讲学，与顾宪成、赵南星并称为“东林党三君子”。在辞官讲学三十年后，也就是天启二年（1622），邹元标又一次被朝廷起用，回到京师为官。邹元标的理学思想深受当时儒士们推崇，被称为儒林首脑。他重视教书，认为是一项神圣事业，可以开启民智、活跃思想。也就是在这一年，邹元标和冯从吾创建了书院，因为京师为首善之地，遂命名为首善书院。首善表层意思即第一善、上上善。首善一词出自《汉书·儒林传序》，“故教化之行也，建首善自京师始”。首善本身蕴含有教化之义，明京师书院取首善之名，也是期望能从这里走出普天下之楷模。除延请大学者在这里教授生徒，邹冯两人也在这里继续聚生讲学，还宣传政治主张、抨击时政。之后，邹冯二人因为影射阉党当道，遭到奸臣魏忠贤的仇视忌恨。

明代北京书院分为考课和讲会两类，考课类如白檀书院。首善书院是讲会类的代表。首善书院的讲授内容仍以理学为主线，目的是恢复和重建伦理纲常。冯从吾认为向世人传播忠孝仁义和伦理道德最为紧要，通过培养将帅之才和规范众生百姓道德，挽救明王朝于倾颓之中。首善书院的办学宗旨是关注国事时局、扶正社会风气。邹元标和冯从吾有凛凛正气，他们不惧宦官淫威，用思想武器和邪恶势力做斗争。首善书院好似京师污浊政治生态中的清风，对扭转京师士大夫中的不良风气起到了积极作用，也吸引了一批有忧国情怀的士子，会聚在这里。来首善书院参加讲会的既有为官的缙绅，也有求知的百姓，他们从儒家经典中汲取营养，发展学说、交流学术、传播思想、抨击时弊、讽议朝政，邹元标、冯从吾更是常来书院讲学。内阁大学士叶向高在《首善书院记》中说，二人“朝退公余，不通宾客，不赴宴会，辄入书院讲学，绅衿有志于学者，环而静听，或间出问难，无不畅其怀来，一时转相传说，咸知顾名义，重廉耻，士风为之稍变”。在首善书院的影响下，顾名义、重廉耻成为士大夫追求的目标，所以“一时听者甚众，北京城中街谈巷议皆言首善之学”。首善书院成为京师学者文人的风向标，并与三千里外的无锡东林书院遥相呼应，给明朝当权者以很大压力。

明代学者曹于汴也是为官清明的耿直之人，他到访首善书院并深受这里蔚然学风的触动，于是题诗首善书院，呈现了首善书院的学术之风和斯文盛事。

题首善书院

维皇建有极，日月丽霄汉。借问极云何，至善谁容畔。
此善来自天，大宝逾琼瓘。主之为师模，阐之为性案。
为之圣者徒，积之庆可断。帝京天下首，千方支体贯。
坦坦王路遵，蒸蒸登于岸。明善善以明，洵其乐且衎。
先觉觉斯民，构馆斁学半。将期实行修，宁啻缛文烜。
登其门崔嵬，升其堂轮奂。入其室深幽，敬止何敢玩。
不学善乃湮，不善世乃乱。谁兮匪天民，勿作如是观。

首善书院创建之前，明代已有过三次禁毁书院活动，分别是嘉靖十六年（1537）御史游居敬上疏禁毁、嘉靖十七年（1538）吏部尚书许赞上疏禁毁和万历七年（1579）内阁首辅张居正主张禁毁。首善书院受天启五年（1625）宦官魏忠贤制造东林党案牵连，在禁毁东林书院前一年即遭到破坏。首善书院创立于明代后期，当时明政权日益腐败，宦官魏忠贤专权，对民众的思想控制也日益加强，对讲学更是严加限制。位于明代京师的首善书院始终处于政治争斗的旋涡中，御史倪文焕等诬蔑首善书院宣讲邪恶伪善学术，“聚不三不四之人，说不痛不痒之话，作不深不浅之揖，啖不冷不热之饼”。天启四年（1624）六月，明朝廷下令取缔首善书院。魏忠贤为首的阉党烧毁了书院所有书籍，砸碎了书院中的碑碣，经史典律惨遭焚灭，圣贤孔子的牌位也被推倒丢弃。天启五年（1625），更为浩大的书院禁毁指向东林书院，并波及全国各地书院。明朝书院禁毁开启了以政治手段压制学术自由、传播和发展的恶例，“以文治国”的文教政策在明朝中后期走向歧途，严重制约了学术发展和文化繁荣。京师的首善书院难以幸免，被明末阉党政治势力毁于朝夕之间。

从天启二年由理学名儒创建到天启四年遭阉党祸乱禁毁，首善书院存续不到三年时间，但是其所表现出来的与朝廷黑暗势力做斗争的士子气节与文人情怀，一直流传至今，为世人敬仰。

金台书院

明中期全国各地书院全面勃兴和讲会制度发展，带动了学术思想空前活跃。忧国忧民的知识分子聚集在书院开展讲会，总是抨击时政、讽议时局，使明朝廷及其宦官党羽嫉恨之至，从而发动了数次禁毁书院运动。清代统治者入关后一统江山，在治理初期吸取明代文化教育政策的经验和教训，对书院采取严格限制。顺治九年（1652）通令，“不允许别创书院群聚党徒，及号召地方游食无行之徒，空谈废业”。然而，书院发展已经在社会中植入了隐性根基，占据文化教育事业发展的重要地位，简单禁令也不能遏制书院发展，于是雍正十一年（1733）谕令“书院之设，于士习文风，有裨益而无实弊，乃朕之所厚望”。之后，各省陆续兴办书院，并成为省内最高学府，书院发展在清代迎来一次发展的繁盛时期。清廷一边积极支持设立各级书院，一边对书院加强管理，“或绅士出资建立，或地方官拨公帑经理，俱申报该管官复查”[①]，表明清代书院完全进入官学轨道。清代北京建有18所书院，其中主要有正阳门外的金台书院、房山的云峰书院、

① 刘秀生：《中国清代教育史》，人民出版社1993年版。

昌平的燕平书院、良乡的卓秀书院、通州的潞河书院、顺义的蒙泉书院、平谷的近光书院、怀柔的温阳书院、密云的白檀书院等，其中金台书院是北京地区唯一的省级书院，在全国也很有影响力。

金台书院的前身是顺天府尹钱晋锡于康熙三十九年（1700）在正阳门外东南金鱼池附近洪庄设立的宛平义学，后大兴义学并改称为顺天府义学[①]。义学出现于北宋时期，范仲淹首设义学，主要招收民间孤儿和家境贫寒学生就读。钱晋锡设立的义学是北京史上有记载的首次设立义学。钱晋锡聘请清代思想家王源为义学主事。义学设立之初只是从洪承畴后人处租借的洪家庄园，后来钱晋锡筹建书院过程需要扩大办学规模，于是上疏托言洪氏家人捐出庄园办学为朝廷培养济世人才，受到朝廷认可，并于康熙四十年（1701）[②]赐御书“广育群才”匾额。有康熙帝御赐匾额，书院扩建置地顺利。王源《居业堂文集》“顺天书院记”以亲历者身份呈现了从钱晋锡义学到扩建改制顺天书院的演变过程。顺天书院是自明代首善书院废止之后，清代京师出现的第一所书院。后来顺天书院成为“京师首善”，而且“肄业极盛”，也为金台书院后来的发展奠定了基础。顺天书院改制后，顺天府义学的称谓也阶段性存在，才有了后来的顺天府义学改金台书院。

顺天府义学改金台书院是在乾隆十五年（1750），时任顺天府尹施世纶组织对义学进行了大规模修缮和扩建，改名为金台书院，借用了“燕京八景”之一的东郊美景“金台夕照”之名。清代学者吴长元在《宸垣识略》中记载，“金台书院在慈源寺东，本义学。乾隆十五年（1750），改为书院，有御制碑”。无论是前期的顺天府义学、顺天书院，还是后来的金台书院，在历时150余年的办学发展历程中，经过多次大小规模的修缮，每一次修缮过程都得到顺天府官员的重视，在资金和人力上给予支持。道光二十二年（1842）和光绪五年

① 也有说法是宛平义学、大兴义学合并为首善义学，认为首善义学是金台书院的前身。

② 关于康熙皇帝赐御书匾额时间的记载，《清会典事例》记载为康熙四十年，《顺天府志》记载为康熙四十一年。

（1879），金台书院又经过两次大规模修缮。

光绪五年（1879），顺天府尹周家楣主持策划的修缮是金台书院最后一次大规模修缮，时任兼尹李朝仪和游百川参与了具体操办。此次修缮源于周家楣在光绪五年到金台书院视察春课甄别考试。周家楣看到书院堂宇破败、桌椅简陋、生徒无倚，遂下决心对金台书院进行一次大的修葺。周家楣在给光绪皇帝上奏之前与前直隶总督李鸿章商议此事，得到支持并欲出银两捐助，奏折中说，“前督臣李鸿章捐银一千两，前兼尹臣万青藜捐银四百两，臣家楣捐银一千两，复由臣衙门节省存公银拨银一千两”。此次金台书院重修，自光绪五年四月开工，到光绪七年春天竣工，历时约两年。修缮过程中得到了上至总督下至士绅的捐资，尤其历任顺天府尹甚为关切工程进展，皆予钱款资助。建成后的金台书院，建筑完整、屋宇明亮、设施齐备，其朱子堂、讲堂、大堂、官厅、大门、东西文场等不同功能的堂屋布局，是古代书院建筑的典型体现。

与讲会特征彰显的明代京师首善书院不同，清代金台书院已经完全进入官学轨道，教学内容、管理方式和课业考试等完全呈现鲜明的官学化特征，是具有典型性的课考类书院。皇帝御书颁赐匾额是引导书院教育向官方需求发展的途径之一。康熙皇帝曾手书“学达性天”匾额赐给岳麓书院、白鹿洞书院等。这些匾额高悬于书院讲堂之上，引导着生徒学子们的思想成长。康熙皇帝给金台书院御赐的“广育群才”匾额，一直被视为体现朝廷对书院恩荣的珍宝。以书作为书院教育内容的载体，作为书院教育引导士子们思想的一种形式，清代朝廷也很注重给书院颁赐图书。尽管朝廷赐书数量不多，但同样发挥着教育人才的指向作用，从教育内容和思想引导方面加剧了清代书院的官学化。朝廷赐书包括皇帝亲赐和皇帝命各地官府颁发两种形式，经常把御撰、钦定和官刻的经史类图书赐给书院。朝廷赐书对象多是省级书院，清代朝廷格外重视颁赐图书院。光绪七年（1881），顺天府尹周家楣在主持金台书院修缮完工时，向皇帝禀告并请求批准向江南图书出版业发达地区多个省份征集图书，每种图书“检备一部”充实藏书，“以为书院诸生学习之用”，得到光绪皇帝恩准。清代翰林院、国子监以及很多书院都得到过皇帝的御赐《淳化阁帖》，金台书院也得到此御赐法帖。另外，鉴于金台书院居于京师的显赫地位，有学者推测乾隆时期赐给各个省级书院的“十三经”“二十二史”等，金台书院也应该能够得到，尽管暂时没有发现相关史料记载。

清代书院与科举制度紧密联系在一起，官学化特征彰显得淋漓尽致。尽管书院教学内容仍然是理学，但是深受科举制度影响，多集中在儒家经典、经史子集、八股试帖等应付科举考试相关方面。金台生徒主要学习和习作八股文和临摹法帖，有时也学习经书义理。书院主讲不再重视讲学修德，自由讲学之风荡然无存，科举制度对书院发展的遏制作用显现出来。尽管清代书院与最初设立初衷渐行渐远，聚众讲学、自由开放的人文风尚消失殆尽，但全国书院数量和生徒数量在历史上创下新高，所有省均设有书院，江南书院在数量上仍然占主体。北京金台书院生徒数量众多，成为京外各省士子落脚学习以准备应试的场所。在金台书院鼎盛时期，来学习的士子多达上千人，会试中进士者多达百人。历届会试中均有为数不少的金台书院生徒走向为官之路，还在同治十三年（1874）出现过清朝第101个状元陆润庠，金台书院也由此被称为“状元府”。然而，与元代太极书院和明代首善书院相比，金台书院虽然培养出来的人才数量颇多，但从书院走出有影响力的学者大家数量远不如之前的两个朝代，而且在文化传播和创新方面有衰微废弛之势。

清廷对书院院长选聘有规定，“学行兼善”即举人或进士出身并且品行高尚者才能担任书院院长。金台书院院长选聘由顺天府尹负责，历任府尹都很重视院长选聘，要求必须由京师官员中有大学问之人担任，康熙年间举人王源担任过顺天书院院长，雍正年间进士陈兆仑、乾隆年间进士顾镇、道光年间进士张集馨都曾做过金台书院院长。这些院长主持书院教育，使金台书院在京师远近闻名。然而，由于清代京师位于显要之地，而且是唯一的省级书院，清廷一直视金台书院为重点教育机构给予关注和限制，在书院官学化背景下，再博学多能的带头人也难以扭转书院走向末路的大势。

清政府在甲午战争中的惨败举国震惊，科技教育是大家痛定思痛后的症结所在，认识到必须改变传统旧式教育，举办西方新式教育。光绪二十一年（1895），顺天府尹胡燏棻上《变法自强疏》，提出“设立学堂以储人才”，指出“应先举省会书院，归并裁改学堂，……数年之后，民智渐开，然后由省而府而县，递为推广，将各大小书院，一律裁改，开设各项学堂”。戊戌变法带来了晚清新政，开办新式学堂和废除科举考试是重要内容。光绪二十四年四月二十三（1898年6月11日），光绪皇帝在戊戌变法中通令全国，书院一律改学堂，并要求各省遵行。维新变法轰轰烈烈仅百余日，慈禧太后即废除新政，通令全国“各省书院照旧办理，停罢学堂”。尽管戊戌变法以失败告终，但是西风东渐并没有停止，清末新政在持续发生影响。当时的书院教育已是“弊已积重，习亦难返”，革除书院弊病兴办新式学堂已成大势所趋，几乎成为封建科举之附庸的书院正在走向末路。金台书院在北京地区完成改制学堂比较早，光绪二十四年（1898）八月，顺天府尹孙家鼐奏改金台书院为顺天中学。

尽管金台书院受限于清代书院官学发展政策，在清末退出了历史的舞台，没能达到最初设想在学术上自由、开放，但它在150余年的发展历程在京师之地教化育人和文化传播做出的贡献是不可磨灭的。

北京国子监和孔庙

国子监作为中央官学机构，历史非常久远。夏商周时期，中央官学教育机构有各自名称，“夏曰校，殷曰序，周曰庠”。西周天子为教育贵族子弟又设立“五学”，分别为：南“成均”、北“上庠”，东“东序”，西“瞽宗”，中“辟雍”。其中，以辟雍为最尊，清代北京国子监增建的“辟雍”建筑群即来源于此。西汉时期，汉武帝设立中央官学“太学”，置五经博士。西晋时期，晋武帝曾将国子学和太学分立，规定五品以上世家大族子弟才能进入国子学，并在历史上最早设立了祭酒官职。北齐和隋初中央官学为国子寺，并开始具有教育管理机构的功能，直到隋开皇十三年（593）重新复名国子学。隋大业三年（607）又改名为国子监，国子监开始具有统领各级官学的职能。隋炀帝时期，除了设祭酒专门管理国子监教育外，又增设了司业、监承、主簿、录事等职位，这些职位在祭酒之下并归其管理。隋唐时期，均有过将国子监归入太常寺①的阶段，也交替使用过国子监、国子学两称谓。隋代官学设有国子学、四门学、书学、算学和太学，共“五学”。唐代官学的封建色彩浓厚、等级明显，由高至低分别是国子学、太学、四门学、律学、书学和算学，共“六学”，规定不同等级的子弟进入不同官学机构学习。宋代时期，国子监也经常更替国子监、国子学之名，教职也基本沿用了隋炀帝时期制度，最高教育机构和教学行政管理机构的双重属性更强。

北京国子监，元代又称国子学、国子监学，明清两代又称国学、太学，是元、明、清三代中央官学，既是教育体系中的国家最高学

① 太常寺起源久远，北齐时正式得此名，是封建社会负责宇庙祭祀等礼乐事务的最高行政机构。

府[1]，又是国家最高教育行政管理机构。北京国子监始建于元代，伴随元大都建立，在城东先立文庙，又在西侧立国子学。明代永乐和正统年间，国子监有过大规模修葺和扩建，清代乾隆年间又有增建，终成当今国子监建筑形制。因国子监和孔庙相邻，构成了传统左庙右学的规制，故又称为“庙学”。经历了三个朝代发展建设，北京国子监形成了现在的建筑布局，位于现在东城区安定门内国子监街，为坐北朝南的三进院落，中轴线上依次排列着集贤门、太学门、琉璃牌坊、辟雍殿、彝伦堂、敬一亭。

元代将国子监和国子学分设，国子监管辖国子学。至元二十四年（1287），元世祖忽必烈时期随着都城建设，令工部郎中贾驯于城东修建孔庙和国子监。之后任国子监祭酒的吴澄在其《贾侯修庙学颂》中有记载，“世祖皇帝既一统天下，作京城于大兴府之北，其庙社朝市之位，经纬涂轨之制，宏规远谋，前代所未有也”。至大四年（1311），时任祭酒吴澄续诗，记载了国子监和孔庙建立功绩。元政府专门拨五十余间房产为校舍，作为办公室、讲堂、学厅、厨房、库房等，还修建了大型图书馆“崇文阁”。皇庆二年（1313），始设立进士题名碑，开科取士后将进士个人信息刻于碑上，用于表彰鼓励和显宗耀祖。

> 于赫皇元泽，弥八埏翼翼。京师风化，攸先孔道。炳炳千古，日月帝曰。庙之，以对光烈。显允庞臣，钦辅神孙。祖训是承，往圣是遵。侯祇相谓，而驯而职。乃基乃构，乃墁乃甓。侯祇相言。弗懈以虔。新宫巍巍。有卓其骞。宫墙之西，学宫爰作。我宏尔居。尔懋尔学。尔士来游，四方具瞻。尔则匪遥，像貌聿严恂恂。贾侯克敦克敏。孰挫其廉，孰混其恢？一正不阿，百折不回。族斯纠纷，制之恢恢。庙

① 元代存在的还有蒙古国子学和回族国子学，分别用蒙古文和波斯文教学，为蒙古贵族和西域少数民族贵族子弟提供教育；回族国子学的规模小得多，存续时间也仅有三十余年。

学之崇，天子之德。丞相之功，贯侯之力。

（吴澄《贯侯修庙学颂》）

元代国子监教官设置沿用隋唐制度，国子监祭酒仍然是最高职位，官从三品，一般由具有很高学术威望的著名文士担任，如元初的许衡和中期的吴澄。国子监副长官是司业，正五品官，辅佐祭酒管理事务，监丞正六品，负责国子监的日常管理，以下还有典簿、令史、译史、知印、典史等职位，以及博士、助教等教职。国子监教官也有考核和升迁降黜，主要以培养学生水平和数量为标准，对于有才德者，不拘泥于品级。对学生管理也有升斋制度，许衡在主持国子监时设立了上、中、下三斋，后又增加至六斋，“下两斋分别为‘游艺’‘依仁’，凡基本举步读书诵说能力者归属此斋；中两斋分别为‘据德’‘志道’，能讲说‘四书’、掌握诗律者归属此斋；上两斋分别为‘时习’‘日新’，能讲说《易》《书》《诗》《春秋》等经典并能习明经义程文者归属此斋”[①]。学习内容是以“六经”为主的儒家经典，以宋代朱熹注说为版本。

明代国子监很受朝廷重视，朱元璋时期南京国子监（又称“南监”）的规模已经极为宏大。永乐十八年（1420），明朝迁都北京，于是改北京国子监为京师国子监，之后获得极大发展。由于明朝北京城向南收缩，国子监就处于北京城东北角了。明代北京国子监规模更加宏大，占地100余亩，房舍有数百间。还建了600多间监外斋号，称为“崇教坊”。明代北京国子监亦称“太学”，其匾额悬挂在正门“集贤门”之上，监南街则名为“成贤街”。始建于元代用于藏书的“崇文阁”，在明永乐年间重建，更名为“彝伦堂”，取其伦常和表率之意，一直延续至今。

明代科举制度与教育关系密切，于是北京国子监功能也有所扩展，具有培养教育、选拔官吏、教育管理三个职能。国子监学生称为

① 汤世雄，等.《北京教育史》[M].北京：学苑出版社，2011.

“监生”，国子监学制一般为3年，另有“监生历事”（相当于实习）1年，监生顺利结业可直接做官或通过考试做官。明代国子监监生分为官生和民生两类。官生由皇帝指派入监，有“荫监”和“恩监”，都是皇帝的近臣或者有卓越功勋的文武官之子；民生则又分为“贡监”和“举监”，相当于现在的考试和选送。有文献记载，曾有官生来自少数民族学生和周边国家留学生，是国子监开放办学的开端。《明会典》有记载，“边檄属裔以及海外君长，遣子入学，附之官生”。明代国子监由博士厅负责，并且基本上延续了元代的六斋制，只是改“斋”为“堂”，名称也有所改变。“六堂”分别为：正义、崇志、广业、修道、诚心、率性。明代国子监教学管理采用“分堂肄业”“升堂积分”制度。按月考试升积分，积分达到标准可以待补为官。监生学业考核实行积分制，虽然在后期实行受到一定限制，但在当时明代教育环境下已是改革创新之举。《明史》有相关记载，呈现了国子监监生学业考核和积分情况。

> 六堂诸生，有积分之法，司业二员分为左右，各提调三堂。凡通《四书》未通经者，居正义、崇志，广业。一年半以上，文理条畅者，升修道、诚心。又一年半，经史兼通、文理俱优者，乃升率性。升至率性，乃积分。其法，孟月试本经义一道，仲月试论一道，诏、若、诰、表、内科一道，季月试经史第一道，判语二条。每试，文理俱优者一分，理优文劣者与半分，纰缪者无分。岁内积八分者为及格，与出身。不及者仍坐堂肄业。如有才学超异者，奏请上裁。
>
> （《明史》卷六十九《选举志》）

明代国子监教学内容以“四书”“五经”为主，后来又增加了《大明律令》《御制大诰》等。国子监对教学计划有详细的安排，“除每月朔望两日休假外，每日皆有课业。授课分为早午两次，早上由祭酒、司业领属官全体出席，祭酒主讲，司业坐于堂上，其他监丞、博士、助教、学正等依次序立，生员拱立静听。午后主要进行会讲、复讲、背书、论课等”[①]。明代国子监对监生的管理更加完善，颁布了比较严格而具体的禁令和学规，涉及监生的课业管理、生活日常、行为规范等。《明会典》中有明洪武十五年订立学规的文献记载，部分如下：

> 学校之所，礼义为先。各堂生员。每日诵授书史，并在师前立听讲解，其有疑问，必须跪听，毋得傲慢，有乖礼法。在学生员，当以孝、悌、忠、信、礼、义、廉、耻为本，必先隆师亲友，养成忠厚之心，以为他日之用。敢有毁辱师长，及生事告讦者，即系于名犯义，有伤风化，定将犯人杖一百，发云南地面充军。
>
> （《明会典》卷二百二十《国子监》）

皇帝视学是明代国子监的日常管理大事。皇帝视学始于西周时期，是朝廷对教育教学进行督察的一种制度，也是统治者稳定教育秩序、支持教育事业的一种形式。古代皇帝视学有定制，万历年间修建的彝伦堂，其中一间即为皇帝视学所设。在明清时期国子监视学增加，明正统八年（1443）之后诸皇帝，几乎都来国子监进行过视学督察，体现了明代朝廷对国子监教育的重视，更是国子监的一种荣耀。《圣驾临雍录》详细记载了隆庆元年（1567），明穆宗率大臣视察国子监的盛况。

> 国子监先期洒扫内殿，设御座于彝伦堂中。驾至，则学官率诸生叩迎。升座，则率诸生叩拜。受经，则诸生环听阶下。还朝宴赏，则率诸生叩谢敬事。……敕旨、奏章、礼仪、文仪、讲议、官职等事，国学朝鲜陪臣李荣贤等六员，

① 汤世雄，等.《北京教育史》[M].北京：学苑出版社，2011.

各具本等衣冠，赴彝伦堂外，立文臣班次之次。

（《圣驾临雍录》卷一）

明代国子监在继承以往中央官学管理经验的基础上，教学管理制度更加完备，并且有很多创新性的改革，比如学生分堂管理、学业成绩积分制等，这些在当时历史背景下是非常先进的理念。

清统治者定鼎北京后，随即接收了明代北京国子监。与明代设立南北两监不同，清政权在平定江南后，将南京国子监改为江宁府学，北京国子监也成为全国唯一的最高学府。清代国子监承担的事务有增加，包括每两年一次的祭祀先师孔子盛典、三年一次的及第进士登科庆会以及皇帝视学事务。清代国子监的建筑布局承袭了明代，形制基本不变。清代皇帝对国子监和孔庙修建很重视，多次斥资进行建设和修整。顺治帝即位后，下令礼部恢复科举考试，下令工部修葺北京孔庙。顺治九年（1652），皇帝视察国子监，以表征其“尊道崇儒、教化天下”的风范威仪。顺治十七年（1660）重修孔庙落成，并且成为除曲阜孔子阙里的全国第二大孔庙。之后，康熙皇帝对国子监进行重修，并亲自题写“彝伦堂”匾额，以彰显理学倡导的伦理道德在治国家、平天下中的地位；雍正皇帝则对国子监管理体制进行改革，给予国子监更多自主权，并将国子监南面140余间官房作为学舍，形成北、南两学的办学格局。

文庙崇祀先师孔子，所关典礼甚重。今已年久倾圮，若不为速整理，后渐颓坏，葺治愈难。因尔部钱粮匮乏，所需工料未能措办，朕发内帑银三万两，特加修葺，尔部即遵谕传知。

（《日下旧闻考》卷六十六《官署》）

乾隆二年（1737），孔庙的大成门、大成殿换成了只有皇宫才可以使用的黄琉璃瓦，是朝廷对孔庙地位提升的一次大举措，彰显了清廷对“尊孔崇儒”的支持。乾隆三十三年（1768），皇帝又拨银20余万两，对孔庙进行重修，赐予西周时期法物作为国子监礼器。乾隆四十八年（1783），在彝伦堂前建辟雍，以及在辟雍前建琉璃牌坊，辟雍成为国子监的主建筑。辟雍之名取自西周贵族教育机构名称之一。清国子监辟雍为“天圆地方”的建筑形式，象征着吉祥。琉璃牌坊是尊师重教的象征，正面有乾隆御书“圜桥教泽”，意为听讲学者之众多，背面为乾隆御书“学海节观”，意为因人者众多需用水道分隔区域。乾隆五十年（1785），皇帝亲临刚落成的辟雍，举行了声势浩大的讲学典礼，宣讲以仁爱之心治理天下。之后每当新帝即位，都会来此进行讲学，至少一次，皇帝来此讲学又称“临雍”①。乾隆五十六年（1791），效仿汉唐宋刻石经之举，将江苏恩贡生蒋衡所献手书《十三经》刻于石碑，后又添列了刻有皇帝御书的制石碑。在清代皇帝大力支持下，经过多次修建的孔庙布局宏大、内容丰富，有三进院落，沿中轴线从南到北分别为先师门、大成门、大成殿、崇圣祠，其中始建于元代的大成殿是孔庙的中心院落。中轴东侧分布有碑亭、神厨、省牲亭、井亭，西侧分布有御碑亭、致斋所，并有持敬门与国子监相通，东西两侧排列着进士题名碑，两侧碑亭有康熙、雍正、乾隆皇帝御制的诗、纪和赞，内容均为宣扬清代皇帝的文治武功。

> 乾隆二年谕礼部：“至圣孔子，天纵神圣，师表万世，尊崇之典，至我朝而极盛。皇考世宗宪皇帝尊师重道，礼敬尤隆。阙里文庙，特命易盖黄瓦，鸿仪炳焕，超越前模。朕祇绍先猷，切思国子监为首善观瞻之地，辟雍规制尤宜崇饰。大成门、大成殿著用黄瓦，崇圣祠著用绿瓦，以昭展敬至意。”乾隆三十三年谕内阁：“修葺文庙，现届落成，太学规模，式昭轮奂。惟门题殿榜尚应详考彝章，用申景仰。

① 乾隆年间辟雍建成以前，清代皇帝都在其后的彝伦堂讲学。自明代重修崇文阁更名彝伦堂以来，即辟有专为皇帝视学讲学或训谕的厅堂。

向来正殿称先师庙，二门曰庙门，而大门未有书额，盖沿明代旧文，未加厘正。夫庙门之号，于礼经所称祖庙既涉嫌疑，而先师庙额揭诸殿楹，名实尤多未称。应于大门增‘先师庙’额，其正殿改为天成殿，三门改为大成门，庶符会典定制。朕亲书榜字，涓吉恭悬，以彰崇道尊师之至意。”

（《国子监志》）

清代国子监的机构建制基本上沿袭明代，国子监管理机构在礼部和监事之间有过几次更替，最终确定国子监为朝廷直属机构，设立管理国子监事大臣，除由雍正皇弟果郡王担任外，之后均由皇帝特派尚书、侍郎以上官员兼任，确立了国子监在清代教育体系的至高地位。清代国子监教官由满汉人共同担任；在管理国子监事大臣下，设满、汉祭酒各1人；祭酒之下设司业，满汉各1人；祭酒、司业下设四厅六堂，分别是：绳愆厅、博士厅、典簿厅、典籍厅，以及率性堂、修道堂、诚心堂、正义堂、崇志堂、广业堂。四厅监承、博士、典簿、典籍职位均由满、汉人担任；六堂是学生学习的场所，设有助教、学正、学录等职位。

清代国子监学生分为贡生和监生两大类。在贡生和监生的具体来源上，和明代相比有一些变化。贡生来源扩展为六种，有岁贡、恩贡、优贡、拔贡、副贡、例贡；监生来源扩展为四种，分别为恩监、荫监、优监、例监。《清会典》对各类生源之间关系和区别有详细记录。

凡肄业生徒，有贡生、有监生。贡生凡六：曰“岁贡”，由直省府、州、县学廪生年深者，挨次升贡起送。曰“恩贡”，遇恩诏以正贡为恩贡起送。又临雍观礼圣贤后裔，由廪生、增生、附生、监生入监者，恩赐贡生。曰“拔贡”，由直省学臣选拔与督抚汇考复核升贡。廷试三等及一二等引见未授官者，礼部札送。曰“优贡”，由直省各府、州、县学廪、增生举报，学臣与督抚核定，礼部会本监考试准贡。曰“副贡”。由直省乡试副榜准作贡生。曰“例贡”、由廪、增、附生报捐者，取本籍文或同乡京官结送；由俊秀监生报捐者，取本籍文结送。监生凡四；曰“恩监”，由八旗汉文官学生、算学满汉肄业各生考取。又临雍观礼圣贤后裔，由武生、奉祀生俊秀入监者，恩赐监生。曰“荫监”，由恩荫生、难荫生咨送。曰“优监”，由各省、府、州、县学附生、武生举报，学臣核定，部监汇考，与优贡同。曰“例监”，与例贡同。

（《清会典》卷一千九十八《国子监》）

清代国子监教学内容与科举联系更加紧密，主要学习“四书”“五经”，以及程朱理学、史学通鉴、御制诗文等，并且要求作八股文，兼习诗赋。程朱理学在清代有很高地位，也是国子监教学主要内容之一。科举制度对教育的消极影响在国子监教学中有呈现，监贡生终日以应试为学习主旨，机械研习八股文和准备参加考试。六堂不再分学业层次，教学内容完全相同，服务于科举考试。乾隆皇帝也意识到问题的严重性，在《训诫士子谕》中批评“科名声利之习深入人心，积重难返，士子所为汲汲皇皇者，惟是之求，而未尝有志于圣贤之道”。

清代皇帝极为关注国子监教育发展，延续明代皇帝视学传统，每位皇帝即位后，都会到孔庙祭奠和到国子监视察。清代十二位皇帝中，只有同治和宣统皇帝没有视察国子监，其他皇帝都曾来此祭孔视学，并颁教谕以训诫和勉励师生。延续明代皇帝视学的浩大隆重，清代皇帝视学每次也都有隆重的仪式，并有严格的规程，是一场重大典礼活动。史书记载顺治帝曾两次来国子监视学，乾隆皇帝有三次视学。

1901年，清政府被迫签订《辛丑条约》，统治阶级矛盾更加激化，慈禧太后新政不利使矛盾加剧，废除科举、停止八股、设立新学堂的呼声日益高涨。1905年9月2日，在朝廷重臣联名上书请求变革的压力下，慈禧太后以光绪皇帝的名义下诏，宣布废除科举，宣告了中国科举制度的终结。同时改革清朝学制，设置学部移掌国子监教育行政功能，停止国子监教育教学，祭祀等礼仪职能保留，国子监部分官教职遭裁撤。

北京国子监和孔庙均以悠久的历史沉淀、独特的建筑风貌、深厚的文化内涵而闻名于世。北京孔庙作为元、明、清三代皇室祭孔的重要场所，北京国子监作为这一时期国家最高学府和教育行政机构，曾经承担着为国家培养人才、教育行政管理和文化交流传播等诸多职能。历经700多年的风风雨雨，国子监主体建筑至今保存完好，是我国当今唯一保存完整的古代最高学府旧址。近年来，随着对文化遗产保护和传统文化交流的重视，人们充分意识到传统文化对于重塑国民精神的重要性。北京孔庙和国子监作为国学圣地，以及记录古代中央官学的典型代表，重新回到人们的视野中，它们也成为教育学、历史学、建筑学等研究的重要史料。

北京贡院

北京贡院，即京师贡院、顺天贡院，建于明永乐十三年（1415），是明清时期全国会试的考场，即中央进行科举考试的专用场地，也是清代顺天府（北京）乡试的考场①。为何称京师科举会试的考场为“贡院”？所谓“贡”，即古代各地区每年向中央政府进献物品，在京师举办会试从而达到国家选拔人才的目的，故称“贡院”。各地举子从全国各地奔赴京师，来到贡院参加会试，科举选拔的进士直接进入太和殿，参加皇帝亲自主持的殿试，这些科举考试环节都是在向皇帝和国家贡献学识才能。北京贡院存在于明、清两代，位于今北京建国门内大街古观象台西北角，现在的中国社会科学院一带。贡院每三年举行一次会试，会试一般在春季，故又称“春闱”或“春试”，会试由礼部组织，故又称“礼试”。顺天府乡试也是每三年一次在贡院举行，一般在秋季，故又称“秋闱”或“秋试”。

贡院是随着科举制度的发展而创立的。我国古代科举制度始于隋炀帝时期，大业二年（606）开进士科，通过科举考试为朝廷选拔官吏。科举制度是我国古代教育史上的创举，科举制度首先是为统治阶级选拔优秀人才提供了路径，另外还打通了普通阶层士人上升的通道，使得寒门可以走出贵子，田舍郎可以登天子堂，使广大读书的学子看到了改变命运的希望，极大地调动了广大士子的学习热情。在科举制度实行的初期，并没有设立专门的考场来举办科举考试，一般都是借用尚书省的厅堂、礼部南院、官员住所甚至寺庙作为考场。到唐开元二十四年（736），才正式设置贡院。贡院的官职没有专门设置，而是附设于礼部，又称礼部贡院。唐代朝廷还设立了主持贡院考试的官职“权知贡举”，后也有“知贡举”的称谓。唐及五代时期的贡院规制比较简单，尽管贡院考试事务繁重，但考官并不固定，往往是临时差遣。

① 清代八旗生员岁、科考试也曾借用过京师贡院作为考场。

唐朝末期，贡院既是考试场所，又逐渐具有一定考试行政职能的机构，五代时期贡院的行政职能进一步加强。由于古代科举制度是贫寒士子踏入官途、改变命运的唯一途径，因此吸引了越来越多的应试者参加应试，争先恐后地挤上这条独木桥，以至于中央和地方均需要设立专门的考场。两宋时期实行以文治国策略，儒学发展繁荣，社会上文风盛行，客观上促进了科举制度的发展。北宋时期举办科举考试也是常常无固定场所，多设立临时场所来承担考试，虽有贡院设置但职能效果欠佳，需要建设能够容纳更多科举考生的场所。宋代贡院设立、发展较快，北宋时期地方开始设立贡院，南宋时期地方贡院设立已经非常普遍，并且多成为城市中文化地标性建筑，在引领地方文化教育事业发展方面发挥着重要作用。金元两朝又将科举考试的场所称为考试院，元代考试院开始有“帘内官”和“帘外官”之分。考生分舍制也始于元代，有学者考证元代考试院已经出现了一人号舍的建筑形式，明代贡院的格局和形式是部分继承元代考试院建筑形式的结果。

北京贡院初建于明永乐十三年（1415）①，是在元代礼部衙门旧址上修建而成。当时全国科举会试主要在南京的江南贡院举行，北京顺天府乡试仅有数十人，会试也不过数百人，时值北京开工修建紫禁城和京城城墙，财力物力有限，所以初建贡院规模较小，只用简单的棚板、苇席临时搭建。此后，随着在北京参加考试的举子逐年增加，狭小简陋的贡院显得拥挤不堪，朝廷对贡院进行了扩建，具有明远楼和号舍（此前称“席舍”）的贡院形制形成。贡院木质结构建筑容易失火，正统三年（1438）乡试和天顺七年（1463）春试期间发生过两起大火，考生和考吏伤亡惨重，尤其天顺七年春试有90余名考生葬身火海。直到万历二年（1574），内阁首辅张居正吸取天顺年间失火的教训大规模扩建贡院，在旧址拓宽扩建号舍达一万三千间，并把木质号舍改为砖墙瓦顶的房屋，加强其防火性能。在贡院外缘建高墙，在贡院

① 《日下旧闻考》《燕京杂记》等文献记载北京贡院建立于明永乐年间，《涌幢小品》记载北京贡院建立于明正统年间，一般认为建立于明永乐年间。

四周建有角楼用于监考瞭望。贡院正门分左、中、右三路，各路立有三座牌坊，中间牌坊题有“天下文明”，左侧牌坊题有“虞门”，右面牌坊题有“周俊”。牌坊后为两座贡院正门，右侧大门为考生进出的大门，称作“龙门”，取“鲤鱼跃龙门”之意，预示着考生跃过“龙门”就可以通过考试选拔成为朝廷栋梁之材。穿过龙门经甬道直达明远楼，是登高监考之用，也是贡院的最高建筑，据说登明远楼可以远观西山、近览宫殿，正应了明远楼两侧立柱上的对联“夜静文光冲北斗，秋来爽气挹西山”。明远楼前旁侧的古槐因长势如卧龙而被赋予了文运之意，《天咫偶闻》记载，“士子有病，祷于树下，摘槐角服之，辄愈”，被称作“文昌槐”。贡院修建完前，张居正作《京师重建贡院记》详细记载了贡院重修后的各布局细节：

今天子践祚之三禩，新修贡院成。其地因故址拓旁近地益之径广百六十丈。外为崇墉施棘，檄道前入，左右各树坊。名左曰虞门，右曰周俊，中曰天下文明。坊内重门二，左右各有厅，以备议察。次曰龙门，逾龙门直甬道为明远楼，四隅各有楼相望，以为瞭望。东西号舍七十区，区七十间，易旧制板屋以瓦甓，可以避风雨，防火烛。北中为至公堂，堂七楹，其东为监试厅，又东为弥封、受卷、供给三所，其西为对读、誊录二所。又后为燕喜堂三楹，东西室凡十六楹，诸胥吏工匠居之，其后为会经堂，堂东西经房相属，凡二十有三楹，同考者居之。

（《日下旧闻考》卷十八《城市》）

清代北京贡院屡有修葺扩建，贡院建筑体系更加完备，可接待应试考生规模有所增加。康熙年间，顺天府多次拨款修葺扩建贡院，重建明远楼四角楼，更换房屋椽瓦，扩建号舍千余间。雍正年间，贡院也有修缮，先是将号舍内最初的砖土坐凳改为木质活动号板，可以白天当桌椅，夜晚成床铺，顺天府后来又奏请增建号舍1685间，满足逐渐增多的考生需求，因雍正病逝被搁置。乾隆年间，顺天府尹陈守创再次奏增建号舍1685间，雍正末年被搁置的工程得以完成，增建南正大门围墙，东西南北各开一砖门，扩充大门增至五楹，大门前三座牌坊也分别更名，东门改为“明经取士”，西门改为“为国求贤”，中间改为“天开文运”。此时的北京贡院达到万余间，规模已蔚为大观，之后贡院又现颓废之象。1744年10月，乾隆皇帝在文武百官陪同簇拥下，到贡院视察举子考试环境，看到当时低矮简陋、难遮风雨的敞开式号舍，当即下令对贡院进行修缮，并赋诗四首题于贡院壁上，可见对文化教育和文人士子的关注同情，这些诗作是乾隆皇帝当时心意的生动写照。

翰苑琼筵酌令辰，棘闱来阅凤城闉；
百年士气经培养，寸晷檐风实苦辛。
自古曾闻观国彦，从今不薄读书人；
白驹翙羽传周雅，佐我休明四海春。

乾隆年间后期，由于严格控制乡试录送人数，贡院号房因为长期闲置而遭到不同程度的破坏，到清代末年北京贡院规模又有所扩大。光绪年间，因应试者人数大增，号舍拥挤不堪，遂又将贡院北扩，设号舍114连（排），达1.5万间，也使北京贡院达到历史上最大接纳规模和占地面积，仅次于位于南京的江南贡院。《天咫偶闻》有记载：“光绪初，因就试人多，号舍不敷用，乃大加展拓。明远楼旧在中，瞭望亭居其四角。自增建后，号舍益展，而后且拆却顶银胡同之东半人家以增益之，于是瞭望亭反居其南。乃更增二亭于北，凡六亭。而至公堂亦照料不及，乃添设新号，监试御史以司之。然考其不敷之所由，则亦有故。”[①]虽然贡院号舍规模达到历史上最高峰，但是并没有挽救清代末年科举制度走向衰败的命运。

① ［清］震钧.《天咫偶闻》卷三［M］.北京：北京古籍出版社，1982.

鸦片战争以来，清政府在对外战争中屡屡失败，清代军队屡受重创，使很多心系国家命运的仁人志士开始反思教育，审视当时的人才培养和选拔制度，科举制度开始受到抨击和质疑。关于改革科举制度的呼声日盛，“自1842年两广总督祁上奏议改科举至1905年科举立停，在长达60年的时间里，至少有18份奏章先后经中央部院讨论，却相继被阻止搁置”①。光绪二十六年（1900），北京贡院在义和团运动中被洗劫一空，昔日文人繁盛会聚、士子龙跃之地，只剩下破败不堪的残垣断壁，日益荒芜。翌年，礼部虽有计划重修被战火劫掠过的贡院，但是在清代末年内忧外患的动荡时局中，贡院修建之事经多次商议无果，不得已，随后的顺天乡试和全国会试移地河南开封贡院举行。同时，科举制度在选拔人才方面的局限性日渐暴露出来，不能满足当时背景下对人才的需求，科举制度再次被指责和诟病。1903年，湖广总督张之洞上奏请停科举，言曰“科举一日不废，即学校一日不能兴，士子永远无实在之学问，国家永无救时之人才，中国永远不能富强，即永远不能争衡各国”。光绪三十一年八月初四（1905年9月2日）袁世凯、张之洞等六位督巡抚联合会奏《立停科举推广学校折》，奏请立停科举，“科举不停，学校不广，士心既莫能坚定，民智复无由大开，求其进化日新也难矣”，以“推广学堂”和“咸趋实学”。于是，慈禧太后下诏，宣布自1906年废除科举，乡会试和各省岁科考试一律停止。自隋炀帝始创进士科以来，走过了1300年历史的中国科举走向终结。没有了可以承载的教育活动，北京贡院也再无重建的必要，它和科举制度一起湮没在历史的滚滚洪流之中。

民国初年，曾经的文化地标走向长期闲置荒废的命运，处于动荡时局中的民国政府也无暇思考贡院何去何从。1921年，贡院旧址被用于商业发展，建起楼房从事商业活动，但生意并不兴旺，后又大部分改成民居。直到1927年，当时的北洋政府为了筹集军饷，又将残存贡院商铺拆除并拍卖物料，只留下一片空地。1941年，日伪政府

① 关晓红.《晚清议改科举新探》[J].《史学月刊》，2007年第10期.

曾在贡院旧址空地上建造“神社”供奉亡灵，京师贡院昔日斯文气派被玷辱污化。

新中国成立后，中国人民解放军海军司令部曾设在贡院旧址上，并开办过干部学习班。进入“一五”时期，北京市委、市政府对城市空间布局曾多次进行规划，1953年《改建与扩建北京市规划草案的要点》提出北京城按功能分区进行建设，在北京旧城中心建立行政中心。1956年海军司令部迁出，中国社会科学院搬入贡院旧址，一直延续到现在。在北京版图上消失的除了贡院，还有古观象台附近的鲤鱼胡同，这里曾经是来北京参加考试的举子们落脚住宿的地方，是当时的“旅馆一条街”，昔日举子们进京赶考以期“鲤鱼跃龙门”，实现“朝为田舍郎，暮登天子堂”梦想，这条不起眼的小街巷取名为鲤鱼胡同。现如今，昔日文风鼎盛的北京贡院建筑群已消逝，仅留下贡院东街、贡院西街，贡院头条、二条、三条等街巷名称。穿过建国门的喧嚣繁华，这些用贡院冠名的街巷，浮现出贡院科举的往事和举子们的旧影，依稀见证着北京贡院庞大建筑群昔日的辉煌。

贡院是我国古代科举制度的产物，也是我国古代科举文化的见证。北京贡院是明清时期众多士子们的文化圣地，是文人魂牵梦萦的地方，他们为实现梦想而寒窗苦读、皓首穷经，以求通过科举考试求得功名、光宗耀祖、改变命运，其中不乏为国家和民族发展救亡图存者。由于历史的原因，北京贡院已经沉入历史，其建筑没有被保留下来，然而它带给后人的精神财富永远不会消失。全国其他贡院有不同程度的保留，比如：举办过中国科举史上最后一次科举考试的河南贡院遗址（今河南大学近代建筑群中），我国北方目前唯一保存较为完整的定州贡院，历经战火但明远楼仍岿然不动的广东贡院，全国目前全貌保存最完好的坐落于南京秦淮河旁的江南贡院和阆中清代考棚（川北道贡院）等，这些被后世保留下来的各地贡院遗址，能够给我们一些心灵的慰藉。贡院是历史留给世人的丰厚文化遗产，见证着我国古代科举制度的兴衰，也见证文化教育事业的发展变革，是一笔宝贵的文化财富，也是一种伟大的精神力量。

京师同文馆

京师同文馆是我国近代史上第一所“洋务学堂”，也是第一所官办外语专门学校，它的创立始于清末期对外交人才的急切需要，是我国学校外国语教育的开端，也是清末期与世界沟通交流的重要窗口，为近代我国外交发展发挥了重要作用。京师同文馆与自隋朝以来延续1200年的以科举为目的传统私塾、书院有极大区别，实现了教育性质的一次大跨越。

清代中期直到洋务运动以来，我国和西方交流语言主要是南方民间贸易使用的“广州英语”，由于贸易交流量很少，一直以来没有官方翻译机构。并且，清政府要求外国商人禀文只能用汉字书写，民间传教士和通事承担了贸易文书的翻译工作。其中，通事是为外国商人提供翻译的职业群体，没有受过专门的翻译教育，只能进行简单的语言交流和文书翻译，遇到比较专深者翻译不能应对自如。19世纪50年代末期，外交家、湘军创办者之一郭嵩焘曾关注到翻译人才培养，奏请咸丰皇帝设立相关学校，可惜并未引起朝廷重视，其奏折没有得到批准。1856年，清政府在第二次鸦片战争中战败，之后清廷被迫与西方战胜国签订了一系列的不平等条约，条约对外交和贸易中语言文字使用提出了要求。与英国签订的《天津条约》第15条明确规定“嗣后英国文书俱用英字书写，暂时仍以汉文配送”，以及“自今以后，遇有文词辩论之处，总以英文作为正义”。在双方谈判过程中，由于在华传教士长期传教对中国经济、军事、政治比较熟悉，他们在谈判中为自己国家出谋划策，争取到了更大利益，对清廷谈判官员触动很大，他们开始意识到外交和翻译人才培养的急迫性，认识到和西方交流的重要性。

恭亲王奕䜣是清末期推动洋务运动的领导者，也是创办京师同文馆的倡导者，他为我国近代工业创办、外交事业开拓和新式教育发展做出了重要贡献。倡导创办京师同文馆是奕䜣留在兴办新式教育史册中最浓墨重彩的一笔。1840年鸦片战争以来，外有西方列强侵略豪夺，内有太平天国运动汹汹而起，尽管清王朝镇压了太平天国运动，但清王朝统治根基受到重创，其反动统治的命运岌岌可危。为挽救清王朝的垂死命运，1860年11月，奕䜣奏请设立“总理各国事务衙门”和兴办洋务以图“自强求富”。1861年初，总理各国事务衙门正式设立，并明确作为总理洋务的中央机构，恭亲王奕䜣、大学士桂良和户部左侍郎文祥为总理衙门大臣。奕䜣等旋即上书，针对“语言不通，文字难辨，一切隔膜”的现状，奏请开办京师同文馆，以培养外交和通商急需的人才，以期“与外国交涉事件，必先识其性情”，应对时局之变化。三人在奏折中提出了具体办学方案：从广东、上海等有民间交往基础的地区选通外文的商人到北京任教习，从八旗中挑选十三四岁“天资聪颖”者，每旗四五人入馆学习。然而，选择能胜任外文教习的人员并不顺利，同文馆迟迟不能开馆办学。直到1862年6月，选定英国传教士包尔腾为英文教习，并从八旗子弟中选出10名学生之后，教学才得以正式开始。除设立英文教习外，同文馆还设立了汉文教习，第一任汉文教习由顺天府人徐树林担任，并专设了满、汉提调各一人管理馆务。京师同文馆设立之初培养目标为外语翻译人才，隶属于总理各国事务衙门。开馆之后不久，又恢复了俄文馆，新开设了法文馆，分别由俄国人和法国人担任教习。

自1862年开馆招生办学到1902年并入京师大学堂，京师同文馆发展历时40年，大致经历了三个阶段①：第一阶段，1862年至1865年的创办起步阶段，小规模招生，恢复俄文馆和增设法文馆，初期同文馆仿俄文馆先例改订章程，1862年8月恭亲王奕䜣等提出《新设同文馆酌议章程六条》，为规范办学和严肃馆纪，从学员招生、教师聘定、教学管理、学业考试、官阶待遇和办学经费等六个方面进行了比较详细的规定。第二阶段，1865年至1894年的发展阶段，京师同文馆经

① 夏莉萍.《中国近代史上第一所培养外交人才的学校——京师同文馆》[J].《历史教学》，1998年第3期.

历了一次重大变革，即开始接纳汉人入馆学习，增设天文算学馆，天文算学馆成功增设使同文馆由专门外语学校转型成为一座综合性学校，这一时期又增设了德文馆和东文馆，办学规模也达到在馆学生120人最高峰。上海、广州两地同文馆优秀学生经考试开始选送到北京同文馆继续学习，是京师同文馆办学的繁盛期。第三阶段，1898年至1902年的撤并阶段，1898年京师大学堂成立丁韪良任总教习，京师同文馆开始逐渐并入京师大学堂，其间所有语言以外课程均由京师大学堂教师讲授，1902年京师同文馆正式并入京师大学堂。

围绕天文算学馆设立，清政府洋务派和顽固派展开了一次大争论，争论的核心是何为人才必备的治国之道，以及京师同文馆要不要开办自然学科。1866年12月，总理各国事务衙门奏请在京师同文馆设立天文算学馆，认为西方国家“制造机器、火器等件，以及行船、行军，无一不自天文、算学中来”，并“招取满汉举人及恩、拔、岁、副、优贡，汉文业已通顺，年在20以外者”。洋务派将同文馆仅从八旗子弟中招选学生，扩展到满汉人只要达到招选条件均可赴考就学，是对洋务运动深入开展急需实用人才在办学行动上的回应。然而，这一倡议当即遭到了清廷顽固派的抵制，大学士倭仁、御史张盛藻是反对派的代表，认为立国之本是“仁义道德”，而非“西夷之艺”，让举人、优贡这些正途人员学习器械营造、天文算学“有失体统”“有辱斯文”。顽固派对同文馆增设天文算学馆横加阻拦，从根本上说是担心从科举正途中招选学生，将打乱官员任职传统秩序，危及这一群体的既有利益。恭亲王奕䜣直言驳斥顽固派荒谬的“不识时务之论”，认为夷人仰仗先进军事力量远来侵犯，关键是在武器装备上领先，我们要抵御列强外侮获得重生，必须“卧薪尝胆、共深刻励、以求自强”，奕䜣的主张获得了慈禧太后的支持，天文算学馆得以在两派纷争之中艰难设立起来。这次发生在清廷朝堂上的争论以洋务派胜利而告终，京师同文馆增设了天文算学馆，开设了自然学科课程，使京师同文馆由一所外文专门学校转型成为综合性学校。此次以奕䜣为代表的洋务派在“同文馆之争”取得胜利，也是清廷正式明确支持学习借鉴西方先进文明成果的开始，是一次对西学态度的风向转变，对洋务时期乃至新政时期的教育发展具有重要意义和深远影响，为之后众多新式学堂设立提供了舆论和政策支持。

京师同文馆在办学过程中逐渐规范，为了实现清廷培养实用人才的目标，并非任由外文教习开展教学，而是实行“集体会商，联衔具奏”管理方式，并通过设立管理大臣、检察官、提调、帮提调形成办学管理主线，保证切实执行清政府办学意图。在教学方面，由总教习主管京师同文馆教学事务，总教习之下设外文和汉文教习，分别承担各自语言讲学授课职责，另设有副教习担任新生的教学辅助工作和翻译西书工作。京师同文馆设有外文教习和汉文教习。在第一任外文教习包尔腾之后，先后有傅兰雅、欧礼斐、马士、丁韪良等任外文教习；在第一任汉文教习徐树林之后，先后有李善兰、徐寿等任汉文教习。1865年，美国传教士丁韪良开始担任英文教习，主讲国际法和经济；1869年，在丁韪良辞去美国北长老会教职，通过了政府聘任考试之后，总理各国事务衙门任命其为京师同文馆总教习（相当于教务长）；1895年，丁韪良因健康问题正式离任总教习一职。1865年，他甫一出任总教习就开始对同文馆进行办学整顿，仅两三年时间京师同文馆就展现出全新的面貌，学生数量日益增多，教习需求同步增加。丁韪良在京师同文馆任职长达30年，其中任总教习20余年，任总教习期间也是京师同文馆快速发展的时期，他力主推动西方现代教育制度实施，在多方面进行改革尝试，为京师同文馆办学贡献颇多。

随着清末期洋务运动发展，京师同文馆从外语专门学校发展为综合性学校，其间课程由语言学扩展到自然科学，学制也经历了发展变化。丁韪良任总教习期间对学制和课程进行了西学化改革，将同文馆创办时的3学制进行了调整，并持续推进增设自然科学课程。在丁韪良任期内同文馆经过一系列改革，到1877年初基本建立起比较完整和系统的学制体系，由此确立了其在清末近代教育发展中的教育模式和重要地位。同文馆学制大体上分为8年制和5年制两种，8年制学制为：“元年：认识写字、浅解辞句、讲解浅书；二年：讲解浅书、练习句法、翻译条子；三年：讲各国地理、读各国史略、翻译选编；四年：数学启蒙、代数学、翻译公文；五年：讲求格物、几何原本、平三角、弧三角、练习译书；六年：讲求机器、微分积分、航海测算、练习译书；七年：讲求化学、天文测算、万国公法、练习译书；八年：天文测算、地理金石、富国策、练习译书”①。8年学制适用于外文、天文、化学、测地等学习者，5年制课程基本上是8年制的后五年课程，适用于年龄较大学习外文有困难的学习者，并且主要用中文译本学习课程。这一课程和学制改革强调外语和科学知识学习，“西文”“西艺”成为同文馆主要教学内容，打破了我国两千多年来以传统儒学为代表的“中学”独大局面，推动了近代教育发展进程。丁韪良任期内推动课程和学制改革的同时，还进行教学组织形式改革，在京师同文馆推行西方班级授课制，依据5年制或者8年制进行课程编制，并按照年龄、学习情况等将学生进行分别编班，进行相应课程教学。京师同文馆是我国教育史上进行班级授课制改革的第一所学校，满足了近代社会对人才培养的要求，是我国教育史上的重要改革。丁韪良任期内推进京师同文馆学校管理制度方面也有成绩，尤其在其升任总教习开始统管教学事务以来，逐渐建立起一套比较规范完善且行之有效的规章制度，包括：学校招生、学生管理、教师管理、考试考核、薪酬责任，以及学业奖惩、伙食标准、师生作息等，同文馆学校管理呈现出清新的科学、民主之风。经过丁韪良任总教习20余年不懈的努力，京师同文馆呈现了一个中国现代学校的雏形，是近代学习西方现代教育的先试先行者，为近现代中国教育发展奠定了基础。1890年，同文馆师生曾为丁韪良归国疗伤饯行，并致颂词曰：“总教习分门析类，督课有方……分任汉洋教习，综考厥成，殚心竭虑，惩劝兼施，以至馆务日渐起色，详译西国各种书籍，皆精深宏实，为游艺必不可少之书，……历溯馆中高才生，或奉差出洋，或充各埠领事，

① 《学制史料》(第一辑上册)；转引自雷钧.《京师同文馆对我国教育近代化的意义及其启示》[J].《现代教育科学》，2002年第7期.

或在各省机器局、学堂当差，此督课有方之明效也”[①]。师生给予丁韪良的满含褒奖赞美之词，充分体现了其对京师同文馆在办学、育才、译书等方面的突出贡献。丁韪良在任职期间试图推动教育西学化变革的同时进行传教，在反对阻挠声中并没有得到开展，这一行为与他作为传教士服务于西方国家担负在华传播教义使命有关，是助推西方意识形态上位的行为，客观上有其局限性以及造成负面影响，但这并不能遮蔽他在京师同文馆以至京师大学堂建设发展史册上的功绩。

除培养翻译等实用人才外，译书和出版也是京师同文馆办学重要内容。“1873年，京师同文馆设印书处，印刷同文馆翻译著作”，“1888年，京师同文馆奏请设翻译处，凡俸差旋华，择其优者，俾充其选”[②]。印书处设立使京师馆办学呈现多元特征，不仅承担人才培养职能，而且着力开展文化传播。京师同文馆办学期间，师生翻译了多部西方著作且种类广泛，涉及自然科学、社会科学和人文科学，以社会、政治、法律、历史、地理类书籍尤其是外交事务必学必读书籍居多，突出了其培养外交人员的办学初衷。这些译著为中国人了解认识西方社会提供了重要窗口，促进了中西方文化的交流，比如：中国第一部国际法中译本《万国公法》（1864）、第一部外交学中译本《星轺指掌》（1876）、第一部经济学中译本《富国策》（1860）。仅丁韪良在担任京师同文馆教习期间，翻译的书籍就多达11种，他主持翻译美国哈佛大学惠顿教授《万国公法》是同文馆出版的第一部西学译著。这部译著对中国近代社会法治意识提升有重要作用，“《万国公法》共四卷，第一次较为完整地介绍了当时西方资本主义国家之间通行的国际关系准则，……成为中国各通商口岸官员和一切涉外人员的必读之书，颇受推重”[③]。《星轺指掌》是我国第一部外交学中译本，

---

① 《北京同文馆总教习丁韪良先生纪略》，万国公报上海墨海书局光绪十六年；转引自张美平.《丁韪良与京师同文馆的翻译教学》[J].《浙江树人大学学报》（人文社会科学），2016年第2期.

② 耿申等.《北京近代教育记事》[M].北京：北京教育出版社，1991.

③ 马树德.《洋务运动与中西文化交流》[J].《中国文化研究》，2001年第2期.

被清末外交人员视为外交活动必备书籍。这些西学译著给清代末年社会思想以启蒙，让更多国民可以睁眼看世界，接受西方资产阶级新思想，给众多传统知识分子改造陈旧观念带来了知识和力量源泉，客观上推动了中国近代资产阶级革命的步伐。培养翻译人才始终是京师同文馆办学的核心，它不仅是中国第一所官办外国语学校，为近代中国培养了一批翻译人才，而且翻译西书开展架通了文化沟通的桥梁，西方思想通过译著媒介在中国广泛传播，客观上促进了近代社会发展和民众思想启蒙。

在京师同文馆办学过程中，上海等地区也有译书机构创办。1867年，徐寿等建议、两江总督曾国藩奏请创办江南制造局翻译馆，于1868年正式成立，主要翻译军工机械制造需要的外文资料，翻译引进了大量科技类书籍，是近代第一个官方创办的译书机构；广学会和益智书会①是近代在华教会创办的译书机构，在传播西方文明“外衣”下，承担了意识形态入侵任务，同时也编译出版了多种书籍。这些译书机构翻译方式是“西译中述”，即以西人为主、华人为辅，由西人进行口译，华人在笔录基础上进行修饰润色，在这种译书模式下华人基本上处于从属地位。京师同文馆有翻译专门人才培养的支撑，其译书与其他译书机构不同，系统性学制课程提升了学生翻译水平，越来越多的优秀学生能够独立翻译。京师同文馆的译书和出版为学生实践提供了平台，教学和实践有机紧密地结合在一起，这既是京师同文馆鲜明的办学特色，也为之后洋务学堂坚定走紧密结合实业办学道路树立了典范。

京师同文馆开创了我国系统性培养翻译专门人才的先河，为近现代外国语教育发展奠定了坚实的基础。外语馆学生们除了课堂学习外，还承担了总理衙门日常翻译工作，日常外交的函电公文等多由学生翻译。各外语馆还挑选优秀学生组成了口译专班，轮流当班随

---

① 广学会前身为1884年创办的同文书会，1892年改名为广学会，取“以西国之新学广中国之旧学”之意，翻译出版了大量西方书籍，对清末维新运动有较大影响。益智书会创办于1877年，主要在文化教育领域活动，翻译出版了大量学校教科书。

时承担总理衙门相关任务，以及跟随大臣参加外交事务。服务总理衙门翻译贯穿了外语馆人才培养全过程，学生翻译实践能力在这些真实场景、真实任务中得到迅速提升，很快成长为翻译领域专门人才，更加精准地服务于总理衙门。京师同文馆在中国近代外交史上有突出贡献，办学40年来培养了一大批外交官。这些学生从外交使节的随员翻译做起，逐渐在外交事务中历练成长，成为经验丰富可以独当一面的职业外交官，活跃在中国近代外交领域，从事中国近代外交史上一些重要外交活动。1866年以来，清政府多次派出使团开展外交活动，均有京师同文馆多名学生作为译员随同出使。“1876年，中国近代史上第一个驻外公使郭嵩焘奉命出使英国，之后我国第一批驻外使馆成立。各馆成员中均有同文馆毕业生，德明、凤仪驻英国公使馆，联芳、联兴驻法国公使馆，庆常、庚阴泰、庙昌驻德国公使馆。”①

1898年8月9日，作为维新变法的重要教育变革，京师大学堂成立，光绪皇帝任命丁韪良为总教习，并授予二品顶戴官衔。京师同文馆除语言外的课程均由京师大学堂讲授，京师同文馆又恢复为外语专门学堂。1900年，庚子事变爆发，京师同文馆和京师大学堂均停止办学，学生全部解散。1902年，京师大学堂恢复办学，京师同文馆并入京师大学堂。京师同文馆是近代洋务运动在教育领域变革的产物，随着洋务运动的涨落而跌宕，也随着洋务运动失败而完成历史使命。尽管京师同文馆仅有40年办学历史，但它几乎贯穿了洋务运动始终，也是开办最早、影响力最大的洋务学堂，承载了清末洋务派在西方入侵的危急关头，为挽救民族危亡给予教育的倾力诉求，其办学模式打上了“自强”的深刻烙印。京师同文馆创办是我国近代教育史上的重要里程碑，引领了近代传统教育变革，为之后众多洋务学堂在全国各地创办发挥了典范作用。

---

①《清末首批驻外使节之派遣》，载《中国近代史论第7辑》[M].台北：台湾商务印书馆；转引自夏莉萍.《中国近代史上第一所培养外交人才的学校——京师同文馆》[J].《历史教学》，1998年第3期.

京师大学堂

京师大学堂是中国近代史上第一所由中央政府建立的综合性大学，是戊戌百日维新运动的产物，是中国近代大学制度的肇始，也是北京地区乃至中国近代高等教育的开端。京师大学堂既是全国最高学府，也是国家最高教育行政机关，统辖全国学务。

1840年第一次鸦片战争和1856年第二次鸦片战争，西方列强用坚船利炮轰开了中国的大门，清政府被迫签订了丧权辱国的《南京条约》和《北京条约》，也使中国看到了一个快速发展变化中的世界，看到了西方先进的科学技术。经历了鸦片战争的中国民族危机日益深重，促使国民警醒和反思，一批有识之士认识到，强国必先强兵，必先强科技、改科举、强教育。1861年，恭亲王奕䜣等在上奏《通筹夷务全局酌拟章程》，发起了以“自强”“求富”为目标的洋务运动。洋务运动的主张得到慈禧的认同，洋务派得到重用，开始大规模引进西方先进的科学技术、兴办近代化军事工业和民用企业，以及创办新式学校，选送留学生学习西方先进技术，培养国家发展急需的翻译、军事和科技等人才。自1862年京师同文馆创立开始，洋务派在之后的30多年间在全国创立了一批新式学堂，包括上海广方言馆、广州同文馆、福建船政学堂、天津水师学堂等，是我国最早一批近代高等专科学校。

1894年，北洋水师在甲午战争中惨败，清政府精锐军队受到重创。翌年，清政府又一次被迫签订了不平等条约《马关条约》，中国命运陷入更加深重的危机中，处在被帝国主义列强侵略和瓜分的刀俎之下。甲午战争失败，也标志着历时30余年的洋务运动以失败告终。中日甲午战争惨败使举国震惊，众多仁人志士开始思考中国发展的出路，新兴的中国民族资产阶级改良派意欲用改良主义的维新变法来挽救民族危机，于是掀起了维新变法的思想浪潮，教育改革呼声日益强烈。早在1893年，郑观应就曾在《盛世危言》中阐述了大中小学堂构想，“设于各州县者为小学，设于各省会者为中学，设于京师者为大学”。清政府在甲午战争中的失败也让学者志士看到了洋务学堂教育的局限性，开始反思洋务运动中教育改良的挫折和失误。1895年，顺天府尹胡燏棻上《变法自强疏》，提出国家人才辈出之源在教育，奏请裁改全国各地书院，开设新式学堂。1896年，梁启超在《学校总论》中有对洋务运动时期各地学堂的经典批判，学习西方教育体制建立新式学堂成为甲午战争之后中国教育发展的诉求，也为当时众多学者志士所支持。

> 泰西各邦，人才辈出，其大本大源全在开设学堂。……日本维新以来，不过一二十年，而国富民强，为泰西所折服，是广兴学校、力行西法之明验。……特旨通饬各省督抚，务必破除成见，创立各种学堂。……数年以后民智渐开，然后由省而府而县递为推广，将大小各书院一律裁改，开设各项学堂。
>
> （胡燏棻《变法自强疏》）
>
> 今之同文馆、广方言馆、水师学堂、武备学堂、自强学堂、实学馆之类，其不能得异才何也？言艺之事多，言政与教之事少。其所谓艺者，又不过语言文字之浅，兵学之末，不务其大，不揣其本，即尽其道，所成已无几矣……其受病之根有三：一曰科举之制不改，就学乏才也。二曰师范学堂不立，教习非人也。三曰专门之业不分，致精无自也。
>
> （梁启超《学校总论》）

面对国家民族灾难和教育发展困境，以康有为、梁启超、谭嗣同、严复等为首的维新派发起了以变法维新为口号的资产阶级改良运动，他们大声疾呼“废科举、兴西学”。维新派对传统封建教育进行了尖锐的批判，主张效仿西方欧美资本主义国家的教育制度，学习西方文化科学并兴办新式学校，培养对救国事业有用的人才。维新派竭力宣传他们的政治和教育主张，并身体力行首先开始在全国开办学会，以提倡西学和宣传变法。1895年11月，康有为、梁启超等在北京发起成立了强学会，同年又在上海成立强学会。强学会又称强学书局，是维新派创立的第一个政治团体，主要进行集会、讲演等活动，目的是为中国谋自强。1896年，因受到御史杨崇伊上书诋毁，北京强学会遭到封禁，随后上海强学会也遭到张之洞的解散。然而，维新派变法图强的信念并没有被扼杀，他们继续奔走呼号，积极推进近代教育改革实践。

1896年6月12日，时任刑部左侍郎李端棻向光绪皇帝上奏《请推广学校折》，明确提出创办京师大学堂，并建议京师和各省均应设立学堂，并提出设藏书楼、创仪器院、开译书局、广立报馆、选派游历等五项建议。李端棻描绘了依此办理教育的未来愿景，"自此十年后，贤俊盈廷，不可胜用矣，以修内政，何政不举，以雪旧耻，何耻不除"。这些主张深深触动光绪帝内心，正是少年皇帝日夜寝食难安中苦苦求索的问题。于是，光绪皇帝就折中办京师大学堂一事，令官书局大臣孙家鼐提出具体意见。孙家鼐随即回奏《议复开办京师大学堂折》，向光绪皇帝提出了筹办京师大学堂的具体计划，包括定宗旨、造校舍、定分科、访教习、选生徒、拨经费等六项主张。他主张办教育应向西方学习，结合中国旧式学堂和西洋学堂的长处，"中学为主，西学为辅；中学为体，西学为用"，培养识大局、明大体的国家有用人才。孙家鼐主张兴办大学堂不能走老路，"不能援前此官学义学之例"，认为经义帖括只是猎取科名，无益于大局，也不能沿袭洋务学堂，"皆囿于一才一艺，即稍有成就，多不明大体，先厌华风"。但是，这些主张被搁置两年，没有付诸行动。直到1898年初，康有为又多次上书光绪皇帝，建议加快筹办京师大学堂等相关事宜。1898年6月11日，在康有为、梁启超的推动下，光绪皇帝颁布《明定国是诏》宣布变法，建立京师大学堂是其中的重要举措，提出"京师大学堂为各行省之倡，尤应首先举办，着军机大臣、总理各国事务大臣，会同妥速议奏。……以期人才辈出，共济时艰"。尽管当时确定入学人员几乎全部为权贵阶层，“所有翰林编检、各都院司员、大门侍卫候补候选道、府州县以下官、大员子弟、八旗世职、各省武职后裔”，有一定封建局限性，但创立大学堂举措之魄力，仍值得肯定。

遵照光绪皇帝谕令，梁启超随即起草了《奏拟京师大学堂章程》（简称《奏拟章程》）。《奏拟章程》共分8章，从办学方针、课程安排、学生入学规则、学成出身、聘用教习、学堂官制，到校舍兴建、开办经费预算，都作了比较具体的规划。《奏拟章程》对京师大学堂办学方针有明确规定，“一曰中西并用，观其会通，无得偏废；二曰以西文为学堂之一门，不以西文为学堂之全体；以西文为西学发凡，不以西文为西学究竟”，并要求“功课必当严密切实，乃能收效”。可见，对中西学之“体”与“用”的关系阐述很清晰，且强调教学内容的实用性、有效性。《奏拟章程》还规定，京师大学堂应为各省学堂的表率，以及作为全国最高教育行政机构，“各省学堂皆归大学堂统辖”，学堂培养“非常之才”，教学内容“中西并重”。并提出，京师大学堂设置的学科和课程中均应体现这些方针，“大学堂设置普通学科和专门学科。普通学科要学的课程有经学、理学、掌故学、诸子学以及初等的算学、格致学、地理学和文学、体操等。普通学科各课为全体学生所必学。专门学科要学的课程有高等算学、格致学、政治学、地理学、农学、矿学、工程学、商学、兵学、卫生学等。专门学科各课由学生任选一门或两门。另设英、法、俄、德、日五种外语，学生凡年在30岁以下者，必须认习一门外语，30岁以上者，可以免修外语”[①]。《奏拟章程》还规定，在大学堂中设立与之相辅的中学和小学，各省学堂都归大学堂统辖。梁启超起草的《奏拟章程》是京师大学堂第一个章程，也是近代中国高等教育最早的学制纲要，体现了以康有为、梁启超为代表的维新派教育改革主张，勾勒出了中国近代新学制和新教育体系雏形，在中国近代教育史中有重要意义。

① 萧超然.《京师大学堂创办述略》[J].《北京大学学报》(哲学社会科学版)，1985年第1期.

1898年7月3日，光绪皇帝正式下令批准《奏拟章程》并设立京师大学堂，委派吏部尚书孙家鼐为管理京师大学堂事务大臣（简称“管学大臣”），同时担任总教习。历经三年波折之后，京师大学堂终于创立起来，它标志着中国近代史上第一所由中央政府直接创办的综合性大学正式成立。光绪皇帝在京师大学堂创办过程中发挥了组织者和推动者作用，梁启超曾高度评价光绪皇帝孜孜不倦地兴办京师大学堂的艰辛，“即此一事，下之志士之发论，上之盈廷之抗议，凡历三年，犹烦圣主屡次敦迫，仅乃有成，其难如此”①。在成立之初，京师大学堂行使双重职能，不仅是国家最高学府，还是国家最高教育行政机关，统管全国教育事务。1898年9月21日，以慈禧太后等顽固派发动政变，戊戌变法宣告失败，除京师大学堂之外的所有改革措施几乎全被废除，因其“为培植人才之地”而幸得保留。1898年11月，京师大学堂正式接收内务府移交的校舍并公开招生，此时的京师大学堂校址在景山东街、嘉公主府邸，之后又增加了北河沿和沙滩两处校址。1898年12月，第一批京师大学堂学生入学，受变法失败影响学堂入学规模远未达到预期规模，只设有仕学馆，招收进士、举人100余人，远低于最初计划的500人目标。同时，办学方针和教育内容也受到影响，课程设置仅为诗、书、易、礼四堂和春秋二堂，和旧式儒学教育没有本质上的差别。1899年，京师大学堂中学和西学两个总教习，分别由许景澄和美国传教士丁韪良担任，并将原官书局和新设的译书局并入京师大学堂。

1900年，八国联军入侵北京，京师大学堂受到冲击，侵略者强占京师大学堂作为兵营，京师大学堂被迫停办，师生也被迫解散。八国联军进入京师大学堂，毁坏了大量教学设施、设备，大学堂藏书也损失不少。清政府对人才的需求没有停滞，两年后京师大学堂恢复办学提到日程。光绪二十七年（1901），清政府下令恢复兴办京师大学堂，“着派张百熙为管学大臣，将学堂一切事宜，责成经理，务期端

① 中国史学会.《戊戌变法（二）》[M].上海：上海人民出版社，1961.

正趋向，造就通才，明体达用，庶收得人之效。应如何核定章程，并著悉心妥议，随时具奏”。张百熙临危受命，出任京师大学堂第三任管学大臣，针对前期大学堂办学中的种种弊端，主张进行大的改革。随后，张百熙仿照日本学制主持制定了新的学堂章程，即《钦定学堂章程》(简称《钦定章程》)，史称“壬寅学制”[①]，是京师大学堂的第二部章程，也是维新变法失败后对教育制度新探索的重要标志，开创中国近代教育新式学制的先河。《钦定章程》共有八章，对于办学宗旨、课程科目、入学要求、学习年限、学员出身、聘用教习、经费管理等有比较详细的说明。比如：对学制体系进行了具体详细的规定，是一套从小学到大学的系统化章程，比较全面地反映了我国近代新学堂教育趋于完整教育体系，大学堂是学制体系的重要组成部分；明确规定京师大学堂办学宗旨为“激发忠爱、开通智慧、振兴实业”，以及“端正趋向、造就通才、为全学之纲领”，明定“中学为体，西学为用，中西并用，观其会通”为教育方向。由于新旧教育制度交锋等原因，有关学堂“正科取士”方式引起了广泛争论和疑惑，《钦定章程》颁布不久后就被废止。尽管实施时间不长，但其有关分科体系和课程设置的思想对京师大学堂之后乃至后世大学教育教学改革，以及对各地方新教育变革和大、中、小学堂改制的悄然推进，均产生了重要影响。

张百熙担任京师大学堂管学大臣期间，致力于京师大学堂的复兴。他十分注重学堂管理和教职人员的选用，认为“大学堂之设，所以造就人才，而人才之出，尤以总教习得人为第一要义，必得德望具备，品学兼优之人，方足以膺此任”。并亲自选聘优秀人才担任教习，聘任著名学者吴汝纶为总教习，于式枚为总办。他还非常注重藏书楼的建设，在他的主持下，京师大学堂设立了藏书楼，也是中国近代最早的大学图书馆。除从国子监调拨各类书籍外，还命令各省官书局将

① 一般常将《钦定学堂章程》代指“壬寅学制”，包含《京师大学堂章程》《考选入学章程》《中学堂章程》《小学堂章程》《蒙养堂章程》等6件。

已经刻好的新书送至京师大学堂，也通过洋教习从西方购买各类科技图书，使得京师大学堂的藏书日益丰富。他将大学堂分为三级，分别是：大学院（相当于研究生院）、大学专门分科（相当于本科）和预备科（为升入本科做准备），还有速成性质的师范馆和仕学馆，分别专门培养教师和官员。其中，预科分政、艺两科，经史、政治、法律、通商、理财等隶属政科，声、光、化、农、工、医、算等隶属艺科；大学专门分科即本科教育，也相当于后来的学院，科下分门目，相当于以后的系，大学堂共设七科35门目：政治科、文学科、格致科、农业科、工艺科、商务科、医术科，专门分科学制为三至四年，毕业后可以升入大学院，并给予进士出身。大学堂学生升学出路仍旧和仕途、官职有一定联系，当时国子监还没有正式裁废[①]，封建教育和科举制度相联系的特征在京师大学堂学制中还有体现。另外，京师大学堂还附设有中小学堂，由原来的清室宗学、觉罗学和八旗官学改制而来，这些中小学堂也统归管学大臣管理。

1902年，同文馆并入京师大学堂，后改为译学馆。1902年12月，经过恢复期的京师大学堂开学，京师大学堂发展进入新阶段。1903年开办医学实业馆，后改为医学馆。京师大学堂恢复以后，先后设立了一系列学馆并开办了分科大学，为中国近代高等教育专业系科发展奠定了基础。1903年，京师大学堂选派四十余人赴欧美、日本留学，这是京师大学堂派出的第一批留学生，各省派官费留学生也由此开始。1903年，京师大学堂二百多名学生“鸣钟上堂”，抗议沙俄侵占东北领土，掀起了轰轰烈烈的拒俄运动，是京师大学堂乃至北京大学历史上第一次群众爱国运动，体现了京师大学堂学生高度民族责任感和爱国精神。经过一段时期的机构重建和教育改革，京师大学堂各方面回到正轨，并日益完善发展起来。

光绪二十九年十一月（1903年12月），清政府颁布了由张百熙会同张之洞、荣庆等人，在《钦定章程》基础上删繁就简和增补改造

---

① 1905年，科举制度被废除，国子监随之裁废。

而成的《奏定学堂章程》(简称《奏定章程》)，又称“癸卯学制”[1]。《奏定章程》是京师大学堂的第三部章程，也是我国继“壬寅学制”之后的第二个新学制，更是第一个在全国颁行实施的较为完备的学制。该章程不仅建立起了从蒙养院、初等小学堂、高等小学堂、中学堂、高等学堂、大学堂直至通儒院比较完整系统的普通教育体系，而且制定了初级师范学堂到优级师范学堂的师范教育体系，以及从初等农工商实业学堂、中等农工商实业学堂到高等农工商实业学堂的实业教育体系，标志着近代教育史上第一个学堂类型齐全、体制比较完备的学校体系初步建立。鉴于张之洞为“当今通晓学务第一人”，之前在湖北办学堂卓有成效，尤其是创办了我国近代史上第一所蒙养院(现在的幼儿园)和自强学堂、农务学堂、工艺学堂等，受到张百熙力邀参与《奏定章程》的编制修订，因此张之洞《劝学篇》中的办学思想在《奏定章程》得到深刻体现。

《奏定章程》和《钦定章程》相比，对学校管理等方面做出了更加具体而详细的规定。《奏定章程》共分七章，对办学宗旨、招生办法、学制年限、学校系统、人员配置和学校管理等都有较明确的规定，对各科各门要学的课程编列也比较详细具体。比如：大学分科学制3年，除原有7科保留外，又增设经学科，其他各科分门略有变动，共计8科46门；大学院改名通儒院，大学堂分科毕业生才可入通儒院，“以能发明新理、著有成书、能制造新器、足资利用为毕业”，通儒院学制5年，相当于现在的研究生院。《奏定章程》还将京师大学堂的职能进行了重新划分，是清政府对教育管理体制的新探索。张之洞在这项改革中发挥了重要作用，奏请设立总理学务大臣以统管全国学务，京师大学堂另设总监督，接受总理学务大臣管理，专门负责

①　一般常将《奏定学堂章程》代指“癸卯学制”，包含了张百熙、张之洞上奏所拟的涉及初等小学堂、高等小学堂、中学堂、高等学堂、大学堂附通儒院、初级师范学堂、优级师范学堂、任用教员、初等农工商实业学堂(附实业补习普通学堂及艺徒学堂)、中等农工商实业学堂、高等农工商实业学堂、实业教员讲习所共十个教育领域的章程，以及相关通则和学务纲要。

和主持大学堂事务。他将《钦定章程》赋予京师大学堂的教育行政管理权限和功能重新划分，总理学务的权力从大学堂机构剥离出来，赋权于“总理学务大臣”。1905年12月，清政府设立学部，作为中央教育行政机关，京师大学堂则直属学部，其教育行政管理职能被剥离出来。清政府派孙家鼐为学务大臣，大理寺少卿张亨嘉为京师大学堂总监督。《清史稿》有张之洞奏请设立总理学务大臣和京师大学堂总监督的文献记载，体现了其学务管理思想。

> 管学大臣既管京城大学堂，又管外省各学堂事务。当此经营创始，条绪万端，专任犹虞不给，兼综更恐难周。请于京师专设总理学务大臣，统辖全国学务。另设总监督一员，专管京师大学堂事务，受总理学务大臣节制考核，俾有专责。
>
> （《清史稿》第八十二卷《学校二》）

《奏定章程》的颁布，在全国各地掀起了兴办新式学堂的热潮，北京地区学堂兴办数量和学生规模也呈迅速上升趋势。在中央层面教育行政管理和大学堂管理职能分离，中央设立学部的同时，各地方也相应设置了教育行政机构，各省设学务处，各州县设劝学所，从中央到地方的教育管理机构逐步建立和完善起来。同时，《奏定章程》促进各级各类学堂兴办，推动了我国近代教育发展，之后全国各地各级学堂设立如雨后春笋，呈快速上升趋势。《奏定章程》以法律形式规定了各级教育的年限，引进了西方资本主义的教学内容和方法，也为延续千年的中国科举制度画上了句号，标志着中国现代学制雏形的建立。直到1911年辛亥革命，“癸卯学制”停止施行，《奏定章程》才被宣布废止。

1906年，学部奏准以“忠君、尊孔、尚公、尚武、尚实”为全国各级各类学堂教育宗旨，引领着人才培养的方向，是当时背景下教育办学思想的体现。尽管残存有封建教育的色彩，但是“务实”体现了近代教育改革的实用主义思想，以及“尚武”体现了国家危亡时刻提高身体素质和战斗体魄的民族觉醒意识，均是维新变法的教育主张，具有积极的现实意义。1910年京师大学堂开办各类分科大学，共开办经科、法政科、文科、格致科、农科、工程科、商科七个分科大学，综合性大学形成规模。1911年辛亥革命爆发，推翻了清王朝的统治，结束了两千多年的封建专制制度。1912年，京师大学堂改名为“北京大学”，维新派代表之一、近代启蒙思想家、翻译家和教育家，曾任京师大学堂译书局总办的严复为第一任校长。翌年，京师大学堂更名为北京大学，历史从此翻开了新的篇章。

京师大学堂诞生于风雨飘摇、内忧外患的民族危亡时刻，是“戊戌变法”中新兴民族资产阶级和优秀先进知识分子在教育领域开展救亡图存运动的产物。京师大学堂创办和发展过程中，始终伴随着清末新旧势力的斗争，也是维新派各项主张在戊戌变法失败后仅存的硕果，“北京尘天粪地之中，所留一线光明，独有大学堂一举而已”①。然而，京师大学堂在我国教育发展史上具有划时代意义，在西潮强烈冲击下的萌芽发展，带动了全国教育领域的变革，使延续千年的中国传统教育走向解体。它是中国近代高等教育的先锋，也是中国现代大学的雏形，是中国高等教育从传统走向现代的典型代表。京师大学堂在我国近代教育制度多方面进行积极尝试和探索，其发展历经磨难但依然改革前行，为我国高等教育改革与发展提供了宝贵经验。1989年至1904年六年间，京师大学堂颁布的三版“章程”，是我国近代大学章程的源流，体现了新兴资产阶级改良派推动维新变法在教育改革方面的主张，具有鲜明的变法图强的时代特征。京师大学堂脱胎于封建教育，在教育内容、教师官职、升学路径和毕业奖励等方面残留有封建教育色彩，但是作为学习西方现代大学经验而建立的近代新式高等教育机构，京师大学堂与旧式国子监、太学、书院以及之后的洋务学堂等，已经有了本质上的区别，是高等教育发展的潮流与进步，推动了中国近代教育发展以及之后的教育现代化进程。

① 天津《国闻报》，光绪二十四十月二十四。

后　记

本书是由北京市委、市政府统一部署的“北京文化书系·古都文化丛书”编纂工程内容之“教育卷”，以《教育——兼济天下》为书名呈现古代北京丰富悠久的教育文化，在中共北京市委宣传部和北京社会科学研究院领导和大力支持下，整合北京教育科学研究院和北京师范大学教育学部研究力量，合作完成的一项教育科研成果，是集体科研智慧的结晶。本书各章节、各专题撰写如下：正篇部分之“概述”、第一章“先秦至辽代北京教育”、第六章“清末期北京教育”由梁燕撰写，第二章“金代北京教育”由张艳霞撰写，第三章“元代北京教育”由梁燕、王琳媛撰写，第四章“明代北京教育”由李彦青撰写，第五章“清前中期北京教育”由李晓美撰写；附篇部分之“北京的书院”由梁燕撰写，“北京国子监和孔庙”“北京贡院”“京师大学堂”“京师同文馆”由梁燕、李璐辰撰写。本书由梁燕进行全书统稿。梁燕为北京教育科学研究院副研究员，长期从事教育领域教学和研究工作；张艳霞为北京师范大学教育学部硕士研究生，就职于深圳平安智慧城市科技股份有限公司，仍长期在教育领域笔耕不辍；王琳媛为北京师范大学教育学部硕士研究生，现在海外攻读博士学位；李彦青、李晓美为北京师范大学教育学部博士研究生；李璐辰为北京师范大学硕士研究生。共同的研究志趣将大家凝聚在这本书撰写中，其间进行了多次沟通交流、互相启发，完成了本书的撰写。

本书在研究撰写过程中，参考了大量相关资料，包括史志传录、诸家著述、历代典籍。本书研究撰写团队从北京师范大学图书馆、北京教育科学研究院资料室获得了许多相关资料，以及清华大学图书馆线上“中国基本古籍库”中获得许多有价值的影印电子版史料，为研究撰写提供了很多有价值的文献资料。特别学习了之前关于北京教育专史研究成果，刘仲华研究员主编、人民出版社出版的《北京教育史》和汤世雄教授主编、学苑出版社出版的《北京教育史》，这两本关于北京教育专史研究给本书研究撰写提供很多借鉴和启示。俞启定教授辑录、北京教育出版社出版的《北京古代教育史料》、中华书局出版社出版的朱筱新教授专著《文苑英华》也给本书研究提供很多文献支持，研读和撰写中受益良多。在本书审校过程中，北京联合大学赵连稳编审、北京出版集团原产品总监杨钢先生提出了许多宝贵意见和建议，使本书多次完善修改能够更加规范、准确、严谨。

本书研究团队在撰写过程中，得到所在单位领导和老师的支持和关心，各章撰写者在科研和学习任务繁重的情况下，为本书研究撰写付出了辛勤劳动，在此一并表示感谢！北京社会科学研究院历史所刘仲华教授、王建伟教授对本书研究撰写如期开展给予支持，表示诚挚感谢！由于本书研究撰写是成员分工、团队合作完成的，各章节文字出自众人之手，尽管过程中有多次沟通，也肯定会存在写作风格不尽统一。另外，本书研究团队以年轻研究人员为主，虽有肯于钻研的研究精神，但研究资历尚浅、水平有限、时间仓促等诸多原因，必然会有错误和疏漏，我们诚心恳请得到批评指正。

《教育——兼济天下》编写组

2019年8月